EUROPEAN UNION AGENCY FOR FUNDAMENTAL RIGHTS

EUROPEAN COURT OF HUMAN RIGHTS
COUR EUROPÉENNE DES DROITS DE L'HOMME

COUNCIL OF EUROPE
CONSEIL DE L'EUROPE

Handbuch zum europäischen Datenschutzrecht

Vorwort

Dieses Handbuch zum europäischen Datenschutzrecht wurde gemeinsam von der Agentur der Europäischen Union (EU) für Grundrechte und dem Europarat zusammen mit der Kanzlei des Europäischen Gerichtshofes für Menschenrechte erarbeitet. Es ist das dritte in einer Reihe von Handbüchern zu rechtlichen Themen, die die Agentur der EU für Grundrechte und der Europarat gemeinsam verfasst haben. Im März 2011 kam ein erstes Handbuch zum europäischen Antidiskriminierungsrecht und im Juni 2013 ein zweites Handbuch zu den europarechtlichen Grundlagen im Bereich Asyl, Grenzen und Migration heraus.

Wir haben nun beschlossen, unsere Zusammenarbeit im Zusammenhang mit einem hochaktuellen Thema, das uns alle jeden Tag berührt, fortzusetzen,: der Schutz personenbezogener Daten. Europa genießt in diesem Bereich eines der besten Schutzsysteme, das sich auf das Übereinkommen Nr. 108 des Europarates, Rechtsinstrumente der EU sowie auf die Rechtsprechung des Europäischen Gerichts für Menschenrechte (EGMR) und des Gerichtshofs der Europäischen Union stützt (EuGH).

Ziel dieses Handbuchs ist es, Bewusstsein zu schaffen und über die Datenschutzvorschriften in den EU-Mitgliedstaaten und des Europarates aufzuklären, das Wissen darüber zu erweitern und als Nachschlagewerk schlechthin für dieses Thema zu dienen. Es richtet sich an Angehörige der Rechtsberufe, die nicht unbedingt Fachleute für dieses Thema sind, an Richter, nationale Datenschutzbehörden und andere im Datenschutz Tätige.

Seit dem Inkrafttreten des Vertrags von Lissabon im Dezember 2009 ist die Charta der Grundrechte der EU rechtlich bindend, und damit erlangte der Schutz personenbezogener Daten den Status eines eigenständigen Grundrechts. Ein besseres Verständnis des Übereinkommens Nr. 108 des Europarates und der EU Instrumente, die dem Datenschutz in Europa den Weg geebnet haben, sowie der EuGH und EGMR Rechtsprechung, spielt für den Schutz dieses Grundrechts eine zentrale Rolle.

Wir möchten uns beim Ludwig Boltzmann Institut für Menschenrechte für seinen Beitrag bei der Abfassung dieses Handbuchs bedanken. Weiter möchten wir unseren Dank an der Geschäftsstelle des Europäischen Datenschutzbeauftragten für seine

Rückmeldung bei der Abfassung dieses Handbuchs ausdrücken.Unser Dank gilt vor allem dem Referat Datenschutz der Europäischen Kommission, das uns bei der Ausarbeitung dieses Handbuchs unterstützt hat. Schließlich möchten wir der Österreichischen Datenschutzbehörde danken, welche die deutsche Übersetzung des Handbuches überprüft hat.

Philippe Boillat
Generaldirektor
Menschenrechte und Rechtsstaatlichkeit
Europarat

Morten Kjaerum
Direktor
der Agentur der Europäischen Union
für Grundrechte

Inhaltsverzeichnis

VORWORT ... 3

ABKÜRZUNGEN UND AKRONYME ... 9

ZUR ANWENDUNG DIESES HANDBUCHS ... 11

1. KONTEXT UND HINTERGRUND DES EUROPÄISCHEN DATENSCHUTZRECHTS ... 13
   1.1. Das Recht auf Datenschutz ... 14
   Kernpunkte ... 14
      1.1.1. Europäische Menschenrechtskonvention ... 14
      1.1.2. Übereinkommen Nr. 108 des Europarates ... 15
      1.1.3. Das Datenschutzrecht der Europäischen Union ... 18
   1.2. Abwägen zwischen Rechten ... 22
   Kernpunkt ... 22
      1.2.1. Freiheit der Meinungsäußerung ... 23
      1.2.2. Zugang zu Dokumenten ... 27
      1.2.3. Freiheit der Kunst und der Wissenschaft ... 32
      1.2.4. Schutz des Eigentums ... 33

2. DATENSCHUTZTERMINOLOGIE ... 37
   2.1. Personenbezogene Daten ... 38
   Kernpunkte ... 38
      2.1.1. Hauptaspekte des Konzepts der personenbezogenen Daten ... 39
      2.1.2. Besondere Kategorien personenbezogener Daten ... 46
      2.1.3. Anonymisierte und pseudonymisierte Daten ... 47
   2.2. Datenverarbeitung ... 50
   Kernpunkte ... 50
   2.3. Die Verwender personenbezogener Daten ... 52
   Kernpunkte ... 52
      2.3.1. Für die Verarbeitung Verantwortliche und Auftragsverarbeiter ... 53
      2.3.2. Empfänger und Dritte ... 59
   2.4. Einwilligung ... 61
   Kernpunkte ... 61
      2.4.1. Bestandteile einer gültigen Einwilligung ... 61
      2.4.2. Das Recht, jederzeit seine Einwilligung zurückzunehmen ... 66

3. KERNGRUNDSÄTZE DES EUROPÄISCHEN DATENSCHUTZRECHTS ... 69
   3.1. Grundsatz der rechtmäßigen Verarbeitung ... 71
   Kernpunkte ... 71
      3.1.1. Anforderungen an einen rechtmäßigen Eingriff gemäß EMRK ... 71
      3.1.2. Bedingungen für rechtmäßige Einschränkungen gemäß der EU-Charta ... 75

3.2. Grundsatz der Zweckbestimmung und Zweckbindung ... 77
Kernpunkte ... 77
3.3. Grundsätze der Datenqualität ... 79
Kernpunkte ... 79
3.3.1. Grundsatz der Erheblichkeit der Daten ... 80
3.3.2. Grundsatz der sachlichen Richtigkeit der Daten ... 81
3.3.3. Grundsatz der befristeten Aufbewahrung von Daten ... 82
3.4. Grundsatz der Verarbeitung nach Treu und Glauben ... 83
Kernpunkte ... 83
3.4.1. Transparenz ... 84
3.4.2. Aufbau von Vertrauen ... 84
3.5. Grundsatz der Rechenschaftspflicht ... 86
Kernpunkte ... 86

4. VORSCHRIFTEN DES EUROPÄISCHEN DATENSCHUTZRECHTS ... 89
4.1. Vorschriften über die Rechtmäßigkeit der Verarbeitung ... 91
Kernpunkte ... 91
4.1.1. Rechtmäßige Verarbeitung nicht sensibler Daten ... 91
4.1.2. Rechtmäßige Verarbeitung sensibler Daten ... 98
4.2. Vorschriften über die Sicherheit der Verarbeitung ... 101
Kernpunkte ... 101
4.2.1. Elemente der Datensicherheit ... 102
4.2.2. Vertraulichkeit ... 105
4.3. Vorschriften über die Transparenz der Verarbeitung ... 107
Kernpunkte ... 107
4.3.1. Information ... 108
4.3.2. Meldung ... 111
4.4. Vorschriften über die Förderung der Einhaltung der Vorschriften ... 112
Kernpunkte ... 112
4.4.1. Vorabkontrolle ... 112
4.4.2. Datenschutzbeauftragte ... 113
4.4.3. Verhaltensregeln ... 114

5. RECHTE BETROFFENER PERSONEN UND IHRE DURCHSETZUNG ... 117
5.1. Rechte der betroffenen Personen ... 119
Kernpunkte ... 119
5.1.1. Auskunftsrecht ... 120
5.1.2. Widerspruchsrecht ... 127
5.2. Unabhängige Kontrolle ... 130
Kernpunkte ... 130

5.3. Rechtsbehelfe und Sanktionen ... 135
Kernpunkte ... 135
5.3.1. Antrag an den für die Verarbeitung Verantwortlichen ... 135
5.3.2. Eingaben bei der Kontrollstelle ... 137
5.3.3. Rechtsbehelf bei Gericht ... 138
5.3.4. Sanktionen ... 143

6. GRENZÜBERSCHREITENDER DATENVERKEHR ... 145
6.1. Wesen des grenzüberschreitenden Datenverkehrs ... 146
Kernpunkt ... 146
6.2. Freier Datenverkehr zwischen Mitgliedstaaten oder zwischen Vertragsparteien ... 148
Kernpunkt ... 148
6.3. Freier Datenverkehr mit Drittländern ... 149
Kernpunkte ... 149
6.3.1. Freier Datenverkehr aufgrund angemessenen Schutzes ... 150
6.3.2. Freier Datenverkehr in besonderen Fällen ... 152
6.4. Eingeschränkter Datenverkehr mit Drittländern ... 153
Kernpunkte ... 153
6.4.1. Vertragsklauseln ... 154
6.4.2. Verbindliche unternehmensinterne Vorschriften ... 156
6.4.3. Besondere internationale Abkommen ... 156

7. DATENSCHUTZ IN DEN BEREICHEN POLIZEI UND STRAFJUSTIZ ... 161
7.1. Datenschutzrecht des Europarates im Bereich Polizei und Strafjustiz ... 162
Kernpunkte ... 162
7.1.1. Die Polizei-Empfehlung ... 162
7.1.2. Das Budapester Übereinkommen über Computerkriminalität ... 166
7.2. EU-Datenschutzrecht im Bereich Polizei und Strafjustiz ... 167
Kernpunkte ... 167
7.2.1. Der Rahmenbeschluss zum Datenschutz ... 168
7.2.2. Spezifischere Rechtsinstrumente für den Datenschutz in der grenzüberschreitenden Zusammenarbeit zwischen Polizei- und Strafverfolgungsbehörden ... 170
7.2.3. Datenschutz bei Europol und Eurojust ... 172
7.2.4. Datenschutz in den gemeinsamen Informationssystemen auf EU-Ebene ... 176

8. SONSTIGE SPEZIFISCHE EUROPÄISCHE DATENSCHUTZGESETZE 185
8.1. Elektronische Kommunikation 186
Kernpunkte 186
8.2. Beschäftigungsdaten 191
Kernpunkte 191
8.3. Medizinische Daten 194
Kernpunkt 194
8.4. Datenverarbeitung für statistische Zwecke 197
Kernpunkte 197
8.5. Finanzdaten 200
Kernpunkte 200

WEITERFÜHRENDE LITERATUR 203

VERZEICHNIS DER RECHTSSACHEN 209
Ausgewählte Rechtsprechung des Europäischen Gerichtshofs für Menschenrechte 209
Ausgewählte Rechtsprechung des Gerichtshofs der Europäischen Union 213

INDEX 217

Abkürzungen und Akronyme

AEMR	Allgemeine Erklärung der Menschenrechte
AEUV	Vertrag über die Arbeitsweise der Europäischen Union
BCR	Binding corporate rules (verbindliche unternehmensinterne Vorschriften)
CCTV	Closed circuit television (Videoüberwachungsanlage)
SEV	Sammlung der Europaratsverträge
Charta	Charta der Grundrechte der Europäischen Union
CRM	Customer relations management (Management der Kundenbeziehungen)
C-SIS	Zentrale Unterstützungseinheit des Schengener Informationssystems
EDSB	Europäischer Datenschutzbeauftragter
EFTA	Europäische Freihandelsassoziation
EG	Europäische Gemeinschaft
EGMR	Europäischer Gerichtshof für Menschenrechte
EMRK	Europäische Menschenrechtskonvention
ENISA	Europäische Agentur für Netz- und Informationssicherheit
ENU	Nationale Europol-Stelle
ESMA	Europäische Wertpapier- und Marktaufsichtsbehörde
eTEN	Transeuropäische Telekommunikationsnetze
EU	Europäische Union
EuGH	Gerichtshof der Europäischen Union (bis Dezember 2009 als Europäischer Gerichtshof bezeichnet)
EuHb	Europäischer Haftbefehl
eu-LISA	Europäische Agentur für IT-Großsysteme
EuroPriSe	Europäisches Datenschutz-Gütesiegel

FRA	Agentur der Europäischen Union für Grundrechte
GKI	Gemeinsame Kontrollinstanz
GPS	Global positioning system (weltweites Ortungssystem über Satelliten)
NRO	Nichtregierungsorganisation
N-SIS	Nationaler Teil des Schengener Informationssystems
OECD	Organisation für wirtschaftliche Zusammenarbeit und Entwicklung
PIN	Persönliche Identifikationsnummer
PNR	Passenger name record (Fluggastdatensätze)
SEPA	Single Euro Payments Area (Einheitlicher Euro-Zahlungsverkehrsraum)
SIS	Schengener Informationssystem
SWIFT	Society for Worldwide Interbank Financial Telecommunication
UN	Vereinte Nationen
Übereinkommen Nr. 108	Übereinkommen des Europarates zum Schutz der Menschen bei der automatischen Verarbeitung personenbezogener Daten
EUV	Vertrag über die Europäische Union
VIS	Visa-Informationssystem
ZIS	Zollinformationssystem

Zur Anwendung dieses Handbuchs

Dieses Handbuch bietet einen Überblick über das geltende Recht der Europäischen Union (EU) und des Europarates im Zusammenhang mit Datenschutz.

Das Handbuch soll Juristen Hilfestellung bieten, die nicht auf den Bereich Datenschutz spezialisiert sind; es richtet sich an Rechtsanwälte, Richter oder Angehörige anderer Rechtsberufe sowie an Personen, die für andere Einrichtungen einschließlich Nichtregierungsorganisationen (NRO) arbeiten und sich möglicherweise mit rechtlichen Fragen im Zusammenhang mit Datenschutz auseinandersetzen müssen.

Es dient als vorrangige Informationsquelle sowohl zum EU-Recht im Bereich Datenschutz als auch zur Europäischen Menschenrechtskonvention (EMRK) und erläutert, wie diese Thematik gemäß Unionsrecht sowie in der EMRK und im Übereinkommen des Europarates zum Schutz des Menschen bei der automatischen Verarbeitung personenbezogener Daten (Übereinkommen Nr. 108) und anderen Instrumenten des Europarates geregelt ist. Jedem Kapitel ist eine Tabelle vorangestellt, in der die geltenden Rechtsvorschriften sowie eine Auswahl der Rechtsprechung in diesen beiden europäischen Rechtssystemen aufgeführt sind. Anschließend werden die einschlägigen Rechtsvorschriften dieser beiden europäischen Systeme entsprechend ihrer Relevanz für das jeweilige Thema nacheinander vorgestellt. So kann der Leser erkennen, in welchen Punkten sich die beiden Rechtssysteme decken und wo die Unterschiede liegen.

In den Tabellen am Kapitelanfang werden die Themen des jeweiligen Kapitels und die geltenden Rechtsvorschriften sowie anderes wichtiges Material wie Gerichtsurteile angeführt. Die Reihenfolge der Themen kann leicht von der Struktur des Textes innerhalb des Kapitels abweichen, wenn dies einer präzisen Darstellung des Inhalts des Kapitels dienlich ist. In den Tabellen werden sowohl das Recht des Europarates als auch das EU-Recht abgehandelt. Damit soll den Nutzern das Auffinden der wichtigsten, auf ihre Situation zutreffenden Informationen erleichtert werden, vor allem, wenn sie nur dem Recht des Europarates unterliegen.

Juristen in Nicht-EU-Ländern, die jedoch Mitgliedstaaten des Europarates und damit Vertragsparteien der EMRK und des Übereinkommens Nr. 108 sind, können direkt zu den auf den Europarat bezogenen Abschnitten übergehen, die die für ihr Land relevanten Informationen enthalten. Für Juristen aus EU-Mitgliedstaaten sind beide Abschnitte relevant, da in diesen Ländern beide Rechtssysteme gelten. Werden weitere Informationen zu einem bestimmten Thema benötigt, ist der Abschnitt „Weiterführende Literatur" in diesem Handbuch hilfreich.

Das Recht des Europarates wird anhand von kurzen Bezugnahmen auf ausgewählte Rechtssachen vor dem Europäischen Gerichtshof für Menschenrechte (EGMR) vorgestellt. Diese Rechtssachen wurden aus den zahlreichen vorhandenen Urteilen und Entscheidungen des EGMR zu Datenschutzfragen ausgewählt.

Das EU-Recht wird in Rechtsakten, in relevanten Bestimmungen der EU-Verträge und in der Charta der Grundrechte der Europäischen Union, die der Gerichtshof der Europäischen Union (EuGH, bis 2009 der Gerichtshof der Europäischen Gemeinschaften) in seiner Rechtsprechung ausgelegt hat, behandelt.

Die in diesem Handbuch genannten Rechtssachen oder Zitate daraus stellen Beispiele der umfangreichen Rechtsprechung sowohl seitens des EGMR als auch des EuGH dar. Die Anleitungen am Ende dieses Handbuchs dienen dem Leser als Unterstützung für die Online-Suche nach Rechtssachen.

Darüber hinaus werden in Textkästchen praktische Hinweise zu hypothetischen Szenarien zur näheren Illustration der Anwendung der europäischen Datenschutzvorschriften in der Praxis gegeben, insbesondere zu Themen, zu denen sich der EGMR oder der EuGH noch nicht geäußert haben.

Das Handbuch enthält eine Einführung, in der die Rolle der beiden Rechtssysteme, die auf dem EU-Recht und der EMRK gründen, kurz vorgestellt wird (Kapitel 1). Die Kapitel 2 bis 8 befassen sich mit folgenden Themen:

- Datenschutzterminologie;
- Kerngrundsätze des europäischen Datenschutzrechts;
- Vorschriften des europäischen Datenschutzrechts;
- Rechte betroffener Personen und ihre Durchsetzung;
- grenzüberschreitender Datenverkehr;
- Datenschutz in den Bereichen Polizei und Strafjustiz;
- sonstige spezifische europäische Datenschutzgesetze.

1 Kontext und Hintergrund des europäischen Datenschutzrechts

EU	Behandelte Themen	Europarat
Das Recht auf Datenschutz		
Richtlinie 95/46/EG zum Schutz natürlicher Personen bei der Verarbeitung personenbezogener Daten und zum freien Datenverkehr (*Datenschutzrichtlinie*), ABl. L 281 vom 23.11.1995		EMRK, Artikel 8 (Recht auf Achtung des Privat- und Familienlebens, der Wohnung und der Korrespondenz) Übereinkommen zum Schutz des Menschen bei der automatischen Verarbeitung personenbezogener Daten (Übereinkommen Nr. 108)
Abwägen von Rechten		
EuGH, Verbundene Rechtssachen C-92/09 und C-93/09, *Volker und Markus Schecke GbR und Hartmut Eifert gegen Land Hessen*, 2010	**Allgemein**	
EuGH, C-73/07, *Tietosuojavaltuutettu gegen Satakunnan Markkinapörssi Oy und Satamedia Oy*, 2008	**Freiheit der Meinungsäußerung**	EGMR, *Axel Springer AG gegen Deutschland*, 2012 EGMR, *Mosley gegen Vereinigtes Königreich*, 2011
	Freiheit von Kunst und Wissenschaft	EGMR, *Vereinigung bildender Künstler gegen Österreich*, 2007
EuGH, C-275/06, *Productores de Música de España (Promusicae) gegen Telefónica de España SAU*, 2008	**Schutz des Eigentums**	
EuGH, C-28/08 P, *Europäische Kommission gegen The Bavarian Lager Co. Ltd*, 2010	**Zugang zu Dokumenten**	EGMR, *Társaság a Szabadságjogokért gegen Ungarn*, 2009

1.1. Das Recht auf Datenschutz

Kernpunkte

- Gemäß Artikel 8 EMRK ist das Recht auf Schutz vor der Erhebung und Verwendung personenbezogener Daten Teil des Rechts auf Achtung des Privat- und Familienlebens, der Wohnung und der Korrespondenz.
- Das Übereinkommen Nr. 108 des Europarates ist das erste international verbindliche Instrument, das sich ausdrücklich mit dem Datenschutz beschäftigt.
- Im EU-Recht wurde der Datenschutz erstmals in der Datenschutzrichtlinie geregelt.
- Nach EU-Recht ist das Recht auf Datenschutz als Grundrecht anerkannt.

Ein Recht auf Schutz der Privatsphäre vor dem Eindringen anderer, insbesondere des Staates, wurde völkerrechtlich zum ersten Mal in Artikel 12 über die Wahrung von Privat- und Familienleben der Allgemeinen Erklärung der Menschenrechte (AEMR) der Vereinten Nationen (UN) im Jahr 1948 verankert.[1] Die AEMR beeinflusste die Entwicklung anderer Menschenrechtsinstrumente in Europa.

1.1.1. Europäische Menschenrechtskonvention

Der Europarat wurde nach dem Zweiten Weltkrieg gegründet, um die Staaten Europas mit dem Ziel zusammenzubringen, Rechtsstaatlichkeit, Demokratie, Menschenrechte und soziale Entwicklung zu fördern. Zu diesem Zweck verabschiedete er im Jahr 1950 die Europäische Menschenrechtskonvention (EMRK), die 1953 in Kraft trat.

Staaten sind völkerrechtlich zur Einhaltung der EMRK verpflichtet. Seitdem haben alle Mitgliedstaaten des Europarates die EMRK in ihr nationales Recht übernommen oder umgesetzt, weshalb sie verpflichtet sind, im Einklang mit den Bestimmungen der Konvention zu handeln.

Um zu gewährleisten, dass die Vertragsparteien ihren Verpflichtungen aus der EMRK nachkommen, wurde 1959 in Straßburg (Frankreich) der Europäische Gerichtshof für Menschenrechte (EGMR) eingerichtet. Der EGMR stellt mit Individualbeschwerden von natürlichen Personen, Personengruppen, Nichtregierungsorganisationen oder juristischen Personen wegen behaupteter Verletzungen des Übereinkommens

1 Vereinte Nationen (UN), Allgemeine Erklärung der Menschenrechte (AEMR), 10. Dezember 1948.

sicher, dass Staaten ihre Verpflichtungen aus dem Übereinkommen erfüllen. 2013 gehörten dem Europarat 47 Mitgliedstaaten an, von denen 28 auch EU-Mitgliedstaaten sind. Ein Beschwerdeführer vor dem EGMR muss nicht Staatsbürger eines der Mitgliedstaaten sein. Der EGMR kann auch im Rahmen einer Staatenbeschwerde angerufen werden, die von einem oder mehreren Mitgliedstaaten des Europarates gegen einen anderen Mitgliedstaat eingebracht wird.

Das Recht auf Schutz personenbezogener Daten gehört zu den gemäß Artikel 8 EMRK geschützten Rechten; dieser Artikel garantiert das Recht auf Achtung des Privat- und Familienlebens, der Wohnung und der Korrespondenz und legt die Bedingungen fest, unter denen Einschränkungen dieses Rechts zulässig sind.[2]

In seiner Rechtsprechung hat sich der EGMR mit vielen Fällen befasst, in denen es um Datenschutzfragen ging; nicht zuletzt im Zusammenhang mit dem Abhören des Datenverkehrs[3], verschiedenen Formen der Überwachung[4] und dem Schutz gegen die Speicherung personenbezogener Daten durch Behörden[5]. Er hat darin klargestellt, dass Artikel 8 EMRK nicht nur Staaten dazu verpflichtet, Aktionen zu unterlassen, die gegen dieses im Übereinkommen festgeschriebene Recht verstoßen, sondern sie unter bestimmten Umständen dazu verpflichtet, sich sogar aktiv für einen wirksamen Schutz des Privat- und Familienlebens einzusetzen.[6] Auf viele dieser Fälle wird in den entsprechenden Kapiteln noch im Detail eingegangen.

1.1.2. Übereinkommen Nr. 108 des Europarates

Mit dem Aufkommen der Informationstechnologie in den 1960er Jahren trat zunehmend Bedarf an detaillierten Vorschriften über den Schutz natürlicher Personen in Bezug auf ihre (personenbezogenen) Daten auf. Mitte der 1970er Jahre verabschiedete das Ministerkomitee des Europarates mehrere Entschließungen zum Schutz

2 Europarat, Europäische Menschenrechtskonvention, SEVSEV Nr. 005, 1950.

3 Siehe z. B. EGMR, *Malone / Vereinigtes Königreich*, Nr. 8691/79, 2. August 1984; EGMR, *Copland / Vereinigtes Königreich*, Nr. 62617/00, 3. April 2007.

4 Siehe z. B. EGMR, *Klass und andere / Deutschland*, Nr. 5029/71, 6. September 1978; EGMR, *Uzun / Deutschland*, Nr. 35623/05, 2. September 2010.

5 Siehe z. B. EGMR, *Leander / Schweden*, Nr. 9248/81, 11. Juli 1985; EGMR, *S. und Marper / Vereinigtes Königreich*, Nr. 30562/04, 4. Dezember 2008.

6 Siehe z. B. EGMR, *I. / Finnland*, Nr. 20511/03, 17. Juli 2008; EGMR, *K.U. / Finnland*, Nr. 2872/02, 2. Dezember 2008 .

personenbezogener Daten, in denen auf Artikel 8 EMGK verwiesen wurde.[7] 1981 wurde ein Übereinkommen zum Schutz des Menschen bei der automatischen Verarbeitung personenbezogener Daten (Übereinkommen Nr. 108)[8] zur Unterzeichnung aufgelegt. Das Übereinkommen Nr. 108 war und ist noch immer das einzige rechtsverbindliche völkerrechtliche Instrument im Bereich des Datenschutzes.

Das Übereinkommen Nr. 108 gilt für die Verarbeitung jeglicher personenbezogener Daten, sei es im privatwirtschaftlichen oder öffentlichen Sektor, wie beispielsweise Datenverarbeitung in Justiz- und Strafverfolgungsbehörden. Das Übereinkommen schützt den Menschen vor Missbrauch bei der Erhebung und Verarbeitung personenbezogener Daten und strebt gleichzeitig eine Regulierung des grenzüberschreitenden Datenverkehrs an. Im Hinblick auf die Erfassung und Verarbeitung personenbezogener Daten enthält das Übereinkommen Grundsätze insbesondere bezüglich der nach Treu und Glauben zu erfolgenden rechtmäßigen Erhebung der Daten und der automatischen Verarbeitung von Daten. Daten sollen zu konkreten rechtmäßigen Zwecken gespeichert werden und dürfen weder für Ziele verwendet werden, die mit diesen Zwecken nicht vereinbar sind, noch länger als erforderlich aufbewahrt werden. Die Grundsätze betreffen auch die Qualität der Daten; diese müssen insbesondere den Zwecken entsprechen, für die sie erhoben werden, dafür erheblich sein, dürfen nicht darüber hinausgehen (Verhältnismäßigkeit) und müssen sachlich richtig sein.

Das Übereinkommen enthält Garantien für die Erhebung und Verarbeitung personenbezogener Daten, verbietet aber darüber hinaus, sofern keine angemessenen rechtlichen Schutzklauseln vorhanden sind, die Verarbeitung so genannter „sensibler" Daten, wie Daten zu Rasse, politischer Einstellung, Gesundheit, Konfession, Sexualleben oder Vorstrafen einer Person.

Im Übereinkommen ist ferner das Recht einer Person verankert, über die sie betreffenden Daten Auskunft zu erhalten und sie bei Bedarf berichtigen zu lassen. Einschränkungen der im Übereinkommen festgelegten Rechte sind nur bei übergeordneten Interessen wie Sicherheit des Staats oder Verteidigung möglich.

7 Europarat, Ministerkomitee (1973), Entschließung (73) 22 über den Schutz der Privatsphäre natürlicher Personen gegenüber elektronischen Datenbanken im nicht-öffentlichen Sektor, 26. September 1973; Europarat, Ministerkomitee (1974), Entschließung (74) 29 über den Schutz der Privatsphäre natürlicher Personen gegenüber elektronischen Datenbanken im öffentlichen Bereich, 20. September 1974.

8 Europarat, Übereinkommen zum Schutz der Menschen bei der automatischen Verarbeitung personenbezogener Daten, Europarat, SEV Nr. 108, 1981.

Das Übereinkommen sieht zwar den freien Datenverkehr zwischen Vertragsstaaten des Übereinkommens vor, doch enthält es auch einige Einschränkungen für diesen Datenverkehr mit Staaten, in denen die Rechtsvorschriften keinen gleichwertigen Schutz bieten.

Zur Weiterentwicklung der im Übereinkommen Nr. 108 niedergelegten allgemeinen Grundsätze und Vorschriften hat das Ministerkomitee des Europarates mehrere Empfehlungen angenommen, die allerdings nicht rechtsverbindlich sind (siehe Kapitel 7 und 8).

Alle EU-Mitgliedstaaten haben das Übereinkommen Nr. 108 ratifiziert. 1999 wurde das Übereinkommen Nr. 108 novelliert, damit die EU Vertragspartei werden konnte.[9] 2001 wurde ein Zusatzprotokoll zum Übereinkommen Nr. 108 angenommen, das Bestimmungen über die grenzüberschreitende Übermittlung von Daten an Nicht-Vertragsparteien, so genannte Drittländer, und die Pflicht zur Errichtung nationaler Datenschutzbehörden enthält.[10]

Ausblick

Im Anschluss an die Entscheidung, das Übereinkommen Nr. 108 zu modernisieren, wurde 2011 eine öffentliche Konsultation abgehalten, die die beiden Hauptziele dieser Arbeiten bekräftigte: besserer Schutz der Privatsphäre im digitalen Bereich und Ausbau des Folgemechanismus des Übereinkommens.

Der Beitritt zum Übereinkommen Nr. 108 steht auch Nicht-Mitgliedstaaten des Europarates einschließlich außereuropäischer Länder offen. Das Potenzial des Übereinkommens als universeller Standard und sein offener Charakter könnten die Grundlage für die Förderung des Datenschutzes weltweit sein.

Bisher sind 45 der 46 Vertragsparteien des Übereinkommens Mitgliedstaaten des Europarates. Uruguay war das erste außereuropäische Land, das im August 2013 beitrat, und Marokko, das vom Ministerkomitee zum Beitritt zum Übereinkommen Nr. 108 eingeladen wurde, ist dabei, seinen Beitritt zu formalisieren.

9 Europarat, Änderungen des Übereinkommens zum Schutz der Menschen bei der automatischen Verarbeitung personenbezogener Daten (SEV Nr. 108), die den Beitritt der europäischen Gemeinschaften erlauben, angenommen vom Ministerkomitee in Straßburg am 15. Juni 1999; Artikel 23 Absatz 2 des Übereinkommens in seiner geänderten Form.

10 Europarat, Zusatzprotokoll zum Übereinkommen zum Schutz der Menschen bei der automatischen Verarbeitung personenbezogener Daten bezüglich Kontrollstellen und grenzüberschreitendem Datenverkehr, SEV Nr. 181, 2001.

1.1.3. Das Datenschutzrecht der Europäischen Union

Das EU-Recht setzt sich aus Verträgen und dem sekundären EU-Recht zusammen. Die Verträge, insbesondere der Vertrag über die Europäische Union (EUV) und der Vertrag über die Arbeitsweise der Europäischen Union (AEUV), wurden von allen EU-Mitgliedstaaten angenommen und werden auch als „primäres EU-Recht" bezeichnet. Die Verordnungen, Richtlinien und Beschlüsse der EU wurden von den EU-Organen angenommen, denen diese Befugnis in den Verträgen übertragen wurde; sie werden häufig als „sekundäres EU-Recht" bezeichnet.

Das Hauptrechtsinstrument der EU für den Datenschutz ist die Richtlinie 95/46/EG des Europäischen Parlaments und des Rates vom 24. Oktober 1995 zum Schutz natürlicher Personen bei der Verarbeitung personenbezogener Daten und zum freien Datenverkehr (*Datenschutzrichtlinie*).[11] Sie wurde 1995 angenommen, also zu einem Zeitpunkt, zu dem mehrere Mitgliedstaaten bereits nationale Datenschutzgesetze verabschiedet hatten. Der freie Waren-, Kapital- und Dienstleistungsverkehr und die Personenfreizügigkeit machten einen ungehinderten Datenverkehr erforderlich, der nur möglich war, wenn sich die Mitgliedstaaten auf ein einheitliches hohes Datenschutzniveau verlassen konnten.

Da mit der Datenschutzrichtlinie eine Harmonisierung[12] des Datenschutzrechts auf einzelstaatlicher Ebene angestrebt wurde, gewährt die Richtlinie ein Maß an Genauigkeit, das mit (damals) bestehenden nationalen Datenschutzgesetzen vergleichbar ist. Für den EuGH bezweckt„die Richtlinie 95/46 […] in allen Mitgliedstaaten ein gleichwertiges Schutzniveau hinsichtlich der Rechte und Freiheiten von Personen bei der Verarbeitung personenbezogener Daten herzustellen. […] Die Angleichung der nationalen Rechtsvorschriften in dem entsprechenden Bereich darf nicht zu einer Verringerung des durch diese Rechtsvorschriften garantierten Schutzes führen, sondern muss im Gegenteil darauf abzielen, in der Union ein hohes Schutzniveau sicherzustellen. So, […] ist die Harmonisierung dieser nationalen Rechtsvorschriften nicht auf eine Mindestharmonisierung beschränkt, sondern führt zu einer grundsätzlich umfassenden Harmonisierung."[13] Folglichverfügen die Mitgliedstaaten bei der Umsetzung der Richtlinie nur über einen begrenzten Spielraum.

11 Datenschutzrichtlinie, ABl. L 281 vom 23.11.1995, S. 31.

12 Siehe beispielsweise Erwägungsgründe 1, 4, 7 und 8 der Datenschutzrichtlinie.

13 EuGH, Verbundene Rechtssachen C-468/10 und C-469/10, *Asociación Nacional de Establecimientos Financieros de Crédito (ASNEF) und Federación de Comercio Electrónico y Marketing Directo (FECEMD) / Administración del Estado*, 24. November 2011, Randnrn. 28–29.

Die Datenschutzrichtlinie ist darauf ausgelegt, den bereits im Übereinkommen Nr. 108 verankerten Grundsätzen des Rechts auf Privatsphäre Substanz zu verleihen und sie zu erweitern. Die Tatsache, dass 1995 alle 15 EU-Mitgliedstaaten auch Vertragsparteien des Übereinkommens Nr. 108 waren, schließt die Annahme einander widersprechender Bestimmungen in diesen beiden Rechtsinstrumenten aus. Die Datenschutzrichtlinie nutzt allerdings die in Artikel 11 des Übereinkommens Nr. 108 eingeräumte Möglichkeit, weitere Schutzinstrumente hinzuzufügen. So hat sich insbesondere die Einführung einer unabhängigen Aufsicht als Instrument zur Verbesserung der Einhaltung der Datenschutzvorschriften als wichtiger Beitrag zu einem effizienten Funktionieren des europäischen Datenschutzrechts erwiesen. (Folglich wurde dieses Merkmal 2001 mit dem Zusatzprotokoll zum Übereinkommen Nr. 108 in das Recht des Europarates übernommen.)

Der geografische Anwendungsbereich der Datenschutzrichtlinie geht über die 28 EU-Mitgliedstaaten hinaus und umfasst auch Drittstaaten, die zum Europäischen Wirtschaftsraum (EWR)[14] gehören, nämlich Island, Liechtenstein und Norwegen.

Der EuGH in Luxemburg ist dafür zuständig, zu entscheiden, ob ein Mitgliedstaat seinen Verpflichtungen aus der Datenschutzrichtlinie nachgekommen ist, und entscheidet im Wege der Vorabentscheidung über die Gültigkeit und Auslegung der Richtlinie, damit sie wirksam und einheitlich in den Mitgliedstaaten angewandt wird. Eine wichtige Ausnahme von der Anwendbarkeit der Datenschutzrichtlinie stellt die so genannte „Haushaltsausnahme" dar, also die Verarbeitung personenbezogener Daten durch Privatpersonen für ausschließlich persönliche oder familiäre Zwecke.[15] Derartige Verarbeitungen werden im Allgemeinen als Teil der Freiheiten von Privatpersonen angesehen.

Im Einklang mit dem zum Zeitpunkt der Annahme der Datenschutzrichtlinie geltenden EU-Primärrecht beschränkt sich der sachliche Geltungsbereich der Richtlinie auf Fragen des Binnenmarkts. Nicht in ihren Anwendungsbereich fallen insbesondere Fragen der polizeilichen Zusammenarbeit und der justiziellen Zusammenarbeit in Strafsachen. Der Datenschutz in diesen Bereichen ist in anderen Rechtsinstrumenten geregelt, auf die im Einzelnen in Kapitel 7 eingegangen wird.

14 Abkommen über den Europäischen Wirtschaftsraum, das am 1. Januar 1994 in Kraft trat, ABl. L 1 vom 3.1.1994.

15 Datenschutzrichtlinie, Artikel 3 Absatz 2 zweiter Spiegelstrich.

Da sich die Datenschutzrichtlinie nur an die Mitgliedstaaten richten konnte, war ein weiteres Rechtsinstrument für die Organisation des Datenschutzes bei der Verarbeitung personenbezogener Daten durch Organe und Einrichtungen der EU erforderlich. Diese Aufgabe erfüllt die Verordnung (EG) Nr. 45/2001 zum Schutz natürlicher Personen bei der Verarbeitung personenbezogener Daten durch Organe und Einrichtungen der Gemeinschaft und zum freien Datenverkehr (*Datenschutzverordnung für die EU-Organe*).[16]

Selbst in Bereichen, die von der Datenschutzrichtlinie abgedeckt sind, werden häufig detailliertere Datenschutzvorschriften benötigt, um die erforderliche Klarheit beim Abwägen anderer berechtigter Interessen herzustellen. Zwei Beispiele hierfür sind die Richtlinie 2002/58/EG über die Verarbeitung personenbezogener Daten und den Schutz der Privatsphäre in der elektronischen Kommunikation (*Datenschutzrichtlinie für elektronische Kommunikation*)[17] und die Richtlinie 2006/24/EG über die Vorratsspeicherung von Daten, die bei der Bereitstellung öffentlich zugänglicher elektronischer Kommunikationsdienste oder öffentlicher Kommunikationsnetze verarbeitet werden, und zur Änderung der Richtlinie 2002/58/EC (*Richtlinie über die Vorratsdatenspeicherung*, für ungültig erklärt am 8. April 2014).[18] Weitere Beispiele werden in Kapitel 8 erörtert. Solche Bestimmungen müssen im Einklang mit der Datenschutzrichtlinie stehen.

Die Charta der Grundrechte der Europäischen Union

Die ursprünglichen Verträge der Europäischen Gemeinschaften beinhalteten keinerlei Verweis auf Menschenrechte oder deren Schutz. Als jedoch Rechtssachen vor den Europäischen Gerichtshof (EuGH) gebracht wurden, in denen es um die behauptete Verletzung von Menschenrechten im Geltungsbereich des Unionsrechts ging, entwickelte der EuGH einen neuen Ansatz. Um den Schutz Einzelner zu gewährleisten, wurden die Grundrechte in die so genannten allgemeinen Rechtsgrundsätze

16 Verordnung (EG) Nr. 45/2001 des Europäischen Parlaments und des Rates vom 18. Dezember 2000 zum Schutz natürlicher Personen bei der Verarbeitung personenbezogener Daten durch die Organe und Einrichtungen der Gemeinschaft und zum freien Datenverkehr, ABl. L 2001 vom 12.1.2001, S. 8.

17 Richtlinie 2002/58/EG des Europäischen Parlaments und des Rates vom 12. Juli 2002 über die Verarbeitung personenbezogener Daten und den Schutz der Privatsphäre in der elektronischen Kommunikation (*Datenschutzrichtlinie für elektronische Kommunikation*), ABl. L 201 vom 31.7.2002, S. 37.

18 Richtlinie 2006/24/EG des Europäischen Parlaments und des Rates vom 15. März 2006 über die Vorratsspeicherung von Daten, die bei der Bereitstellung öffentlich zugänglicher elektronischer Kommunikationsdienste oder öffentlicher Kommunikationsnetze verarbeitet werden, und zur Änderung der Richtlinie 2002/58/EG (*Richtlinie über die Vorratsdatenspeicherung*), ABl. L 105 vom 13.4.2006, S. 54, am8. April 2014 für ungültig erklärt.

des EU-Rechts aufgenommen. Nach Auffassung des EuGH tragen diese allgemeinen Grundsätze dem Inhalt der Bestimmungen zum Schutz der Menschenrechte Rechnung, die in den nationalen Verfassungen und Menschenrechtsverträgen, insbesondere in der EMRK, verankert sind. Der EuGH hielt fest, er werde dafür Sorge tragen, dass das Unionsrecht mit diesen Grundsätzen in Einklang steht.

In Anerkennung der Tatsache, dass ihre Politik Auswirkungen auf die Menschenrechte haben kann, und in dem Bemühen, die Nähe der Bürger zur EU zu stärken, verkündete die EU im Jahr 2000 die Charta der Grundrechte der Europäischen Union (Charta). Diese Charta umfasst die gesamte Bandbreite der bürgerlichen, politischen, wirtschaftlichen und sozialen Rechte europäischer Bürger und fasst damit die gemeinsamen verfassungsrechtlichen Traditionen und internationalen Verpflichtungen der Mitgliedstaaten zusammen. Die in der Charta verankerten Rechte lassen sich in sechs Kategorien unterteilen: Würde, Freiheiten, Gleichheit, Solidarität, Bürgerrechte und justizielle Rechte.

Ursprünglich war die Charta nur ein politisches Dokument, doch wurde sie mit dem Inkrafttreten des Vertrags von Lissabon am 1 Dezember 2009[19] rechtsverbindliches EU Primärrecht[20] (siehe Artikel 6 Absatz 1 EUV).

Im EU-Primärrecht ist auch eine allgemeine Kompetenz der EU für die Erlassung von Rechtsvorschriften in Fragen des Datenschutzes verankert (Artikel 16 AEUV).

Die Charta gewährleistet nicht nur die Achtung des Privat- und Familienlebens (Artikel 7), sondern sieht auch das Recht auf Schutz personenbezogener Daten vor (Artikel 8) und hebt damit ausdrücklich das Niveau dieses Schutzes im EU-Recht auf das eines Grundrechts an. EU-Organe sowie Mitgliedstaaten haben dieses Recht zu achten und zu gewährleisten; dies gilt auch für die Mitgliedstaaten bei der Vollziehung des Unionsrechts (Artikel 51 der Charta). Artikel 8 der Charta, der mehrere Jahre nach der Datenschutzrichtlinie formuliert wurde, ist als Ausdruck bereits bestehenden EU-Datenschutzrechts zu verstehen. In der Charta wird also nicht nur ausdrücklich in Artikel 8 Absatz 1 das Recht auf Datenschutz erwähnt, sondern es wird in Artikel 8 Absatz 2 auch auf die Kerngrundsätze des Datenschutzes verwiesen. Schließlich sieht Artikel 8 Absatz 3 der Charta noch vor, dass die Umsetzung dieser Grundsätze von einer unabhängigen Stelle überwacht wird.

19 Siehe konsolidierte Fassungen von Europäische Gemeinschaften (2012), Vertrag über die Europäische Union, ABl. C 326 vom 26.10.2012, und von Europäische Gemeinschaften (2012), Vertrag über die Arbeitsweise der Europäischen Union, ABl. C 326 vom 26.10.2012..

20 EU (2012), Charta der Grundrechte der Europäischen Union, ABl. C 326 vom 26.10.2012.

Ausblick

Im Januar 2012 legte die Europäische Kommission einen Vorschlag für ein Datenschutzreformpaket mit der Begründung vor, das bestehende Datenschutzregelwerk bedürfe aufgrund schneller technologischer Entwicklungen und der Globalisierung einer Modernisierung. Das Reformpaket besteht aus einem Vorschlag für eine Datenschutz-Grundverordnung[21], die an die Stelle der Datenschutzrichtlinie treten soll, sowie einer neuen Datenschutzrichtlinie[22], die den Datenschutz im Bereich der polizeilichen und justiziellen Zusammenarbeit in Strafsachen regeln soll. Zum Zeitpunkt der Veröffentlichung dieses Handbuchs war die Diskussion über das Reformpaket noch nicht abgeschlossen.

1.2. Abwägen zwischen Rechten

Kernpunkt

- Das Recht auf Datenschutz ist kein absolutes Recht; es muss gegen andere Rechte abgewogen werden.

Das Grundrecht auf Schutz personenbezogener Daten gemäß Artikel 8 der Charta „kann jedoch keine uneingeschränkte Geltung beanspruchen, sondern muss im Hinblick auf seine gesellschaftliche Funktion gesehen werden".[23] Daher lässt Artikel 52 Absatz 1 der Charta Einschränkungen der Ausübung der Rechte wie derjenigen zu, die in den Artikeln 7 und 8 verankert sind, sofern diese Einschränkungen gesetzlich vorgesehen sind, den Wesensgehalt dieser Rechte und Freiheiten achten und unter Wahrung des Grundsatzes der Verhältnismäßigkeit erforderlich sind und den von der Union anerkannten dem Gemeinwohl dienenden Zielsetzungen oder den Erfordernissen des Schutzes der Rechte und Freiheiten anderer tatsächlich entsprechen.[24]

21 Europäische Kommission (2012), *Vorschlag für eine Verordnung des Europäischen Parlaments und des Rates zum Schutz natürlicher Personen bei der Verarbeitung personenbezogener Daten und zum freien Datenverkehr (Datenschutz-Grundverordnung)*, KOM(2012) 11 final, Brüssel, 25. Januar 2012.

22 Europäische Kommission (2012), *Vorschlag für eine Richtlinie des Europäischen Parlaments und des Rates zum Schutz natürlicher Personen bei der Verarbeitung personenbezogener Daten durch die zuständigen Behörden zum Zwecke der Verhütung, Aufdeckung, Untersuchung oder Verfolgung von Straftaten oder der Strafvollstreckung sowie zum freien Datenverkehr*, KOM(2012) 10 final, Brüssel, 25. Januar 2012.

23 Siehe z. B. EuGH, Verbundene Rechtssachen C-92/09 und C-93/09, *Volker und Markus Schecke GbR und Hartmut Eifert / Land Hessen*, 9. November 2010, Randnr. 48.

24 a.a.O., Randnr. 50.

Im System der EMRK wird der Datenschutz durch Artikel 8 (Recht auf Achtung des Privat- und Familienlebens) gewährleistet, und wie im System der Charta ist dieses Recht unter Wahrung des Geltungsbereichs anderer, kollidierender Rechte anzuwenden. Artikel 8 Absatz 2 EMRK besagt: „Eine Behörde darf in die Ausübung dieses Rechts nur eingreifen, soweit der Eingriff gesetzlich vorgesehen ist und in einer demokratischen Gesellschaft notwendig ist [...] zum Schutz der Rechts und Freiheiten anderer".

Folglich haben sowohl der EGMR als auch der EuGH wiederholt ausgeführt, dass bei der Anwendung und Auslegung von Artikel 8 EMRK und Artikel 8 der Charta ein Abwägen mit anderen Rechten erforderlich ist.[25] An mehreren wichtigen Beispielen soll gezeigt werden, wie diese Abwägung erreicht wird.

1.2.1. Freiheit der Meinungsäußerung

Eines der Rechte, das mit dem Recht auf Datenschutz kollidieren kann, ist das Recht auf Freiheit der Meinungsäußerung.

Die Freiheit der Meinungsäußerung wird geschützt durch Artikel 11 der Charta („Freiheit der Meinungsäußerung und Informationsfreiheit"). Dieses Recht „schließt die Meinungsfreiheit und die Freiheit ein, Informationen und Ideen ohne behördliche Eingriffe und ohne Rücksicht auf Staatsgrenzen zu empfangen und weiterzugeben". Artikel 11 entspricht Artikel 10 EMRK. Gemäß Artikel 52 Absatz 3 der Charta gilt: Soweit diese Charta Rechte enthält, die den durch die EMRK garantierten Rechten entsprechen, „haben sie die gleiche Bedeutung und Tragweite, wie sie ihnen in der genannten Konvention verliehen wird". Die Einschränkungen, die rechtmäßig auf das in Artikel 11 der Charta festgeschriebene Recht angewandt werden können, dürfen daher über die in Artikel 10 Absatz 2 EMRK vorgesehenen Einschränkungen nicht hinausgehen, müssen also gesetzlich vorgesehen sein und in einer demokratischen Gesellschaft „zum Schutz [...] des guten Rufes oder der Rechte anderer" notwendig sein. Mit diesem Konzept wird auch das Recht auf Datenschutz erfasst.

25 EGMR, *Von Hannover / Deutschland (Nr. 2) [GK]*, Nrn. 40660/08 und 60641/08, 7. Februar 2012; EuGH, Verbundene Rechtssachen C-468/10 und C-469/10, *Asociación Nacional de Establecimientos Financieros de Crédito (ASNEF) und Federación de Comercio Electrónico y Marketing Directo (FECEMD) / Administración del Estado*, 24. November 2011, Randnr. 48; EuGH, C-275/06, *Productores de Música de España (Promusicae) / Telefónica de España SAU*, 29. Januar 2008, Randnr. 68. Siehe auch Europarat (2013), Rechtsprechung des Europäischen Gerichtshofs für Menschenrechte zum Datenschutz, DP (2013) Case law, abrufbar unter: http://www.coe.int/t/dghl/standardsetting/dataprotection/Judgments/DP 2013 Case Law_Eng_FINAL.pdf.

Die Beziehung zwischen dem Schutz personenbezogener Daten und der Meinungsfreiheit ist in Artikel 9 der Datenschutzrichtlinie mit dem Titel „Verarbeitung personenbezogener Daten und Meinungsfreiheit" geregelt.[26] Dieser Artikel besagt, dass ie Mitgliedstaaten für die Verarbeitung personenbezogener Daten, die allein zu journalistischen, künstlerischen oder literarischen Zwecken erfolgt, Abweichungen und Ausnahmen von diesem Kapitel sowie von den Kapiteln IV und VI nur insofern vorsehen, als sichdies alsnotwendig erweist, um das Recht auf Privatsphäre mit den für die Freiheit der Meinungsäußerung geltenden Vorschriften in Einklang zu bringen.

Beispiel: In der Rechtssache *Tietosuojavaltuutettu gegen Satakunnan Markkinapörssi Oy und Satamedia Oy*[27] war der EuGH aufgefordert, Artikel 9 der Datenschutzrichtlinie auszulegen und die Beziehung zwischen Datenschutz und Pressefreiheit festzulegen. Der Gerichtshof hatte die Verbreitung von Steuerdaten über rund 1,2 Millionen natürliche Personen zu prüfen, die Markkinapörssi und Satamedia auf legalem Wege von den finnischen Steuerbehörden erhalten hatten. Der Gerichtshof hatte insbesondere der Frage nachzugehen, ob die Verarbeitung personenbezogener Daten, die die Steuerbehörden zur Verfügung gestellt hatten, damit Nutzer von Mobiltelefonen Steuerdaten anderer natürlicher Personen erhalten können, als eine Tätigkeit anzusehen ist, die allein journalistischen Zwecken dient. Nachdem der Gerichtshof zu dem Schluss gekommen war, die Tätigkeiten von Satakunnan seien „Verarbeitung personenbezogener Daten" im Sinne von Artikel 3 Absatz 1 der Datenschutzrichtlinie, wandte er sich der Auslegung von Artikel 9 der Richtlinie zu. Der Gerichtshof wies zunächst auf die Bedeutung der Freiheit der Meinungsäußerung in jeder demokratischen Gesellschaft hin und vertrat die Auffassung, dass die damit zusammenhängenden Begriffe, zu denen auch der des Journalismus gehört, weit auszulegen sind. Weiter führte er aus, dass sich die Ausnahmen und Einschränkungen in Bezug auf den Datenschutz auf das absolut Notwendige beschränken müssen, um ein Gleichgewicht zwischen den beiden Grundrechten herzustellen. Der Gerichtshof vertrat die Auffassung, dass Tätigkeiten wie die von Markkinapörssi und Satamedia, die Daten aus Dokumenten betreffen, die nach den nationalen Rechtsvorschriften öffentlich sind, als „journalistische Tätigkeiten" eingestuft werden können, wenn sie zum Zweck haben, Informationen, Meinungen oder Ideen, mit welchem Übertragungsmittel auch immer, in der Öffentlichkeit zu verbreiten. Der Gerichtshof befand ferner, dass diese

26 Datenschutzrichtlinie, Artikel 9.

27 EuGH, C-73/07, *Tietosuojavaltuutettu / Satakunnan Markkinapörssi Oy und Satamedia Oy*, 16. Dezember 2008, Randnrn. 56, 61 und 62.

Tätigkeiten nicht Medienunternehmen vorbehalten sind und mit der Absicht verbunden sein können, Gewinn zu erzielen. Der Gerichtshof überließ es jedoch dem innerstaatlichen Gericht, zu prüfen, ob dies auf diesen konkreten Fall zutrifft.

Zur Frage der Vereinbarkeit des Rechts auf Datenschutz und des Rechts auf freie Meinungsäußerung hat der EGMR mehrere Grundsatzurteile gesprochen.

Beispiel: In der Rechtssache *Axel Springer AG gegen Deutschland*[28] befand der EGMR, dass ein von einem innerstaatlichen Gericht ausgesprochenes Verbot gegen den Eigentümer einer Zeitung, der einen Artikel über die Verhaftung und Verurteilung eines bekannten Schauspielers veröffentlichen wollte, ein Verstoß gegen Artikel 10 EMRK ist. Der EGMR verwies erneut auf Kriterien, die er in seiner Rechtsprechung bei der Abwägung zwischen dem Recht auf Freiheit der Meinungsäußerung und dem Recht auf Achtung des Privatlebens festgelegt hatte:

- Erstens: Handelt es sich bei dem Ereignis, um das es in dem betreffenden Artikel ging, um ein Ereignis von allgemeinem Interesse? Die Verhaftung und Verurteilung einer Person war eine öffentliche juristische Tatsache und damit von öffentlichem Interesse.

- Zweitens: Handelt es sich bei der betreffenden Person um eine Person öffentlichen Interesses? Die betreffende Person war ein hinreichend bekannter Schauspieler und damit eine Person öffentlichen Interesses.

- Drittens: Wie wurden die Informationen beschafft und waren sie zuverlässig? Die Informationen stammten von der Staatsanwaltschaft, und die Richtigkeit der in beiden Veröffentlichungen enthaltenen Informationen war zwischen den Parteien unstrittig.

Der EGMR befand daher, dass die dem Unternehmen auferlegten Einschränkungen bezüglich der Veröffentlichung in keinem angemessenen Verhältnis zu dem legitimen Ziel des Schutzes des Privatlebens des Beschwerdeführers standen. Der Gerichtshof befand, dass eine Verletzung von Artikel 10 EMRK vorlag.

28 EGMR, *Axel Springer AG / Deutschland [GK]*, Nr. 39954/08, 7. Februar 2012, Randnrn. 90 und 91.

Beispiel: In der Rechtssache *Von Hannover gegen Deutschland (Nr. 2)*[29] stellte der EGMR keine Verletzung des Rechts auf Achtung des Privatlebens gemäß Artikel 8 EMRK fest, als der Antrag von Prinzessin Caroline von Monaco auf einstweilige Verfügung gegen die Veröffentlichung eines Fotos abgelehnt wurde, das sie und ihren Ehemann während eines Skiurlaubs zeigt. Das Foto gehörte zu einem Artikel, in dem unter anderem über den schlechten Gesundheitszustand von Fürst Rainier berichtet wurde. Der EGMR befand, dass die innerstaatlichen Gerichte sorgfältig das Recht des Verlagshauses auf Freiheit der Meinungsäußerung und das Recht der Beschwerdeführer auf Achtung ihres Privatlebens abgewogen hatten. Die Bezeichnung der Erkrankung von Fürst Rainier durch die innerstaatlichen Gerichte als ein Ereignis von zeitgeschichtlicher Bedeutung könne nicht als unangemessen gelten, und der EGMR konnte akzeptieren, dass das Foto, im Zusammenhang mit dem Artikel, einen Beitrag zu einer Debatte von allgemeinem Interesse geleistet hatte. Der Gerichtshof befand, dass keine Verletzung von Artikel 8 EMRK vorlag.

In der Rechtsprechung des EGMR gehört zu den zentralen Kriterien bei der Abwägung dieser Rechte die Frage, ob die fragliche Äußerung einen Beitrag zu einer Debatte von allgemeinem Interesse leistet.

Beispiel: In der Rechtssache *Mosley gegen Vereinigtes Königreich*[30] veröffentlichte eine überregionale Wochenzeitung intime Fotos des Beschwerdeführers. Er behauptete daraufhin eine Verletzung von Artikel 8 EMRK, weil es ihm aufgrund des Fehlens einer Pflicht der Zeitung zur Vorabnotifizierung bei der Veröffentlichung von Material, das das Recht einer Person auf Achtung der Privatsphäre verletzt, verwehrt war, vor der Veröffentlichung der fraglichen Fotos eine Unterlassungsklage anzustrengen. Auch wenn die Verbreitung dieses Materials generell eher der Unterhaltung als der Erziehung diente, kam sie zweifelsohne in den Genuss des Schutzes von Artikel 10 EMRK, der möglicherweise hinter die Anforderungen von Artikel 8 EMRK zu stellen ist, als die Information von privater und intimer Natur war und an ihrer Verbreitung kein öffentliches Interesse bestand. Besondere Sorgfalt war jedoch bei der Prüfung von Einschränkungen geboten, die als eine Art Zensur vor der Veröffentlichung wirken könnten. Bezüglich der potenziell abschreckenden Wirkung einer Vorabnotifizierungspflicht, der Zweifel an deren Wirksamkeit und dem großen

29 EGMR, *Von Hannover / Deutschland (Nr. 2) [GK]*, Nrn. 40660/08 und 60641/08, 7. Februar 2012, Randnrn. 118 und 124.

30 EGMR, *Mosley / Vereinigtes Königreich*, Nr. 48009/08, 10. Mai 2011, Randnrn. 129 und 130.

Ermessensspielraum in diesem Bereich merkte der EGMR an, dass Artikel 8 keine rechtlich verbindliche Vorabnotifizierungspflicht verlangt. Folglich befand der Gerichtshof, dass keine Verletzung von Artikel 8 vorlag.

Beispiel: In der Rechtssache *Biriuk gegen Litauen*[31] klagte die Beschwerdeführerin gegen eine Tageszeitung auf Schadenersatz, weil diese in einem Artikel gemeldet hatte, sie sei HIV-positiv. Die Information sei angeblich von den Ärzten des örtlichen Krankenhauses bestätigt worden. Nach Auffassung des EGMR war der fragliche Artikel nicht als Beitrag zu einer Debatte von allgemeinem Interesse anzusehen, und er wiederholte, der Schutz personenbezogener Daten und nicht zuletzt medizinischer Daten sei von grundlegender Bedeutung dafür, dass eine Person ihr in Artikel 8 EMRK garantiertes Recht auf Achtung des Privat- und Familienlebens wahrnehmen kann. Besonderes Gewicht maß der Gerichtshof der Tatsache bei, dass laut Zeitungsbericht ärztliches Personal des Krankenhauses die Informationen über die HIV-Infektion der Beschwerdeführerin weitergegeben und damit ganz offensichtlich gegen die ärztliche Schweigepflicht verstoßen hatte. Folglich war es dem Staat nicht gelungen, das Recht der Beschwerdeführerin auf Achtung ihres Privatlebens zu gewährleisten. Der Gerichtshof befand, dass eine Verletzung von Artikel 8 vorlag.

1.2.2. Zugang zu Dokumenten

Informationsfreiheit gemäß Artikel 11 der Charta und Artikel 10 EMRK schützt nicht nur das Recht, Informationen nicht nur zu geben, sondern auch zu *empfangen*. Es wächst das Bewusstsein für die Bedeutung einer transparent handelnden Regierung für das Funktionieren einer demokratischen Gesellschaft. In den beiden letzten Jahrzehnten wurde das Recht auf Zugang zu im Besitz von Behörden befindlichen Dokumenten als ein wichtiges Recht eines jeden Unionsbürgers und jeder natürlichen oder juristischen Person mit Wohnsitz oder satzungsgemäßem Sitz in einem Mitgliedstaat anerkannt.

Im Recht des Europarates wäre hier auf die Grundsätze zu verweisen, die in der Empfehlung zum Zugang zu amtlichen Dokumenten verankert sind, von der sich wiederum die Verfasser des Übereinkommens über den Zugang zu amtlichen Dokumenten (*Übereinkommen Nr. 205*) inspirieren ließen.[32] **Im EU-Recht** wird das Recht

31 EGMR, *Biriuk / Litauen*, Nr. 23373/03, 25. November 2008

32 Europarat, Ministerkomitee (2002), Empfehlung Rec(2002)2 an die Mitgliedstaaten über die Einsicht in amtliche Dokumente, 21. Februar 2002; Europarat, Übereinkommen über den Zugang zu amtlichen Dokumenten, SEV Nr. 205, 18. Juni 2009. Das Übereinkommen ist noch nicht in Kraft getreten.

auf Zugang zu Dokumenten durch die Verordnung (EG) Nr. 1049/2001 über den Zugang der Öffentlichkeit zu Dokumenten des Europäischen Parlaments, des Rates und der Kommission (*Verordnung über den Zugang zu Dokumenten*) gewährleistet.[33] Artikel 42 der Charta und Artikel 15 Absatz 3 AEUV haben dieses Recht noch erweitert; es umfasst jetzt den Zugang „zu den Dokumenten der Organe, Einrichtungen und sonstigen Stellen der Union, unabhängig von der Form der für diese Dokumente verwendeten Träger". Gemäß Artikel 52 Absatz 2 der Charta erfolgt die Ausübung des Rechts auf Zugang zu Dokumenten im Rahmen der in Artikel 15 Absatz 3 AEUV festgelegten Bedingungen und Grenzen. Dieses Recht könnte mit dem Recht auf Datenschutz kollidieren, wenn beim Zugang zu Dokumenten personenbezogene Daten anderer Personen offengelegt werden. Bei Anträgen auf Zugang zu Dokumenten oder Informationen im Besitz von Behörden kann es daher erforderlich sein, das Recht auf Datenschutz von Personen, deren Daten sich in den angeforderten Dokumenten befinden, angemessen zu berücksichtigen.

Beispiel: In der Rechtssache *Kommission gegen Bavarian Lager*[34] legte der EuGH den Umfang des Schutzes personenbezogener Daten im Zusammenhang mit dem Zugang zu Dokumenten von EU-Organen fest und befasste sich mit der Beziehung zwischen der Verordnung (EG) Nr. 1049/2001 (*Verordnung über den Zugang zu Dokumenten*) und der Verordnung (EG) Nr. 45/2001 (*Datenschutzverordnung*). Bavarian Lager, gegründet 1992, führt deutsches Flaschenbier in das Vereinigte Königreich ein, hauptsächlich für den Ausschank in Gaststätten. Das Unternehmen stieß jedoch auf Schwierigkeiten, weil das britische Recht *de facto* britische Hersteller bevorzugte. Als Reaktion auf die Beschwerde von Bavarian Lager beschloss die Europäische Kommission, gegen das Vereinigte Königreich ein Vertragsverletzungsverfahren einzuleiten; daraufhin änderte das Vereinigte Königreich die angefochtenen Bestimmungen und passte sie an das EU-Recht an. Bavarian Lager forderte daraufhin bei der Kommission unter anderem eine Kopie des Protokolls einer Sitzung an, an der Vertreter der Kommission, der britischen Behörden und der *Confédération des Brasseurs du Marché Commun* (CBMC) teilgenommen hatten. Die Kommission stimmte der Verbreitung bestimmter Dokumente im Zusammenhang mit dieser Sitzung zu, schwärzte jedoch im Protokoll fünf Namen, da zwei Personen der Offenlegung

33 Verordnung (EG) Nr. 1049/2001 des Europäischen Parlaments und des Rates vom 30. Mai 2001 über den Zugang der Öffentlichkeit zu Dokumenten des Europäischen Parlaments, des Rates und der Kommission, ABl. L 145 vom 31.5.2001.

34 EuGH, C-28/08 P, *Europäische Kommission / The Bavarian Lager Co. Ltd*, 29. Juni 2010, Randnrn. 60, 63, 76, 78 und 79.

ihrer Identität ausdrücklich widersprochen hatten und die Kommission die drei anderen nicht kontaktieren konnte. Mit Entscheidung vom 18. März 2004 lehnte die Kommission den Antrag von Bavarian Lager auf Gewährung des Zugangs zum vollständigen Protokoll insbesondere unter Hinweis auf den Schutz des Privatlebens dieser Personen ab, wie er in der Datenschutzverordnung gewährleistet wird. Da Bavarian Lager mit dieser Entscheidung nicht einverstanden war, klagte es vor dem Gericht erster Instanz, das die Entscheidung der Kommission mit Urteil vom 8. November 2007 aufhob (Rechtssache T-194/04, *Bavarian Lager gegen Kommission*) und insbesondere ausführte, dass die alleinige Eintragung der Namen der fraglichen Personen in die Liste der Personen, die im Namen ihrer Einrichtungen an der Sitzung teilnahmen, keine Gefährdung des Privatlebens bedeutete und das Privatleben dieser Personen nicht gefährdete.

Auf die Berufung der Kommission hin hob der EuGH das Urteil des Gerichts erster Instanz auf. Nach Auffassung des EuGH enthält die Verordnung über den Zugang zu Dokumenten „eine spezifische, verstärkte Schutzregelung für Personen, deren personenbezogene Daten gegebenenfalls veröffentlicht werden könnten". Weiter führt der EuGH aus, dass die Bestimmungen der Datenschutzverordnung in vollem Umfang anwendbar werden, wenn ein nach der Verordnung über den Zugang zu Dokumenten gestellter Antrag auf die Gewährung des Zugangs zu Dokumenten gerichtet ist, die personenbezogene Daten enthalten. Nach Auffassung des EuGH hat daher die Kommission den Antrag auf Zugang zum vollständigen Protokoll der Sitzung vom Oktober 1996 zu Recht abgelehnt. Da von fünf Teilnehmern an dieser Sitzung keine Einwilligung vorlag, kam die Kommission durch die Weitergabe einer Fassung des streitigen Dokuments mit fünf geschwärzten Namen hinreichend der ihr obliegenden Pflicht zur Transparenz nach.

Da nach Auffassung des EuGH „Bavarian Lager keine ausdrückliche rechtliche Begründung gegeben und kein überzeugendes Argument über die Notwendigkeit der Übermittlung dieser personenbezogenen Daten vorgetragen hat, war es der Kommission nicht möglich, die verschiedenen Interessen der Beteiligten gegeneinander abzuwägen. Sie konnte auch nicht prüfen, ob Grund zur Annahme, dass die berechtigten Interessen der Betroffenen beeinträchtigt sein könnten, bestand oder nicht", wie es die Datenschutzverordnung verlangt.

Gemäß diesem Urteil bedarf es für einen Eingriff in das Recht auf Datenschutz im Zusammenhang mit dem Zugang zu Dokumenten einer konkreten und fundierten

Begründung. Das Recht auf Zugang zu Dokumenten kann nicht automatisch das Recht auf Datenschutz aufheben.[35]

Ein besonderer Aspekt eines Ersuchens um Zugang war Gegenstand des folgenden Urteils des EGMR.

Beispiel: In der Rechtssache *Társaság a Szabadságjogokért gegen Ungarn*[36] hatte die Beschwerdeführerin, eine Menschenrechtsorganisation, beim Verfassungsgerichtshof Einsicht in Informationen über einen anhängigen Fall beantragt. Ohne Anhörung des Parlamentsabgeordneten, der den Fall vor den Verfassungsgerichtshof gebracht hatte, lehnte der Verfassungsgerichtshof den Antrag auf Einsicht mit der Begründung ab, bei ihm anhängige Beschwerden könnten Außenstehenden nur mit Zustimmung des Beschwerdeführers offengelegt werden. Innerstaatliche Gerichte bestätigten diese Ablehnung mit der Begründung, der Schutz dieser personenbezogenen Daten könne nicht durch andere legitime Interessen einschließlich des Zugangs zu öffentlichen Informationen aufgehoben werden. Der Beschwerdeführer habe als „gesellschaftlicher Wachhund" gehandelt, dessen Aktivitäten ähnlichen Schutz böten wie die der Presse. Bezüglich der Pressefreiheit hatte der EGMR konsequent die Auffassung vertreten, dass die Öffentlichkeit ein Anrecht auf Informationen von allgemeinem Interesse hat. Die von der Beschwerdeführerin verlangte Information sei „jederzeit verfügbar" und erfordere keinerlei Erhebung von Daten. Angesichts dessen sei der Staat dazu verpflichtet, die von der Beschwerdeführerin verlangte Weitergabe von Informationen nicht zu behindern. Zusammenfassend vertrat der EGMR die Auffassung, dass die Behinderung des Zugangs zu öffentlichen Informationen möglicherweise die in den Medien oder damit verwandten Bereichen Tätigen davon abhalten könnten, ihrer wichtigen Rolle als „öffentlicher Wachhund" nachzukommen. Der Gerichtshof befand, dass eine Verletzung von Artikel 10 vorlag.

Im EU-Recht wurde immer wieder die Bedeutung der Transparenz unterstrichen. So ist der Grundsatz der Transparenz in den Artikeln 1 und 10 EUV und in Artikel 15

35 Siehe jedoch detaillierte Ausführungen in Europäischer Datenschutzbeauftragter (EDSB) (2011), *Öffentlicher Zugang zu Dokumenten mit personenbezogenen Daten nach dem Urteil in der Rechtssache „Bavarian Lager"*, Brüssel, 24. März 2011, abrufbar unter: http://www.edps.europa.eu/EDPSWEB/webdav/site/mySite/shared/Documents/EDPS/Publications/Papers/BackgroundP/11-03-24_Bavarian_Lager_DE.pdf.

36 EGMR, *Társaság a Szabadságjogokért / Ungarn*, Nr. 37374/05, 14. April 2009; siehe Randnrn. 27, 36–38.

Absatz 1 AEUV verankert.[37] Gemäß Erwägungsgrund 2 der Verordnung (EG) Nr. 1049/2001 ermöglicht Transparenz eine bessere Beteiligung der Bürger am Entscheidungsprozess und gewährleistet eine größere Legitimität, Effizienz und Verantwortung der Verwaltung gegenüber dem Bürger in einem demokratischen System.[38]

Gestützt auf diese Argumente verlangen die Verordnung (EG) Nr. 1290/2005 des Rates über die Finanzierung der Gemeinsamen Agrarpolitik und die Verordnung (EG) Nr. 259/2008 der Kommission mit Bestimmungen zu deren Durchführung die Veröffentlichung von Informationen über die Empfänger bestimmter EU-Mittel im Landwirtschaftssektor und die von jedem Empfänger erhaltenen Beträge.[39] Die Veröffentlichung soll zur öffentlichen Kontrolle der angemessenen Verwendung öffentlicher Gelder durch die Verwaltung beitragen. Die Verhältnismäßigkeit dieser Veröffentlichung wurde von mehreren Empfängern angefochten.

Beispiel: In der Rechtssache *Volker und Markus Schecke und Hartmut Eifert gegen Land Hessen*[40] hatte der EuGH über die Verhältnismäßigkeit der von EU-Rechtsvorschriften geforderten Veröffentlichung der Namen von Empfängern von EU-Agrarsubventionen und der von ihnen erhaltenen Beträge zu befinden.

Der Gerichtshof stellte fest, dass das Recht auf Datenschutz kein absolutes Recht ist, dass aber die Veröffentlichung von Daten mit den Namen der Empfänger von Mitteln aus den beiden EU-Fonds und den genauen Beträgen auf einer Internetseite einen Eingriff in ihr Privatleben im Allgemeinen und in den Schutz ihrer personenbezogenen Daten im Besonderen darstellt.

37 EU (2012), Konsolidierte Fassung des Vertrags über die Europäische Union und des AEUV, ABl. C 326 vom 26.10.2012.

38 EuGH, C-41/00 P, *Interporc Im- und Export GmbH / Kommission der Europäischen Gemeinschaften*, 6. März 2003, Randnr. 39, und EuGH, C-28/08 P, *Europäische Kommission / The Bavarian Lager Co. Ltd.*, 29. Juni 2010, Randnr. 54.

39 Verordnung (EG) Nr. 1290/2005 des Rates vom 21. Juni 2005 über die Finanzierung der Gemeinsamen Agrarpolitik, ABl. L 209 vom 11.8.2005, und Verordnung (EG) Nr. 259/2008 der Kommission vom 18. März 2008 mit Durchführungsbestimmungen zur Verordnung (EG) Nr. 1290/2005 des Rates hinsichtlich der Veröffentlichung von Informationen über die Empfänger von Mitteln aus dem Europäischen Garantiefonds für die Landwirtschaft (EGFL) und dem Europäischen Landwirtschaftsfonds für die Entwicklung des ländlichen Raums (ELER), ABl. L 76 vom 19.3.2008.

40 EuGH, Verbundene Rechtssachen C-92/09 und C-93/09, *Volker und Markus Schecke GbR und Hartmut Eifert / Land Hessen*, 9. November 2010, Randnrn. 47 bis 52, 58, 66 bis 67, 75, 86 und 92.

Nach Auffassung des Gerichtshofes sind solche Verletzungen der durch Artikel 7 und 8 der Charta anerkannten Rechte gesetzlich vorgesehen und entsprechen einer von der Union anerkannten dem Gemeinwohl dienenden Zielsetzung, nämlich die Transparenz in Bezug auf die Verwendung der Gemeinschaftsmittel zu erhöhen. Der EuGH stellte allerdings fest, dass die Veröffentlichung der Namen natürlicher Personen, die Empfänger von Agrarbeihilfen der EU aus diesen beiden Fonds sind, sowie der genauen erhaltenen Beträge eine unverhältnismäßige Maßnahme darstellte und mit Blick auf Artikel 52 Absatz 1 der Charta nicht gerechtfertigt war. Der Gerichtshof erklärte somit EU-Rechtsvorschriften über die Veröffentlichung von Informationen über die Empfänger von Mitteln aus europäischen Landwirtschaftsfonds teilweise für ungültig.

1.2.3. Freiheit der Kunst und der Wissenschaft

Ein weiteres Recht, das gegen das Recht auf Achtung des Privatlebens und auf Datenschutz abzuwägen ist, ist die Freiheit der Kunst und der Wissenschaft, die mit Artikel 13 der Charta ausdrücklich geschützt wird. Dieses Recht leitet sich in erster Linie aus der Gedankenfreiheit und der Freiheit der Meinungsäußerung ab und ist unter Wahrung von Artikel 1 der Charta (Würde des Menschen) auszuüben. Nach Auffassung des EGMR wird die Freiheit der Kunst durch Artikel 10 EMRK geschützt.[41] Das in Artikel 13 der Charta garantierte Recht kann den durch Artikel 10 EMRK gestatteten Einschränkungen unterworfen werden.[42]

Beispiel: In der Rechtssache *Vereinigung bildender Künstler gegen Österreich*[43] untersagten die österreichischen Gerichte der Beschwerde führenden Vereinigung die Fortsetzung der Ausstellung eines Gemäldes, das Fotografien der Köpfe verschiedener Persönlichkeiten des öffentlichen Lebens in sexuellen Positionen enthielt. Ein österreichischer Parlamentarier, dessen Foto für das Gemälde verwendet worden war, ging gerichtlich gegen die Beschwerde führende Vereinigung vor und beantragte den Erlass einer einstweiligen Verfügung, mit der die Ausstellung des Gemäldes untersagt werden sollte. Das innerstaatliche Gericht gab dem Antrag statt und erließ eine solche Verfügung. Der EGMR bekräftigte, dass Artikel 10 EMRK auf die Verbreitung von Ideen Anwendung findet, die den Staat oder einen Teil der Bevölkerung beleidigen, schockieren

41 EGMR, *Müller und andere / Schweiz*, Nr. 10737/84, 24. Mai 1988.

42 Erläuterungen zur Charta der Grundrechte, ABl. C 303 vom 14.12.2007.

43 EGMR, *Vereinigung bildender Künstler / Österreich*, Nr. 68345/01, 25. Januar 2007; siehe insbesondere Randnrn. 26 und 34.

oder verstören. Personen, die Kunstwerke schaffen, aufführen, vertreiben oder ausstellen, tragen zum Austausch von Ideen und Meinungen bei, und der Staat hat die Pflicht, nicht ungebührlich in ihre Freiheit der Meinungsäußerung einzugreifen. Da es sich bei dem Gemälde um eine Collage handle und nur Fotos von den Köpfen von Personen verwendet worden seien, und da ihre Körper unrealistisch und übertrieben gemalt worden seien und offensichtlich nicht die Realität wiedergeben oder auch nur andeuten wollten, stellte der EGMR weiter fest, dass „das Gemälde kaum als Beschreibung von Einzelheiten des Privatlebens [des Abgebildeten] verstanden werden kann, sondern eher im Zusammenhang mit seiner Stellung in der Öffentlichkeit als Politiker zu sehen ist", und dass „sich [der Abgebildete] in dieser Eigenschaft Kritik gegenüber toleranter zeigen muss". Nach Abwägung der Interessen der Beteiligten kam der EGMR zu dem Schluss, ein uneingeschränktes Verbot einer weiteren Ausstellung des Gemäldes sei unverhältnismäßig. Der Gerichtshof befand, dass eine Verletzung von Artikel 10 EMRK vorlag.

Was die Wissenschaft angeht, ist sich das europäische Datenschutzrecht des besonderen Werts der Wissenschaft für die Gesellschaft durchaus bewusst. Daher bestehen hier weniger allgemeine Einschränkungen mit Blick auf die Verwendung personenbezogener Daten. Sowohl die Datenschutzrichtlinie als auch das Übereinkommen Nr. 108 gestatten die Speicherung von Daten für die wissenschaftliche Forschung, auch wenn sie für den ursprünglichen Zweck ihrer Erhebung nicht länger benötigt werden. Auch die spätere Weiterverwendung personenbezogener Daten für die wissenschaftliche Forschung gilt nicht als mit den Vorschriften nicht zu vereinbarender Zweck. Es ist Aufgabe des innerstaatlichen Rechts, detailliertere Bestimmungen einschließlich der erforderlichen Garantien auszuarbeiten, um das Interesse an wissenschaftlicher Forschung mit dem Recht auf Datenschutz in Einklang zu bringen (siehe auch die Abschnitte 3.3.3 und 8.4).

1.2.4. Schutz des Eigentums

Das Recht auf Schutz des Eigentums ist in Artikel 1 des Ersten Zusatzprotokolls zur EMRK sowie in Artikel 17 Absatz 1 der Charta verankert. Ein wichtiger Aspekt des Eigentumsrechts ist der Schutz des geistigen Eigentums, der in Artikel 17 Absatz 2 der Charta ausdrücklich erwähnt wird. Im EU-Recht gibt es mehrere Richtlinien, die sich mit dem wirksamen Schutz des geistigen Eigentums und hier insbesondere des Urheberrechts befassen. Geistiges Eigentum umfasst nicht nur das Eigentum an literarischen und künstlerischen Werken, sondern auch das Recht an Patenten, Marken und die damit verwandten Rechte.

Wie der EuGH in seiner Rechtsprechung klar gemacht hat, muss der Schutz des Grundrechts auf Eigentum gegen den Schutz anderer Grundrechte, insbesondere des Rechts auf Datenschutz, abgewogen werden.[44] Es ist vorgekommen, dass für den Schutz des Urheberrechts zuständige Einrichtungen von Internetdiensteanbietern die Offenlegung der Identität von Nutzern von Musiktauschbörsen im Internet gefordert haben. Häufig können Internetnutzer an solchen Börsen kostenlos Musiktitel herunterladen, selbst wenn diese Titel urheberrechtlich geschützt sind.

Beispiel: In der Rechtssache *Promusicae gegen Telefónica de España*[45] ging es um die Weigerung eines spanischen Internetproviders, Telefónica, Promusicae, einer gemeinnützigen Organisation von Musikproduzenten und Herausgebern von Musikaufnahmen und audiovisuellen Aufnahmen, die personenbezogenen Daten bestimmter Personen offenzulegen, denen er Internetzugangsdienste anbot. Promusicae forderte die Offenlegung dieser Informationen, um zivilrechtlich gegen diese Personen vorgehen zu können, die nach seiner Aussage ein Filesharing-Programm für den Zugriff auf Tonträger nutzten, deren Nutzungsrechte bei Mitgliedern von Promusicae lagen.

Das spanische Gericht legte die Sache dem EuGH mit der Frage vor, ob nach dem Gemeinschaftsrecht solche personenbezogenen Daten im Rahmen zivilrechtlicher Verfahren zur Gewährleistung eines wirksamen Schutzes des Urheberrechts weitergegeben werden müssen. Es verwies auf die Richtlinien 2000/31, 2001/29 und 2004/48, auch vor dem Hintergrund von Artikel 17 und 47 der Charta. Der Gerichtshof stellte fest, dass diese drei Richtlinien sowie die Datenschutzrichtlinie für elektronische Kommunikation (Richtlinie 2002/58) nicht die Möglichkeit der Mitgliedstaaten ausschließen, zum wirksamen Schutz des Urheberrechts eine Pflicht zur Weitergabe personenbezogener Daten im Rahmen eines Zivilverfahrens vorzusehen.

Nach Auffassung des EuGH warf die Sache somit die Frage auf, wie die Erfordernisse des Schutzes verschiedener Grundrechte, nämlich zum einen des Rechts auf Achtung des Privatlebens und zum anderen des Eigentumsrechts und des Rechts auf einen wirksamen Rechtsbehelf, miteinander in Einklang gebracht werden können.

44 EGMR, *Ashby Donald und andere / Frankreich*, Nr. 36769/08, 10. Januar 2013.

45 EuGH, C-275/06, *Productores de Música de España (Promusicae) / Telefónica de España SAU*, 29. Januar 2008, Randnrn. 54 und 60.

Für den Gerichtshof ist es „Sache der Mitgliedstaaten, bei der Umsetzung der genannten Richtlinien darauf zu achten, dass sie sich auf eine Auslegung derselben stützen, die es ihnen erlaubt, ein angemessenes Gleichgewicht zwischen den verschiedenen durch die Gemeinschaftsrechtsordnung geschützten Grundrechten sicherzustellen. Bei der Durchführung der Maßnahmen zur Umsetzung dieser Richtlinien haben die Behörden und Gerichte der Mitgliedstaaten nicht nur ihr nationales Recht im Einklang mit diesen Richtlinien auszulegen, sondern auch darauf zu achten, dass sie sich nicht auf eine Auslegung dieser Richtlinien stützen, die mit diesen Grundrechten oder den anderen allgemeinen Grundsätzen des Gemeinschaftsrechts, wie etwa dem Grundsatz der Verhältnismäßigkeit, kollidiert."[46]

46 a.a.O., Randnrn. 65 und 68; siehe ferner EuGH, C-360/10, *SABAM / Netlog N.V.*, 16. Februar 2012.

2

Datenschutzterminologie

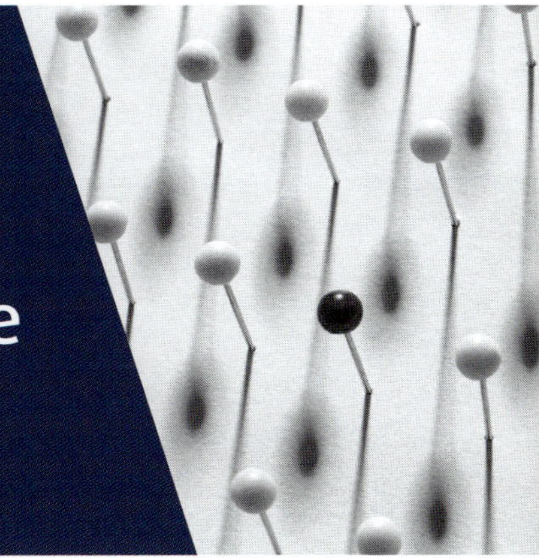

EU	Behandelte Themen	Europarat
Personenbezogene Daten		
Datenschutzrichtlinie, Artikel 2 Buchstabe a EuGH, Verbundene Rechtssachen C-92/09 und C-93/09, *Volker und Markus Schecke GbR und Hartmut Eifert gegen Land Hessen*, 9. November 2010 EuGH, C-275/06, *Productores de Música de España (Promusicae) gegen Telefónica de España SAU*, 29. Januar 2008	**Begriffsbestimmung**	Übereinkommen Nr. 108, Artikel 2 Buchstabe a EGMR, *Bernh Larsen Holding AS und andere gegen Norwegen*, Nr. 24117/08, 14. März 2013
Datenschutzrichtlinie, Artikel 8 Absatz 1 EuGH, C-101/01, *Bodil Lindqvist*, 6. November 2003	**Besondere Datenkategorien (sensible Daten)**	Übereinkommen Nr. 108, Artikel 6
Datenschutzrichtlinie, Artikel 6 Absatz 1 Buchstabe e	**Anonymisierte und pseudonymisierte Daten**	Übereinkommen Nr. 108, Artikel 5 Buchstabe e Übereinkommen Nr. 108, Erläuternder Bericht, Artikel 42
Datenverarbeitung		
Datenschutzrichtlinie, Artikel 2 Buchstabe b EuGH, C-101/01, *Bodil Lindqvist*, 6. November 2003	**Begriffsbestimmungen**	Übereinkommen Nr. 108, Artikel 2 Buchstabe c
Verwender von Daten		
Datenschutzrichtlinie, Artikel 2 Buchstabe d	**Für die Verarbeitung Verantwortlicher**	Übereinkommen Nr. 108, Artikel 2 Buchstabe d Empfehlung für die Profilerstellung, Artikel 1 Buchstabe g *

Datenschutzrichtlinie, Artikel 2 Buchstabe e EuGH, C-101/01, *Bodil Lindqvist*, 6. November 2003	**Auftragsverarbeiter**	Empfehlung für die Profilerstellung, Artikel 1 Buchstabe h
Datenschutzrichtlinie, Artikel 2 Buchstabe g	**Empfänger**	Übereinkommen Nr. 108, Zusatzprotokoll, Artikel 2 Absatz 1
Datenschutzrichtlinie, Artikel 2 Buchstabe f	**Dritter**	
Einwilligung		
Datenschutzrichtlinie, Artikel 2 Buchstabe h EuGH, C-543/09, *Deutsche Telekom AG gegen Bundesrepublik Deutschland*, 5. Mai 2011	**Begriffsbestimmung und Anforderungen an eine gültige Einwilligung**	Empfehlung zum Schutz medizinischer Daten, Artikel 6, und mehrere spätere Empfehlungen

*Anmerkung: *Europarat, Ministerkomitee (2010), Empfehlung Rec(2010)13 an die Mitgliedstaaten über den Schutz des Menschen bei der automatischen Verarbeitung personenbezogener Daten im Zusammenhang mit der Profilerstellung (Empfehlung für die Profilerstellung), 23. November 2010.*

2.1. Personenbezogene Daten

Kernpunkte

- Daten sind personenbezogene Daten, wenn sie zu einer bestimmten oder zumindest bestimmbaren Person, der betroffenen Person, gehören.
- Eine Person ist bestimmbar, wenn nähere Informationen ohne unangemessene Anstrengungen beschafft werden können und damit die Identifizierung der betroffenen Person möglich wird.
- Authentifizierung bedeutet den Nachweis, dass eine bestimmte Person eine bestimmte Identität hat und/oder zur Ausführung bestimmter Tätigkeiten befugt ist.
- Es gibt besondere Datenkategorien, so genannte sensible Daten, die im Übereinkommen Nr. 108 und in der Datenschutzrichtlinie angeführt sind, und die besonders schutzbedürftig sind und daher besonderen rechtlichen Vorschriften unterliegen.
- Daten sind anonymisiert, wenn sie keine Kennungen mehr enthalten; sie sind pseudonymisiert, wenn die Kennungen verschlüsselt sind.
- Im Gegensatz zu anonymisierten Daten gelten pseudonymisierte Daten als personenbezogene Daten.

2.1.1. Hauptaspekte des Konzepts der personenbezogenen Daten

Sowohl **im EU-Recht** als auch **im Recht des Europarates**, werden „personenbezogene Daten" definiert als Informationen über eine bestimmte oder bestimmbare natürliche Person,[47] also als Informationen über eine Person, deren Identität eindeutig ist oder zumindest durch Einholen weiterer Informationen festgestellt werden kann.

Werden Daten über eine solche Person verarbeitet, wird diese als „betroffene Person" bezeichnet.

Person

Das Datenschutzrecht hat sich aus dem Recht auf Achtung des Privatlebens heraus entwickelt. Im Konzept des Privatlebens geht es um Menschen. Daher kommen natürliche Personen als erste in den Genuss des Datenschutzes. In der Stellungnahme der Artikel 29-Datenschutzgruppe heißt es ferner, dass nur *lebende* Personen durch das europäische Datenschutzrecht geschützt werden.[48]

Aus der Rechtsprechung des EGMR zu Artikel 8 EMRK geht hervor, dass es mitunter schwierig ist, Fragen von Privatleben und Beruf vollkommen voneinander zu trennen.[49]

Beispiel: In der Rechtssache *Amann gegen Schweiz*[50] hatten die Behörden einen geschäftlichen Telefonanruf beim Beschwerdeführer abgehört. Aufgrund dieses Anrufs stellten die Behörden Ermittlungen gegen den Beschwerdeführer an und legten eine Karteikarte über den Beschwerdeführer für das nationale Sicherheitskartenregister an. Auch wenn hier ein geschäftliches Telefongespräch abgehört wurde, wurde nach Auffassung des EGMR durch die Speicherung von Daten im Zusammenhang mit diesem Anruf das Privatleben des Beschwerdeführers berührt. Er unterstrich, der Begriff „Privatleben" dürfe vor allem deshalb

47 Datenschutzrichtlinie, Artikel 2 Buchstabe a; Übereinkommen Nr. 108, Artikel 2 Buchstabe a.

48 Artikel 29-Datenschutzgruppe (2007), *Stellungnahme 4/2007 zum Begriff „personenbezogene Daten"*, WP 136, 20. Juni 2007, S. 25.

49 Siehe z. B. EGMR, *Rotaru / Rumänien [GK]*, Nr. 28341/95, 4. Mai 2000, Randnr. 43; EGMR, *Niemietz / Deutschland*, Nr. *13710/88*, 16. Dezember 1992, Randnr. 29.

50 EGMR, *Amann / Schweiz [GK]*, Nr. 27798/95, 16. Februar 2000, Randnr. 65.

nicht restriktiv ausgelegt werden, weil die Achtung des Privatlebens auch das Recht umfasst, zu anderen Menschen Beziehungen aufzubauen und zu entwickeln. Ferner gebe es keinen prinzipiellen Grund, der es rechtfertigen würde, Tätigkeiten beruflicher oder geschäftlicher Art vom Begriff des „Privatlebens" auszuschließen. Eine solche weite Auslegung entspreche der des Übereinkommens Nr. 108. Der EGMR befand ferner, dass der Eingriff im Falle des Beschwerdeführers nicht rechtmäßig war, da das innerstaatliche Recht keine spezifischen und detaillierten Vorschriften über die Sammlung, Aufzeichnung und Aufbewahrung von Informationen enthalte. Er befand daher, dass eine Verletzung von Artikel 8 EMRK vorlag.

Wenn nun Fragen des Berufslebens auch dem Datenschutz unterliegen können, ist zu hinterfragen, ob der Schutz nur natürlichen Personen zu gewähren ist. Die in der EMRK verankerten Rechte gelten nicht nur für natürliche Personen, sondern für jeden.

Es gibt Rechtsprechung des EGMR zu Beschwerden juristischer Personen wegen behaupteter Verletzung ihres Rechts nach Artikel 8 EMRK auf Schutz vor einer Verwendung ihrer Daten. Der Gerichtshof prüfte die Angelegenheit allerdings aus dem Blickwinkel des Rechts auf Achtung der Wohnung und der Korrespondenz und weniger aus der Perspektive des Privat- und Familienlebens.

Beispiel: In der Rechtssache *Bernh Larsen Holding AS und andere gegen Norwegen*[51] ging es um eine Beschwerde dreier norwegischer Unternehmen gegen eine Entscheidung einer Finanzbehörde mit der Anordnung, den Steuerprüfern eine Kopie aller Daten auf einem Computerserver zur Verfügung zu stellen, den alle drei gemeinsam nutzten.

Der EGMR stellte fest, dass eine solche Verpflichtung für die Beschwerde führenden Unternehmen einen Eingriff in ihre Rechte auf Achtung der „Wohnung" und der „Korrespondenz" im Sinne von Artikel 8 EMRK bedeutete. Der Gerichtshof befand aber auch, dass die Steuerbehörden wirksame und angemessene Garantien gegen Missbrauch boten. Die Beschwerde führenden Unternehmen waren rechtzeitig über die Steuerprüfung informiert worden; sie waren anwesend und konnten sich während der Prüfung vor Ort äußern, und das Material sollte nach Abschluss der Steuerprüfung vernichtet werden. Angesichts dessen

51 EGMR, *Bernh Larsen Holding AS und andere / Norwegen*, Nr. 24117/08, 14. März 2013. Siehe jedoch auch EGMR, *Liberty und andere / Vereinigtes Königreich*, Nr. 58243/00, 1. Juli 2008.

war ein angemessenes Gleichgewicht zwischen dem Recht der Beschwerde führenden Unternehmen auf Achtung ihrer „Wohnung" und ihrer „Korrespondenz" sowie ihrem Interesse am Schutz der Privatsphäre ihrer Mitarbeiter auf der einen Seite und dem öffentlichen Interesse an einer wirksamen Kontrolle für steuerliche Zwecke auf der anderen Seite gegeben. Der Gerichtshof befand, dass daher keine Verletzung von Artikel 8 vorlag.

Gemäß dem Übereinkommen Nr. 108 geht es beim Datenschutz vorrangig um den Schutz natürlicher Personen, doch können die Vertragsparteien in ihrem innerstaatlichen Recht den Datenschutz auch auf juristische Personen wie Unternehmen und Verbände erweitern. Im **EU-Recht** ist generell der Schutz juristischer Personen bei der Verarbeitung von Daten, die sich auf sie beziehen, nicht geregelt. Es steht den nationalen Regulierungsbehörden frei, hierzu Vorschriften zu erlassen.[52]

Beispiel: In den Rechtssachen *Volker und Markus Schecke und Hartmut Eifert gegen Land Hessen*[53] stellte der EuGH bezüglich der Veröffentlichung personenbezogener Daten von Empfängern von Agrarbeihilfen fest, dass „sich juristische Personen gegenüber einer solchen Bestimmung auf den durch Artikel 7 und 8 der Charta verliehenen Schutz nur berufen können, soweit der Name der juristischen Person eine oder mehrere natürliche Personen bestimmt. [...D]ie in den Artikeln 7 und 8 der Charta anerkannte Achtung des Privatlebens hinsichtlich der Verarbeitung personenbezogener Daten erstreckt sich auf jede Information, die eine bestimmte oder bestimmbare Person betrifft [...]".[54]

Bestimmbarkeit einer Person

Sowohl **gemäß EU-Recht** als auch **gemäß dem Recht des Europarates** enthalten Informationen Daten über eine Person, wenn

- in diesen Informationen eine Person bestimmt wird, oder
- eine Person in diesen Informationen zwar nicht bestimmt, aber doch so beschrieben wird, dass es möglich ist, durch weitere Nachforschungen herauszufinden, wer die betroffene Person ist.

52 Datenschutzrichtlinie, Erwägungsgrund 24.

53 EuGH, Verbundene Rechtssachen C-92/09 und C-93/09, *Volker und Markus Schecke GbR und Hartmut Eifert / Land Hessen*, 9. November 2010, Randnr. 53.

54 a.a.O., Randnr. 52.

Im europäischen Datenschutzrecht sind beide Arten von Informationen gleichermaßen geschützt. Der EGMR hat wiederholt festgestellt, dass der Begriff „personenbezogene Daten" im Sinne der EMRK dem im Übereinkommen Nr. 108 entspricht, insbesondere im Hinblick auf die Bedingung des Zusammenhangs mit einer bestimmten oder bestimmbaren Person.[55]

Die Begriffsbestimmungen für „personenbezogene Daten" führen nicht weiter aus, wann eine Person als bestimmt gilt.[56] Evidentermaßen sind Angaben erforderlich, die eine Person so beschreiben, dass sie sich von allen anderen Personen unterscheidet und als Individuum erkennbar ist. Ein herausragendes Beispiel für eine solche beschreibende Angabe ist der Name einer Person. In Ausnahmefällen können andere Merkmale ähnliche Wirkung wie ein Name haben. Bei Persönlichkeiten des öffentlichen Lebens kann es beispielsweise ausreichen, auf die Position der Person zu verweisen, wie z. B. Präsident der Europäischen Kommission.

Beispiel: In der Rechtssache *Promusicae*[57] befand der EuGH: „Es steht fest, dass für die von Promusicae verlangte Mitteilung der Namen und der Adressen bestimmter Nutzer von [einer bestimmten Musiktauschbörse] die Weitergabe von personenbezogenen Daten, also gemäß der Definition des Artikel 2 Buchstabe a der Richtlinie 95/46 von Informationen über eine bestimmte oder bestimmbare natürliche Person, erforderlich ist [...]. Diese Weitergabe von Informationen, die Telefónica Promusicae zufolge speichert – was Telefónica auch nicht bestreitet –, stellt eine Verarbeitung personenbezogener Daten im Sinne von Artikel 2 Absatz 1 der Richtlinie 2002/58 in Verbindung mit Artikel 2 Buchstabe b der Richtlinie 95/46 dar."

Da viele Namen nicht einzigartig sind, bedarf es zur Bestimmung einer Person möglicherweise weiterer Kennungen, um zu gewährleisten, dass eine Person nicht mit einer anderen verwechselt wird. Häufig werden Geburtsdatum und Geburtsort verwendet. In einigen Ländern wurden darüber hinaus Personenkennzahlen eingeführt, um die Bürger besser unterscheiden zu können. Im Zeitalter moderner Technologien gewinnen biometrische Daten wie Fingerabdrücke, digitale Fotos oder Iris-Erkennung zunehmend an Bedeutung für die Bestimmung von Personen.

55 Siehe EGMR, *Amann / Schweiz [GK]*, Nr. 27798/95, 16. Februar 2000, Randnr. 65 und andere.

56 Siehe ferner EGMR, *Odièvre / Frankreich [GK]*, Nr. 42326/98, 13. Februar 2003; und EGMR, *Godelli / Italien*, Nr. 33783/09, 25. September 2012.

57 EuGH, C-275/06, *Productores de Música de España (Promusicae) / Telefónica de España SAU*, 29. Januar 2008, Randnr. 45.

Für die Anwendbarkeit des europäischen Datenschutzrechts ist jedoch keine aufwändige Bestimmung der betroffenen Person erforderlich; es reicht aus, dass die betroffene Person bestimmbar ist. Als bestimmbar wird eine Person angesehen, wenn eine Information Elemente enthält, mit denen die Person direkt oder indirekt identifiziert werden kann.[58] Gemäß Erwägungsgrund 26 der Datenschutzrichtlinie ist entscheidend, ob wahrscheinlich ist, dass angemessene Mittel für die Bestimmung verfügbar sind und von den mutmaßlichen Verwendern der Information einschließlich Dritter, die sie empfangen, eingesetzt werden (siehe Abschnitt 2.3.2).

Beispiel: Eine lokale Behörde beschließt, Daten über Fahrzeuge zu erheben, die mit zu hoher Geschwindigkeit durch die örtlichen Straßen fahren. Sie macht Aufnahmen von den Fahrzeugen und erfasst automatisch Zeit und Ort, um die Daten dann an die zuständige Behörde weiterzugeben, damit diese Geldstrafen gegen die Geschwindigkeitssünder verhängen kann. Eine betroffene Person legt Beschwerde mit dem Argument ein, die lokale Behörde verfüge nach dem Datenschutzrecht über keine Rechtsgrundlage für diese Datenerhebung. Die lokale Behörde beharrt darauf, sie erhebe keine personenbezogenen Daten. Kennzeichenschilder sind ihrer Auffassung nach Daten über anonyme Personen. Die lokale Behörde sei rechtlich nicht befugt, zwecks Feststellung der Identität des Fahrers oder Halters des Fahrzeugs Einsicht in das allgemeine Kraftfahrzeugregister zu nehmen.

Diese Argumentation steht nicht im Einklang mit Erwägungsgrund 26 der Datenschutzrichtlinie. Da der Zweck der Datenerhebung eindeutig darin besteht, Raser zu identifizieren und mit einer Geldstrafe zu belegen, ist absehbar, dass eine Identifizierung versucht wird. Auch wenn die lokalen Behörden selber nicht unmittelbar über Identifizierungsmittel verfügen, übermitteln sie die Daten doch an die zuständige Behörde, also die Polizei, die über solche Mittel sehr wohl verfügt. Erwägungsgrund 26 behandelt ausdrücklich auch das Szenario, bei dem es absehbar ist, dass weitere Datenempfänger, also andere als die sofortigen Verwender der Daten, versuchen könnten, die natürliche Person zu bestimmen. Unter Berücksichtigung von Erwägungsgrund 26 kommt das Vorgehen der lokalen Behörde der Erhebung von Daten über bestimmbare Personen gleich und erfordert daher eine Rechtsgrundlage im Datenschutzrecht.

58 Datenschutzrichtlinie, Artikel 2 Buchstabe a.

Im Recht des Europarates wird die Bestimmbarkeit ähnlich gesehen. So besagt beispielsweise Artikel 1 Absatz 2 der Empfehlung zu Zahlungsdaten,[59] dass eine Person nicht als „bestimmbar" gilt, wenn eine Bestimmung einen unverhältnismäßig großen Aufwand an Zeit, Geld oder Arbeitskraft erfordert.

Authentifizierung

Hierbei handelt es sich um ein Verfahren, mit dem eine Person beweisen kann, dass sie eine bestimmte Identität besitzt und/oder zu bestimmten Handlungen befugt ist, wie zum Betreten eines Sicherheitsbereichs oder zum Abheben von Geld von einem Bankkonto. Eine Authentifizierung kann durch den Vergleich biometrischer Daten wie Fotos oder Fingerabdrücke in einem Pass mit den Daten erfolgen, die die Person selber beispielsweise bei der Einreisekontrolle vorlegt; oder durch Erfragen von Informationen, die nur der Person mit einer bestimmten Identität oder Genehmigung bekannt sind, wie einer persönlichen Identifizierungsnummer (PIN) oder eines Passwortes; oder durch Vorlage eine bestimmten Gegenstands, der sich ausschließlich im Besitz der Person mit einer bestimmten Identität oder Genehmigung befindet, wie einer besonderen Chipkarte oder eines Schlüssel zu einem Bankschließfach. Abgesehen von Passwörtern und Chipkarten, mitunter in Kombination mit PINs, sind vor allem elektronische Signaturen geeignet, in der elektronischen Kommunikation eine Person zu identifizieren und authentifizieren.

Art der Daten

Alle Informationenkönnen als personenbezogene Daten gelten, vorausgesetzt sie beziehen sich auf eine Person.

Beispiel: Bei der Beurteilung der beruflichen Leistungen eines Arbeitnehmers durch seinen Vorgesetzten, die in der Personalakte des Beschäftigten aufbewahrt wird, handelt es sich um personenbezogene Daten über den Beschäftigten , auch wenn sie ganz oder teilweise nur die persönliche Meinung des Vorgesetzten wiedergibt, wie z. B.: „Der Arbeitnehmer zeigt bei der Arbeit keinen Einsatz", und keine harten Fakten wie „Der Arbeitnehmer war in den letzten sechs Monaten fünf Wochen von seinem Arbeitsplatz abwesend".

59 Europarat, Ministerkomitee (1990), Empfehlung Nr. R Rec(90) 19 über den Schutz personenbezogener Daten, die für Zahlungen und damit zusammenhängende Vorgänge verwendet werden, 13. September 1990.

Personenbezogene Daten sind alle Informationen über das Privatleben einer Person sowie Informationen über ihr Berufsleben oder ihr Leben in der Öffentlichkeit.

In der Rechtssache *Amann*[60] legte der EGMR den Begriff „personenbezogene Daten" als nicht auf zur Privatsphäre einer Person gehörende Angelegenheiten begrenzt aus (siehe Abschnitt 2.1.1). Diese Bedeutung des Begriffs „personenbezogene Daten" ist auch für die Datenschutzrichtlinie von Belang.

Beispiel: In der Rechtssache *Volker und Markus Schecke und Hartmut Eifert gegen Land Hessen*[61] stellte der EuGH fest: „Der Umstand, dass sich die veröffentlichten Daten auf berufliche Tätigkeiten beziehen, ist insoweit ohne Belang [...]. Der Europäische Gerichtshof für Menschenrechte hat in Bezug auf die Auslegung von Artikel 8 EMRK entschieden, dass der Begriff „Privatleben" nicht eng ausgelegt werden darf und dass es grundsätzlich nicht in Betracht kommt, berufliche Tätigkeiten ... vom Begriff des Privatlebens auszunehmen".

Daten beziehen sich auf Personen auch dann, wenn der Inhalt der Information indirekt Daten über eine Person enthüllt. In manchen Fällen, in denen eine enge Verbindung zwischen einem Gegenstand oder einem Ereignis (z. B. einem Mobiltelefon, einem Auto, einem Unfall) auf der einen Seite und einer Person (z. B. dessen Besitzer, Benutzer, Opfer) auf der anderen Seite besteht, sollten Informationen über einen Gegenstand oder ein Ereignis ebenfalls als personenbezogene Daten angesehen werden.

Beispiel: In der Rechtssache *Uzun gegen Deutschland*[62] wurden der Beschwerdeführer und ein weiterer Mann aufgrund ihrer mutmaßlichen Verwicklung in Bombenattentate mit Hilfe eines in das Auto des anderen Mannes eingebauten GPS-Geräts überwacht. In dieser Rechtssache vertrat der EGMR die Auffassung, die Observation des Beschwerdeführers mit Hilfe des GPS sei ein Eingriff in sein Privatleben gewesen, das durch Artikel 8 EMRK geschützt sei. Die GPS-Überwachung sei jedoch rechtmäßig sowie in Bezug auf das rechtmäßig verfolgte Ziel der Ermittlung wegen mehrfachen versuchten Mordes verhältnismäßig und

60 Siehe EGMR, *Amann / Schweiz*, Nr. 27798/95, 16. Februar 2000, Randnr. 65.

61 Verbundene Rechtssachen C-92/09 und C-93/09, *Volker und Markus Schecke GbR und Hartmut Eifert / Land Hessen*, 9. November 2010, Randnr. 59.

62 EGMR, *Uzun / Deutschland*, Nr. 35623/05, 2. September 2010.

daher in einer demokratischen Gesellschaft notwendig gewesen. Der Gerichtshof befand, dass keine Verletzung von Artikel 8 EMRK vorlag.

Erscheinungsform der Daten

Die Form, in der personenbezogene Daten gespeichert oder verwendet werden, ist für die Anwendbarkeit des Datenschutzrechts unerheblich. Schriftliche oder gesprochene Kommunikation kann personenbezogene Daten genauso wie Bilder[63] einschließlich Bilder von Videoüberwachungsanlagen (CCTV)[64] oder Ton[65] enthalten. Elektronisch gespeicherte Informationen sowie Informationen auf Papier können personenbezogene Daten sein; selbst Zellproben menschlichen Gewebes können personenbezogene Daten sein, da sie Auskunft über die DNS einer Person geben.

2.1.2. Besondere Kategorien personenbezogener Daten

Sowohl im **EU-Recht** als auch im **Recht des Europarates** gibt es besondere Kategorien personenbezogener Daten, die aufgrund ihrer Art bei ihrer Verarbeitung ein Risiko für die betroffenen Personen bedeuten können und daher eines verstärkten Schutzes bedürfen. Die Verarbeitung dieser besonderen Datenkategorien („sensible Daten") darf daher nur mit besonderen Garantien erlaubt werden.

In der Definition sensibler Daten führen sowohl das Übereinkommen Nr. 108 (Artikel 6) als auch die Datenschutzrichtlinie (Artikel 8) folgende Kategorien an:

- personenbezogene Daten, aus denen die rassische oder ethnische Herkunft hervorgehen;
- personenbezogene Daten, aus denen politische Meinungen, religiöse oder philosophische Überzeugungen hervorgehen, und
- personenbezogene Daten über Gesundheit oder Sexualleben.

63 EGMR, *Von Hannover / Deutschland*, Nr. 59320/00, 24. Juni 2004; EGMR, *Sciacca / Italien*, Nr. 50774/99, 11. Januar 2005.

64 EGMR, *Peck / Vereinigtes Königreich*, Nr. 44647/98, 28. Januar 2003; EGMR, *Köpke / Deutschland*, Nr. 420/07, 5. Oktober 2010.

65 Datenschutzrichtlinie, Erwägungsgründe 16 und 17; EGMR, *P.G. und J.H. / Vereinigtes Königreich*, Nr. 44787/98, 25. September 2001 2001, Randnrn. 59 und 60; EGMR, *Wisse / Frankreich*, Nr. 71611/01, 20. Dezember 2005.

> Beispiel: In der Rechtssache *Bodil Lindqvist*[66] befand der EuGH, dass „die Angabe, dass sich eine Person den Fuß verletzt hat und partiell krankgeschrieben ist, zu den personenbezogenen Daten über Gesundheit im Sinne von Artikel 8 Absatz 1 der Richtlinie 95/46 gehört".

In der Datenschutzrichtlinie wird zu den sensiblen Daten außerdem noch die „Gewerkschaftszugehörigkeit" gezählt, da diese Information eindeutige Aufschlüsse über politische Ansichten oder Zugehörigkeit zulässt.

Das Übereinkommen Nr. 108 zählt auch personenbezogene Daten über Strafurteile zu den sensiblen Daten.

Artikel 8 Absatz 7 der Datenschutzrichtlinie besagt: „Die Mitgliedstaaten bestimmen, unter welchen Bedingungen eine nationale Kennziffer oder andere Kennzeichen allgemeiner Bedeutung Gegenstand einer Verarbeitung sein dürfen."

2.1.3. Anonymisierte und pseudonymisierte Daten

Im Einklang mit dem Grundsatz der befristeten Speicherung von Daten, der sowohl in der Datenschutzrichtlinie als auch im Übereinkommen Nr. 108 verankert ist (und auf den näher in Kapitel 3 eingegangen wird), müssen Daten „so lange, wie es für die Erreichung der Zwecke, für die sie erhoben wurden, erforderlich ist, in einer Form gespeichert werden, die die Identifizierung der betroffenen Person ermöglicht."[67] Daraus ergibt sich, dass Daten anonymisiert werden müssen, wenn ein für die Verarbeitung Verantwortlicher sie weiter speichern möchte, auch wenn sie überholt sind und nicht mehr ihrem ursprünglichen Zweck dienen.

Anonymisierte Daten

Daten sind anonymisiert, wenn aus einem Satz personenbezogener Daten alle identifizierenden Elemente entfernt wurden. Es darf in den Informationen kein Element verbleiben, das dazu dienen könnte, unter zumutbaren Anstrengungen die betreffende(n) Person(en) erneut zu identifizieren.[68] Wurden Daten erfolgreich anonymisiert, gelten sie nicht mehr als personenbezogene Daten.

66 EuGH, C-101/01, *Bodil Lindqvist*, 6. November 2003, Randnr. 51.

67 Datenschutzrichtlinie, Artikel 6 Absatz 1 Buchstabe e; Übereinkommen Nr. 108, Artikel 5 Buchstabe e.

68 a.a.O., Erwägungsgrund 26.

Dienen personenbezogene Daten nicht länger ihrem ursprünglichen Zweck, werden sie aber dennoch in personalisierter Form für historische, statistische oder wissenschaftliche Zwecke aufbewahrt, räumen die Datenschutzrichtlinie und das Übereinkommen Nr. 108 diese Möglichkeit unter der Voraussetzung ein, dass geeignete Garantien gegen Missbrauch angewandt werden.[69]

Pseudonymisierte Daten

Personenbezogene Informationen enthalten Kennzeichen wie Name, Geburtsdatum, Geschlecht und Adresse. Bei der Pseudonymisierung personenbezogener Informationen werden die Kennzeichen durch ein Pseudonym ersetzt. Pseudonymisiert wird, zum Beispiel, durch Verschlüsselung der Kennzeichen in personenbezogenen Daten.

In den Begriffsbestimmungen des Übereinkommens Nr. 108 oder der Datenschutzrichtlinie werden pseudonymisierte Daten nicht ausdrücklich erwähnt. Im erläuternden Bericht zum Übereinkommen Nr. 108 heißt es jedoch in Artikel 42: „[D]as Erfordernis [...] bezüglich der Fristen für die Speicherung von mit Namen verknüpften Daten bedeutet nicht, dass nach einer gewissen Zeit Daten unwiderruflich von dem Namen der Person, zu der sie gehören, getrennt werden, sondern nur, dass es nicht möglich sein sollte, ohne weiteres die Namen und die Kennzeichen miteinander in Verbindung zu bringen". Dieser Effekt lässt sich durch die Pseudonymisierung der Daten erreichen. Für alle, die nicht im Besitz des Entschlüsselungscodes sind, sind Personen mit pseudonymisierten Daten schwer bestimmbar. Ein pseudonym mit dem Entschlüsselungscode ist jedoch nach wie vor eine Verbindung zur Identität. Wer den Entschlüsselungscode anwenden darf, kann leicht eine erneute Identifizierung vornehmen. Entschlüsselungscodes müssen besonders gegen die Verwendung durch Unbefugte geschützt werden.

Da die Pseudonymisierung von Daten zu den wichtigsten Mitteln gehört, mit denen sich in großem Maßstab Datenschutz dort erreichen lässt, wo auf die Verwendung personenbezogener Daten nicht ganz verzichtet werden kann, müssen die Logik und die Wirkung einer solchen Maßnahme näher erläutert werden.

69 a.a.O., Artikel 6 Absatz 1 Buchstabe e und Übereinkommen Nr. 108, Artikel 5 Buchstabe e.

Beispiel: Der Satz „Charles Spencer, geboren am 3. April 1967, ist Vater von vier Kindern, zwei Jungen und zwei Mädchen" lässt sich beispielsweise folgendermaßen pseudonymisieren:

„C.S. 1967 ist Vater von vier Kindern, zwei Jungen und zwei Mädchen"; oder

„324 ist Vater von vier Kindern, zwei Jungen und zwei Mädchen"; oder

„YESz3201 ist Vater von vier Kindern, zwei Jungen und zwei Mädchen".

Nutzer, die Zugriff auf diese pseudonymisierten Daten haben, dürften normalerweise nicht in der Lage sein, „Charles Spencer, geboren am 3. April 1967" anhand von „324" oder „YESz3201" zu identifizieren. Pseudonymisierte Daten dürften daher eher vor Missbrauch geschützt sein.

Das erste Beispiel bietet allerdings weniger Sicherheit. Wird der Satz „C.S. 1967 ist Vater von vier Kindern, zwei Jungen und zwei Mädchen" in dem kleinen Dorf verwendet wird, in dem Charles Spencer lebt, dürfte Herr Spencer leicht wiederzuerkennen sein. Die Methode der Pseudonymisierung berührt die Wirksamkeit des Datenschutzes.

Personenbezogene Daten mit verschlüsselten Kennzeichen werden in vielen Situationen eingesetzt, um die Identität von Personen geheim zu halten. Dies ist vor allem sinnvoll, wenn für die Verarbeitung Verantwortliche sicher gehen müssen, dass sie es mit denselben betroffenen Personen zu tun haben, aber dazu nicht die echte Identität der betroffenen Personen kennen müssen oder sollten. Dies ist z. B. der Fall, wenn ein Forscher den Verlauf einer Krankheit mit Patienten untersucht, deren Identität nur dem behandelnden Krankenhaus bekannt ist, von dem er die pseudonymisierten Krankengeschichten erhält. Die Pseudonymisierung ist daher eine starke Waffe im Arsenal der Technologien zur Verbesserung des Schutzes der Privatsphäre. Sie kann auch bei der Umsetzung des Datenschutzes durch Technik eine wichtige Rolle spielen. Darunter versteht man den Einbau des Datenschutzes in das Gewebe fortschrittlicher Datenverarbeitungssysteme.

2.2. Datenverarbeitung

Kernpunkte

- Der Begriff „Verarbeitung" bezeichnet im Wesentlichen die automatisierte Verarbeitung.
- Im EU-Recht umfasst „Verarbeitung" auch die manuelle Verarbeitung in strukturierten Dateien.
- Im Recht des Europarates kann die Bedeutung von „Verarbeitung" durch innerstaatliches Recht auch auf manuelle Verarbeitung ausgedehnt werden.

Gegenstand des Datenschutzes nach dem Übereinkommen Nr. 108 und der Datenschutzrichtlinie ist vorrangig die automatisierte Verarbeitung.

Im **Recht des Europarates** räumt die Definition der automatischen Verarbeitung jedoch ein, dass zwischen automatisierten Verarbeitungsvorgängen gelegentlich durchaus auch manuelle Verwendungen personenbezogener Daten stattfinden können. Auch im **EU-Recht** ist die automatisierte Verarbeitung definiert als „ganz oder teilweise automatisierte Verarbeitung personenbezogener Daten".[70]

> Beispiel: In der Rechtssache *Bodil Lindqvist*[71] stellte der EuGH fest, dass
>
> „die Handlung, die darin besteht, auf einer Internetseite auf verschiedene Personen hinzuweisen und diese entweder durch ihren Namen oder auf andere Weise, etwa durch Angabe ihrer Telefonnummer oder durch Informationen über ihr Arbeitsverhältnis oder ihre Freizeitbeschäftigungen, erkennbar zu machen, eine „ganz oder teilweise automatisierte Verarbeitung personenbezogener Daten" im Sinne von Artikel 3 Absatz 1 der Richtlinie 95/46 darstellt."

Auch die manuelle Datenverarbeitungerfordert Datenschutz.

Der Datenschutz **unter dem EU-Recht** ist keinesfalls auf die automatisierte Datenverarbeitung beschränkt. Dementsprechend gilt nach dem EU-Recht der Datenschutz auch für die Verarbeitung personenbezogener Daten in einer manuell

70 Übereinkommen Nr. 108, Artikel 2 Buchstabe c, und Datenschutzrichtlinie, Artikel 2 Buchstabe b und Artikel 3 Absatz 1.

71 EuGH, C-101/01, *Bodil Lindqvist*, 6. November 2003, Randnr. 27.

angelegten Datei, also einer besonders strukturierten Akte.[72] Grund für diese Erweiterung des Datenschutzes ist, dass

- Akten so strukturiert sein können, dass sich Informationen schnell und einfach finden lassen, und
- die Aufbewahrung personenbezogener Daten in strukturierten Akten die Umgehung der für die automatisierte Datenverarbeitung im Gesetz vorgesehenen Einschränkungen erleichtert.[73]

Im **Recht des Europarates** regelt das Übereinkommen Nr. 108 in der Hauptsache die Verarbeitung von Daten in automatisierten Dateien.[74] Es bietet allerdings auch die Möglichkeit, im innerstaatlichen Recht den Schutz auf die manuelle Verarbeitung auszudehnen. Viele Vertragsparteien des Übereinkommens Nr. 108 haben diese Möglichkeit genutzt und beim Generalsekretär des Europarates entsprechende Erklärungen eingereicht.[75] Die Erweiterung des Datenschutzes im Zuge einer solchen Erklärung muss sich auf alle manuellen Datenverarbeitungen beziehen und darf nicht auf die Verarbeitung in Akten beschränkt werden.[76]

Sowohl im EU-Recht als auch im Recht des Europarates ist der Begriff „Verarbeitung" im Hinblick auf die erfassten Vorgänge sehr weit definiert: „Verarbeitung personenbezogener Daten" [...] bezeichnet jeden Vorgang [...] im Zusammenhang mit personenbezogenen Daten wie das Erheben, die Aufzeichnung, die Organisation, die Speicherung, die Anpassung oder Änderung, das Wiederauffinden, das Abfragen, die Nutzung, die Offenlegung durch Übermittlung, Verbreitung oder andere Bereitstellung, die Angleichung oder Kombination, das Sperren, das Löschen oder die Vernichtung[77] Der Begriff „Verarbeitung" umfasst auch Tätigkeiten, in deren Rahmen die Daten den Zuständigkeitsbereich des einen für die Verarbeitung Verantwortlichen verlassen und in den Verantwortungsbereich eines anderen für die Verarbeitung Verantwortlichen übergehen.

72 Datenschutzrichtlinie, Artikel 3 Absatz 1.

73 a.a.O., Erwägungsgrund 27.

74 Übereinkommen Nr. 108, Artikel 2 Buchstabe b.

75 Siehe die Erklärungen im Rahmen des Übereinkommens Nr. 108, Artikel 3 Absatz 2 Buchstabe c.

76 Siehe den Wortlaut des Übereinkommens Nr. 108, Artikel 3 Absatz 2.

77 Datenschutzrichtlinie, Artikel 2 Buchstabe b. Siehe ebenso Übereinkommen Nr. 108, Artikel 2 Buchstabe c.

Beispiel: Arbeitgeber erheben und verarbeiten Daten über ihre Beschäftigten, einschließlich Informationen über deren Löhne und Gehälter. Rechtsgrundlage für ein rechtmäßiges Vorgehen hier ist der Arbeitsvertrag.

Die Arbeitgeber haben die Lohn- und Gehaltsdaten ihrer Beschäftigten den Steuerbehörden zu melden. Diese Weitergabe von Daten ist auch eine ‚Verarbeitung' im Sinne dieses Begriffs im Übereinkommen Nr. 108 und in der Richtlinie. Die Rechtsgrundlage für diese Weitergabe ist jedoch nicht der Arbeitsvertrag. Es muss eine weitere Rechtsgrundlage für die Verarbeitungen geben, an deren Ende die Übermittlung von Lohn- und Gehaltsdaten durch den Arbeitgeber an die Steuerbehörden steht. Diese Rechtsgrundlage findet sich normalerweise in den Bestimmungen der innerstaatlichen Steuergesetze. Ohne derartige Bestimmungen wäre die Weitergabe der Daten eine unrechtmäßige Verarbeitung.

2.3. Die Verwender personenbezogener Daten

Kernpunkte

- Wer auch immer die Entscheidung trifft, personenbezogene Daten anderer zu verarbeiten, ist nach dem Datenschutzrecht ein „für die Verarbeitung Verantwortlicher"; wird diese Entscheidung von mehreren Personen getroffen, spricht man von „gemeinsam für die Verarbeitung Verantwortlichen".
- Ein „Auftragsverarbeiter" ist eine rechtlich eigenständige Stelle, die personenbezogene Daten im Auftrag eines für die Verarbeitung Verantwortlichen verarbeitet.
- Ein Auftragsverarbeiter wird zu einem für die Verarbeitung Verantwortlichen, wenn er Daten für seine eigenen Zwecke verwendet und sich nicht an die Weisungen eines für die Verarbeitung Verantwortlichen hält.
- Wer Daten von einem für die Verarbeitung Verantwortlichen erhält, wird als „Empfänger" bezeichnet.
- „Dritter" ist eine natürliche oder juristische Person, die nicht nach Weisungen des für die Verarbeitung Verantwortlichen handelt (und auch nicht die betroffene Person ist).
- Als „empfangender Dritter" wird eine Person oder Stelle bezeichnet, die rechtlich von dem für die Verarbeitung Verantwortlichen getrennt ist, aber von ihm personenbezogene Daten erhält.

2.3.1. Für die Verarbeitung Verantwortliche und Auftragsverarbeiter

Die wohl wichtigste Konsequenz der Tatsache, dass jemand für die Verarbeitung Verantwortlicher oder Auftragsverarbeiter ist, liegt darin, dass er nach dem Gesetz für die Einhaltung der jeweiligen im Datenschutzrecht festgelegten Verpflichtungen verantwortlich ist. Diese Funktionen können also nur von jemandem wahrgenommen werden, der nach dem anzuwendenden Recht auch dafür zur Verantwortung gezogen werden kann. Im privaten Sektor ist dies üblicherweise eine natürliche oder juristische Person, im öffentlichen Sektor normalerweise eine Behörde. Andere Stellen, wie Einrichtungen oder Institutionen ohne Rechtspersönlichkeit, können für die Verarbeitung Verantwortliche oder Auftragsverarbeiter nur sein, wenn dies im Gesetz ausdrücklich so geregelt ist.

Beispiel: Wenn die Marketingabteilung des Unternehmens Sunshine die Verarbeitung personenbezogener Daten für eine Marktstudie plant, ist das Unternehmen Sunshine und nicht die Marketingabteilung der für die Verarbeitung Verantwortliche. Die Marketingabteilung verfügt über keine eigene Rechtspersönlichkeit und kann daher nicht der für die Verarbeitung Verantwortliche sein.

In Konzernen zählen das Mutterunternehmen und die einzelnen Tochterunternehmen als eigenständige juristische Personen jeweils als für die Verarbeitung Verantwortlicher oder Auftragsverarbeiter. Dieser rechtliche Status der einzelnen Unternehmen hat zur Folge, dass für die Übermittlung von Daten zwischen den Mitgliedern eines Konzerns eine besondere Rechtsgrundlage erforderlich ist. Es gibt keine Privilegierung für den Austausch personenbezogener Daten zwischen den rechtlich eigenständigen Unternehmen eines Konzerns.

In diesem Zusammenhang ist auch die Rolle von Privatpersonen zu erwähnen. **Im EU-Recht** fallen natürliche Personen, die Daten anderer Personen zur Ausübung ausschließlich persönlicher oder familiärer Tätigkeiten verarbeiten, nicht unter die Vorschriften der Datenschutzrichtlinie, sie gelten nicht als für die Verarbeitung Verantwortliche.[78]

Die Rechtsprechung besagt jedoch, dass Datenschutzgesetze durchaus anzuwenden sind, wenn eine Privatperson im Internet Daten anderer Personen veröffentlicht.

78 Datenschutzrichtlinie, Erwägungsgrund 12 und Artikel 3 Absatz 2 letzter Spiegelstrich.

Beispiel: Der EuGH stellte in der Rechtssache *Bodil Lindqvist*[79] fest, dass

„die Handlung, die darin besteht, auf einer Internetseite auf verschiedene Personen hinzuweisen und diese entweder durch ihren Namen oder auf andere Weise […] erkennbar zu machen, eine „ganz oder teilweise automatisierte Verarbeitung personenbezogener Daten" im Sinne von Artikel 3 Absatz 1 der Richtlinie 95/46 darstellt".[80]

Eine derartige Verarbeitung personenbezogener Daten gehört nicht zu ausschließlich persönlichen oder familiären Tätigkeiten, die nicht in den Anwendungsbereich der Datenschutzrichtlinie fallen, da diese Ausnahme „somit dahin auszulegen ist, dass mit ihr nur Tätigkeiten gemeint sind, die zum Privat- oder Familienleben von Einzelpersonen gehören, was offensichtlich nicht der Fall ist bei der Verarbeitung personenbezogener Daten, die in deren Veröffentlichung im Internet besteht, so dass diese Daten einer unbegrenzten Zahl von Personen zugänglich gemacht werden."[81]

Für die Verarbeitung Verantwortlicher

Im EU-Recht wird der für die Verarbeitung Verantwortliche definiert als derjenige, der „allein oder gemeinsam mit anderen über die Zwecke und Mittel der Verarbeitung von personenbezogenen Daten entscheidet".[82] Der für die Verarbeitung Verantwortliche entscheidet darüber, warum und wie Daten verarbeitet werden. **Im Recht des Europarates** heißt es in der Bestimmung des Begriffs „Verantwortlicher für die Datei/Datensammlung" außerdem, dass ein für die Verarbeitung Verantwortlicher auch darüber entscheidet, welche Arten personenbezogener Daten gespeichert werden.[83]

Das Übereinkommen Nr. 108 weist in seiner Definition des Begriffs „für die Verarbeitung Verantwortlicher" auf einen weiteren Aspekt in diesem Zusammenhang hin, der zu bedenken wäre. In dieser Begriffsbestimmung geht es um die Frage, wer rechtmäßig bestimmte Daten für einen bestimmten Zweck verarbeiten darf. Findet allerdings eine mutmaßlich unrechtmäßige Verarbeitung statt und muss der für

79 EuGH, C-101/01, *Bodil Lindqvist*, 6. November 2003.

80 a.a.O., Randnr. 27.

81 a.a.O., Randnr. 47.

82 Datenschutzrichtlinie, Artikel 2 Buchstabe d.

83 Übereinkommen Nr. 108, Artikel 2 Buchstabe d.

diese Verarbeitung Verantwortliche gefunden werden, gilt als für die Verarbeitung Verantwortlicher die Person oder Stelle, wie ein Unternehmen oder eine Behörde, die die Verarbeitung der Daten beschlossen hat, und dies unabhängig davon, ob sie dazu nach dem Gesetz befugt war oder nicht[84] Ein Antrag auf Löschung muss daher immer an den „tatsächlich" für die Verarbeitung Verantwortlichen gerichtet werden.

Gemeinsame Verantwortung für die Verarbeitung

Gemäß der Bestimmung des Begriffs „für die Verarbeitung Verantwortlicher" in der Datenschutzrichtlinie können durchaus auch mehrere rechtlich unabhängige Stellen zusammen oder gemeinsam mit anderen als für die Verarbeitung Verantwortlicher fungieren. Das bedeutet, dass sie gemeinsam beschließen, Daten für einen gemeinsamen Zweck zu verarbeiten.[85] Rechtlich gesehen ist dies allerdings nur möglich, wenn eine besondere Rechtsgrundlage die gemeinsame Verarbeitung der Daten für einen gemeinsamen Zweck vorsieht.

Beispiel: Ein Beispiel für gemeinsame Verantwortung für die Verarbeitung ist eine von mehreren Kreditinstituten geführte Datenbank über säumige Kunden. Beantragt nun jemand eine Kreditlinie bei einer Bank, die zu den gemeinsam für die Verarbeitung Verantwortlichen gehört, führt die Bank eine Abfrage der Datenbank durch, um in voller Sachkenntnis über die Kreditwürdigkeit des Antragstellers entscheiden zu können.

In den Vorschriften ist nicht ausdrücklich geregelt, ob bei gemeinsamer Verantwortung alle für die Verarbeitung Verantwortlichen den gleichen Zweck verfolgen müssen, oder ob es ausreicht, wenn sich ihre Zwecke teilweise überschneiden. Es liegt allerdings auf europäischer Ebene noch keine Rechtsprechung zu dieser Frage vor, und auch bezüglich der Konsequenzen für die Haftung besteht keine Klarheit. Die Artikel 29-Datenschutzgruppe plädiert für eine breitere Auslegung des Begriffs der gemeinsamen Verantwortung, damit eine gewisse Flexibilität möglich ist, um der zunehmenden Komplexität der heutigen Gegebenheiten im Bereich der Datenverarbeitung Rechnung zu tragen.[86] Ein Fall, an dem die *Society fort Worldwide Interbank*

84 Siehe hierzu auch Artikel 29-Datenschutzgruppe, *Stellungnahme 1/2010 zu den Begriffen „für die Verarbeitung Verantwortlicher" und „Auftragsverarbeiter"*, WP 169, Brüssel, 16. Februar 2010, S. 15.

85 Datenschutzrichtlinie, Artikel 2 Buchstabe d.

86 Artikel 29-Datenschutzgruppe (2010), *Stellungnahme 1/2010 zu den Begriffen „für die Verarbeitung Verantwortlicher" und „Auftragsverarbeiter"*, WP 169, Brüssel, 16. Februar 2010, S. 23.

Financial Telekommunication (SWIFT) beteiligt war, verdeutlicht die Haltung der Datenschutzgruppe.

Beispiel: Im so genannten SWIFT-Fall nutzten europäische Banken SWIFT, anfänglich als Auftragsverarbeiter, um Daten im Zuge von Bankgeschäften zu übertragen. SWIFT gab diese Daten über Banktransaktionen, die in einem Rechendienstleistungszentrum in den Vereinigten Staaten gespeichert waren, an das US-Finanzministerium weiter, ohne hierzu ausdrücklich von den europäischen Banken, die es nutzten, beauftragt worden zu sein. Bei der Prüfung der Rechtmäßigkeit dieses Vorgangs kam die Artikel 29-Datenschutzgruppe zu dem Schluss, dass die europäischen Banken, die SWIFT verwendeten, aber auch SWIFT selber gegenüber den europäischen Kunden als gemeinsam für die Verarbeitung Verantwortliche anzusehen seien, die die Daten an die US-Behörden weitergegeben hatten.[87] Mit seiner Entscheidung, die Daten weiterzugeben, hatte SWIFT unrechtmäßigerweise die Rolle des für die Verarbeitung Verantwortlichen übernommen; die Banken waren offensichtlich nicht ihrer Verpflichtung zur Überwachung ihres Auftragsverarbeiters nachgekommen und konnten daher nicht völlig von ihrer Verantwortung als für die Verarbeitung Verantwortliche entbunden werden. Somit waren beide Seiten gemeinsam für die Verarbeitung verantwortlich.

Auftragsverarbeiter

Als Auftragsverarbeiter ist **im EU-Recht** jemand definiert, der personenbezogene Daten im Auftrag des für die Verarbeitung Verantwortlichen verarbeitet.[88] Die einem Auftragsverarbeiter übertragenen Tätigkeiten können auf eine ganz konkrete Aufgabe oder einen ganz bestimmten Kontext beschränkt oder auch recht allgemeiner Art und umfassend sein.

Im Recht des Europarates hat der Begriff des Auftragsverarbeiters die gleiche Bedeutung wie im EU-Recht.

Auftragsverarbeiter verarbeiten nicht nur Daten für andere, sondern sind selber auch für die Verarbeitung Verantwortliche bei Verarbeitungen, die sie für eigene

87 Artikel 29-Datenschutzgruppe (2006), Stellungnahme 10/2006 zur Verarbeitung personenbezogener Daten durch die *Society for Worldwide Interbank Financial Telecommunication (SWIFT)*, WP 128, Brüssel, 22. November 2006.

88 Datenschutzrichtlinie, Artikel 2 Buchstabe e.

Zwecke vornehmen, z. B. bei der Verwaltung ihrer Beschäftigten, Verkäufe und Konten.

Beispiele: Das Unternehmen Everready hat sich auf die Datenverarbeitung für andere Unternehmen im Bereich Verwaltung der Humanressourcen spezialisiert. In dieser Rolle ist Everready ein Auftragsverarbeiter.

Sobald Everready jedoch die Daten der eigenen Beschäftigten verarbeitet, ist es für die Verarbeitung Verantwortlicher bezüglich von Verarbeitungen, mit denen es seinen Pflichten als Arbeitgeber nachkommt.

Beziehung zwischen für die Verarbeitung Verantwortlichem und Auftragsverarbeiter

Wie wir bereits gesehen haben, ist der für die Verarbeitung Verantwortliche als derjenige definiert, der die Zwecke und die Mittel der Verarbeitung bestimmt.

Beispiel: Der Geschäftsführer des Unternehmens Sunshine beschließt, dass das Unternehmen Moonlight, Spezialist für Marktanalysen, eine Marktanalyse der Kundendaten von Sunshine durchführen soll. Die Bestimmung der Mittel der Verarbeitung wird zwar auf diese Weise an Moonlight delegiert, doch bleibt das Unternehmen Sunshine der für die Verarbeitung Verantwortliche, und Moonlight ist lediglich Auftragsverarbeiter, da gemäß Vertrag Moonlight die Kundendaten des Unternehmens Sunshine nur für die von Sunshine festgelegten Zwecke verwenden darf.

Wird die Befugnis zur Bestimmung der Mittel der Verarbeitung an einen Auftragsverarbeiter delegiert, muss der für die Verarbeitung Verantwortliche dessen ungeachtet weiter in der Lage sein, in die Entscheidungen des Auftragsverarbeiters über die Mittel der Verarbeitung einzugreifen. Die Gesamtverantwortung liegt nach wie vor bei dem für die Verarbeitung Verantwortlichen, der die Auftragsverarbeiter überwachen muss, um zu gewährleisten, dass deren Entscheidungen im Einklang mit dem Datenschutzrecht stehen. Ein Vertrag, in dem dem für die Verarbeitung Verantwortlichen untersagt wird, in die Entscheidungen des Auftragsverarbeiters einzugreifen, würde daher vermutlich als Dokument der gemeinsamen Verantwortung ausgelegt, bei der sich beide Parteien die rechtliche Verantwortung eines für die Verarbeitung Verantwortlichen teilen.

Sollte sich ein Auftragsverarbeiter ferner nicht an die Beschränkungen der von dem für die Verarbeitung Verantwortlichen vorgegebenen Verwendung der Daten halten, ist der Auftragsverarbeiter zu einem für die Verarbeitung Verantwortlichen zumindest insoweit geworden, wie er gegen die Weisungen des für die Verarbeitung Verantwortlichen verstoßen hat. Damit dürfte der Auftragsverarbeiter höchstwahrscheinlich zu einem für die Verarbeitung Verantwortlichen werden, der rechtswidrig handelt. Der ursprüngliche für die Verarbeitung Verantwortliche dürfte wiederum erklären müssen, wie es so weit kommen konnte, dass der Auftragsverarbeiter gegen seinen Auftrag verstoßen konnte. Die Artikel 29-Datenschutzgruppe neigt dazu, in derartigen Fällen von gemeinsamer Verantwortung auszugehen, da sich so der bestmögliche Schutz der Interessen der betroffenen Personen erreichen lässt.[89] Eine wichtige Konsequenz der gemeinsamen Verantwortung für die Verarbeitung sollte die gesamtschuldnerische Haftung für Schäden sein, die den betroffenen Personen eine breitere Palette an Rechtsbehelfen bietet.

Probleme können auch bei der Aufteilung der Verantwortung auftreten, wenn der für die Verarbeitung Verantwortliche ein kleines Unternehmen und der Auftragsverarbeiter ein großes Unternehmen ist, das die Bedingungen für die Erbringung seiner Dienstleistungen diktieren kann. Auch unter diesen Umständen sollte allerdings nach Auffassung der Artikel 29-Datenschutzgruppe das Verantwortungsniveau nicht wegen wirtschaftlichen Ungleichgewichts gesenkt werden und sollte sich an der Auslegung des Begriffs des für die Verarbeitung Verantwortlichen nichts ändern.[90]

Der Klarheit und Transparenz halber sollten die Einzelheiten der Beziehung zwischen einem für die Verarbeitung Verantwortlichen und einem Auftragsverarbeiter in einem schriftlichen Vertrag festgehalten werden.[91] Besteht kein solcher Vertrag, bedeutet dies einen Verstoß gegen die Verpflichtung des für die Verarbeitung Verantwortlichen, die jeweiligen Verantwortlichkeiten schriftlich zu dokumentieren, und kann Sanktionen nach sich ziehen.[92]

89 Artikel 29-Datenschutzgruppe (2010), *Stellungnahme 1/2010 zu den Begriffen „für die Verarbeitung Verantwortlicher" und „Auftragsverarbeiter"*, WP 169, Brüssel, 16. Februar 2010, S.. 25; und Artikel 29-Datenschutzgruppe (2006), *Stellungnahme 10/2006 zur Verarbeitung personenbezogener Daten durch die* Society for Worldwide Interbank Financial Telecommunication (SWIFT), WP 128, Brüssel, 22. November 2006.

90 Artikel 29-Datenschutzgruppe (2010), *Stellungnahme 1/2010 zu den Begriffen „für die Verarbeitung Verantwortlicher" und „Auftragsverarbeiter"*, WP 169, Brüssel, 16. Februar 2010, S. 26.

91 Datenschutzrichtlinie, Artikel 17 Absatz 3 und 4.

92 Artikel 29-Datenschutzgruppe (2010), *Stellungnahme 1/2010 zu den Begriffen „für die Verarbeitung Verantwortlicher" und „Auftragsverarbeiter"*, WP 169, Brüssel, 16. Februar 2010, S. 27.

Es kann vorkommen, dass Auftragsverarbeiter bestimmte Aufgaben an Unterauftragsverarbeiter delegieren möchten. Dies ist rechtlich zulässig und hängt im Einzelnen von den vertraglichen Vereinbarungen zwischen dem für die Verarbeitung Verantwortlichen und dem Auftragsverarbeiter ab, in denen auch geregelt sein sollte, ob die Zustimmung des für die Verarbeitung Verantwortlichen in jedem Einzelfall erforderlich ist oder ob allein seine Unterrichtung ausreicht.

Im Recht des Europarates gelten in vollem Umfang die oben bereits erläuterten Definitionen der Begriffe „für die Verarbeitung Verantwortlicher" und „Auftragsverarbeiter", wie auch an den im Einklang mit dem Übereinkommen Nr. 108 ausgearbeiteten Empfehlungen deutlich wird.[93]

2.3.2. Empfänger und Dritte

Der Unterschied zwischen diesen beiden mit der Datenschutzrichtlinie eingeführten Kategorien von Personen oder Stellen liegt in der Hauptsache in ihrer Beziehung zu dem für die Verarbeitung Verantwortlichen und folglich in ihrer Befugnis, auf im Besitz des für die Verarbeitung Verantwortlichen befindliche Daten zuzugreifen.

Ein „Dritter" unterscheidet sich rechtlich von dem für die Verarbeitung Verantwortlichen. Für die Weitergabe von Daten an einen Dritten ist daher immer eine besondere Rechtsgrundlage erforderlich. Gemäß Artikel 2 Buchstabe f der Datenschutzrichtlinie ist Dritter „die natürliche oder juristische Person, Behörde, Einrichtung oder jede andere Stelle, außer der betroffenen Person, dem für die Verarbeitung Verantwortlichen, dem Auftragsverarbeiter und den Personen, die unter der unmittelbaren Verantwortung des für die Verarbeitung Verantwortlichen oder des Auftragsverarbeiters befugt sind, die Daten zu verarbeiten". Das bedeutet, dass Personen, die in einem anderen Unternehmen arbeiten, auch wenn dieses demselben Konzern oder derselben Holding angehört, als „Dritte" (oder zu einem Dritten gehörend) angesehen werden. Auf der anderen Seite dürfen Bankfilialen, die Verarbeitungen im Bereich der Kundenverwaltung unter der unmittelbaren Verantwortung des Hauptsitzes durchführen, nicht als „Dritte" angesehen werden.[94]

Der Begriff „Empfänger" ist breiter gefasst als der des „Dritten". Im Sinne von Artikel 2 Buchstabe g der Datenschutzrichtlinie ist ein Empfänger „eine natürliche oder

93 Siehe beispielsweise die Empfehlung für die Profilerstellung, Artikel 1.

94 Artikel 29-Datenschutzgruppe (2010), *Stellungnahme 1/2010 zu den Begriffen „für die Verarbeitung Verantwortlicher" und „Auftragsverarbeiter"*, WP 169, Brüssel, 16. Februar 2010, S. 39.

juristische Person, Behörde, Einrichtung oder jede andere Stelle, die Daten erhält, gleichgültig, ob es sich bei ihr um einen Dritten handelt oder nicht". Dieser Empfänger kann entweder eine Person sein, die nicht zu dem für die Verarbeitung Verantwortlichen oder dem Auftragsverarbeiter gehört und dann ein „Dritter" wäre, oder eine Person, die zu dem für die Verarbeitung Verantwortlichen oder Auftragsverarbeiter gehört, also ein Beschäftigter oder eine andere Abteilung innerhalb desselben Unternehmens oder derselben Behörde.

Im Hinblick auf die Voraussetzungen für eine rechtmäßige Weitergabe von Daten ist die Unterscheidung zwischen Empfängern und Dritten sehr wichtig. Die Beschäftigten eines für die Verarbeitung Verantwortlichen oder Auftragsverarbeiters können ohne weitere rechtliche Anforderungen Empfänger personenbezogener Daten sein, wenn sie in die Verarbeitungsvorgänge des für die Verarbeitung Verantwortlichen oder Auftragsverarbeiters eingebunden sind. Ein Dritter hingegen, der rechtlich nichts mit dem für die Verarbeitung Verantwortlichen oder Auftragsverarbeiter zu tun hat, ist nicht befugt, von dem für die Verarbeitung Verantwortlichen verarbeitete personenbezogenen Daten zu verwenden, sofern es für den konkreten Fall keine besondere Rechtsgrundlage gibt. „Empfangende Dritte" werden daher für den rechtmäßigen Empfang personenbezogener Daten immer eine Rechtsgrundlage benötigen.

Beispiel: Ein Beschäftigter eines Auftragsverarbeiters, der personenbezogene Daten bei der Wahrnehmung der ihm vom Arbeitgeber übertragenen Aufgaben verwendet, ist Datenempfänger, nicht jedoch Dritter, da er die Daten im Namen und auf Weisung des Auftragsverarbeiters verwendet.

Beschließt derselbe Beschäftigte jedoch, die Daten, auf die er als Beschäftigter des Auftragsverarbeiters Zugriff hat, für seine eigenen Zwecke zu verwenden und sie an ein anderes Unternehmen zu verkaufen, handelt er als Dritter. Er befolgt dann nicht länger die Weisungen des Auftragsverarbeiters (des Arbeitgebers). In seiner Eigenschaft als Dritter bräuchte der Beschäftigte eine Rechtsgrundlage für den Erwerb und den Verkauf der Daten. In unserem Beispiel verfügt der Beschäftigte mit Sicherheit nicht über eine solche Rechtsgrundlage; damit ist sein Handeln unrechtmäßig.

2.4. Einwilligung

Kernpunkte

- Die Einwilligung als Rechtsgrundlage für die Verarbeitung personenbezogener Daten muss ohne Zwang, für den konkreten Fall und in Kenntnis der Sachlage gegeben werden.
- Die Einwilligung muss ohne jeden Zweifel gegeben worden sein. Die Einwilligung kann entweder explizit oder auch implizit durch ein Verhalten gegeben werden, das keinen Zweifel daran lässt, dass die betroffene Person mit der Verarbeitung ihrer Daten einverstanden ist.
- Für die auf Einwilligung beruhende Verarbeitung sensibler Daten ist eine ausdrückliche Einwilligung erforderlich.
- Die Einwilligung kann jederzeit zurückgenommen werden.

Unter Einwilligung versteht man „jede Willensbekundung der betroffenen Person, die ohne Zwang, für den konkreten Fall und in Kenntnis der Sachlage erfolgt."[95] Häufig ist sie die Rechtsgrundlage, die eine Datenverarbeitung legitimiert (siehe Abschnitt 4.1).

2.4.1. Bestandteile einer gültigen Einwilligung

Nach dem **EU-Recht** müssen drei Elemente gegeben sein, damit eine Einwilligung gültig ist, mit denen gewährleistet werden soll, dass betroffene Personen der Verwendung ihrer Daten auch wirklich zugestimmt haben:

- Auf die betroffene Person darf bei der Einwilligung kein Druck ausgeübt worden sein;
- die betroffene Person muss angemessen über den Zweck und die Konsequenzen der Einwilligung unterrichtet worden sein, und
- die Einwilligung muss einen hinreichend konkreten Geltungsbereich haben.

Sind alle diese Anforderungen erfüllt, ist die Einwilligung im Sinne des Datenschutzrechts gültig.

95 Datenschutzrichtlinie, Artikel 2 Buchstabe h.

Das Übereinkommen Nr. 108 enthält keine Definition der Einwilligung; diese bleibt dem innerstaatlichen Recht überlassen. Im **Recht des Europarates** entsprechen jedoch die Bestandteile einer gültigen Einwilligung den bereits dargestellten, wie es in den Empfehlungen vorgesehen ist, die im Einklang mit dem Übereinkommen Nr. 108 ausgearbeitet wurden.[96] Die Anforderungen an die Einwilligung sind die gleichen wie für eine gemäß dem europäischen Zivilrecht gültige Absichtserklärung.

Weitere im Zivilrecht geregelte Anforderungen wie die Rechtsfähigkeit gelten natürlich auch im Zusammenhang mit dem Datenschutz, da es sich bei derartigen Anforderungen um grundlegende gesetzliche Voraussetzungen handelt. Ungültige Einwilligungen nicht rechtsfähiger Personen haben zur Folge, dass es bei der Verarbeitung von Daten über solche Personen an einer Rechtsgrundlage mangelt.

Die Einwilligung wird entweder ausdrücklich[97] oder stillschweigend erteilt. Bei ersterer besteht kein Zweifel an den Absichten der betroffenen Person; sie kann entweder mündlich oder schriftlich erfolgen. Bei letzterer wird aus den Umständen geschlossen. Jede Einwilligung muss ohne jeden Zweifel gegeben werden.[98] Es darf also kein berechtigter Zweifel daran bestehen, dass die betroffene Person ihr Einverständnis zur Verarbeitung ihrer Daten kundtun wollte. So kann beispielsweise allein aus Untätigkeit nicht auf eine ohne jeden Zweifel gegebene Einwilligung geschlossen werden. Sollen sensible Daten verarbeitet werden, ist eine ausdrückliche und ohne jeden Zweifel gegebene Einwilligung zwingend erforderlich.

Einwilligung ohne Zwang

Eine Einwilligung ohne Zwang liegt nur dann vor, „wenn die betroffene Person eine tatsächliche Wahlmöglichkeit hat und kein Risiko einer Täuschung, Einschüchterung, Nötigung oder beträchtlicher negativer Folgen besteht, wenn sie die Einwilligung nicht erteilt".[99]

Beispiel: Auf vielen Flughäfen müssen die Fluggäste im Zugang zum Abfertigungsbereich einen Körperscanner passieren.[100] Angesichts der Tatsache, dass

96 Siehe z. B. Übereinkommen Nr. 108, Empfehlung betreffend statistische Daten, Punkt 6.

97 Datenschutzrichtlinie, Artikel 8 Absatz 2.

98 a.a.O., Artikel 7 Buchstabe a und Artikel 26 Absatz 1.

99 Siehe auch Artikel 29-Datenschutzgruppe (2011), *Stellungnahme 15/2011 zur Definition von Einwilligung*, WP 187, Brüssel, 13. Juli 2011, S. 15.

100 Dieses Beispiel wurde der Stellungnahme WP 187, S. 18, entnommen.

die Passagierdaten zum Zeitpunkt des Scannens verarbeitet werden, muss die Verarbeitung eine der Rechtsgrundlagen gemäß Artikel 7 der Datenschutzrichtlinie erfüllen (siehe Abschnitt 4.1.1). Manchmal wird es so dargestellt, als ob die Passagiere die Wahlmöglichkeit hätten, durch Körperscanner zu gehen oder nicht. Das impliziert, dass die Verarbeitung durch ihre Einwilligung gerechtfertigt sein könnte. Wenn sich ein Passagier jedoch weigert, durch den Körperscanner zu gehen, wird er womöglich verdächtigt oder werden weitere Kontrollen durchgeführt, wie beispielsweise eine Leibesvisitation. Viele Passagiere werden in das Scannen einwilligen, weil sie dadurch mögliche Probleme oder Verzögerungen vermeiden. Eine solche Einwilligung erfolgt nicht in ausreichendem Maße ohne Zwang.

Eine solide Rechtsgrundlage kann also nur eine Rechtsvorschrift sein, die sich auf Artikel 7 Buchstabe e der Datenschutzrichtlinie stützt, und der zufolge die Passagiere aus Gründen eines übergeordneten öffentlichen Interesses zur Zusammenarbeit verpflichtet sind. Diese Rechtsvorschrift könnte immer noch die Wahl zwischen dem Scannen und einem Abtasten bieten, allerdings würde diese Wahl nur als Teil unter bestimmten Umständen erforderlicher weiterer Grenzkontrollmaßnahmen angeboten werden. So hat es die Europäische Kommission 2011 in zwei Verordnungen zum Thema Sicherheitsscanner geregelt.[101]

Die Freiwilligkeit der Einwilligung könnte auch dann bedroht sein, wenn ein erhebliches wirtschaftliches oder sonstiges Ungleichgewicht zwischen dem für die Verarbeitung Verantwortlichen, der die Einwilligung sucht, und der betroffenen Person, die die Einwilligung gibt, besteht.[102]

Beispiel: Ein großes Unternehmen plant die Erstellung eines Verzeichnisses mit den Namen aller Beschäftigten, ihrer Funktion im Unternehmen und ihrer Büroadresse mit dem alleinigen Ziel, die unternehmensinterne Kommunikation

101 Verordnung (EU) Nr. 1141/2011 der Kommission vom 10. November 2011 zur Änderung der Verordnung (EG) Nr. 272/2009 zur Ergänzung der gemeinsamen Grundstandards für die Sicherheit der Zivilluftfahrt bezüglich des Einsatzes von Sicherheitsscannern an EU-Flughäfen, ABl. L 293 vom 11.11.2011, und Durchführungsverordnung (EU) Nr. 1147/2011 der Kommission vom 11. November 2011 zur Änderung der Verordnung (EU) Nr. 185/2010 zur Durchführung der gemeinsamen Grundstandards für die Sicherheit der Zivilluftfahrt bezüglich des Einsatzes von Sicherheitsscannern an EU-Flughäfen, ABl. L 294 vom 12.11.2011.

102 Siehe auch Artikel 29-Datenschutzgruppe (2001), Stellungnahme 8/2001 zur Verarbeitung personenbezogener Daten von Beschäftigten, WP 48, Brüssel, 13. September 2001, und Artikel 29-Datenschutzgruppe (2005), Arbeitspapier über eine gemeinsame Auslegung von Artikel 26 Absatz 1 der Richtlinie 95/46/EG vom 24. Oktober 1995, WP 114, Brüssel, 25. November 2005.

zu verbessern. Der Leiter der Personalabteilung schlägt vor, in das Verzeichnis Fotos aller Beschäftigten aufzunehmen, um beispielsweise das Erkennen von Kollegen bei Sitzungen zu erleichtern. Die Arbeitnehmervertreter fordern, dass dies nur geschehen darf, wenn der betreffende Beschäftigte eingewilligt hat.

In einer solchen Situation sollte die Einwilligung des Beschäftigten als Rechtsgrundlage für die Verarbeitung der Fotos im Verzeichnis angesehen werden, da deutlich wird, dass die Veröffentlichung eines Fotos in dem Verzeichnis an sich keine negativen Folgen hat, und außerdem kann wohl davon ausgegangen werden, dass dem Beschäftigten keine negativen Folgen seitens des Arbeitgebers entstehen, wenn er sich mit der Veröffentlichung seines Fotos im Verzeichnis nicht einverstanden erklärt.

Das bedeutet allerdings nicht, dass eine Einwilligung niemals gültig sein kann, wenn die Verweigerung der Einwilligung negative Folgen haben könnte. Hat beispielsweise eine verweigerte Einwilligung, Inhaber der Kundenkarte eines Supermarktes zu werden, nur zur Folge, dass man bei bestimmten Waren keine Preisnachlässe bekommt, bleibt die Einwilligung dennoch eine gültige Rechtsgrundlage für die Verarbeitung personenbezogener Daten derjenigen Kunden, die eine solche Karte akzeptiert haben. Es liegt hier keine Unterordnung zwischen Unternehmen und Kunde vor, und die Folgen der nicht gegebenen Einwilligung sind für die betroffene Person nicht so schwerwiegend, als dass sie eine freie Auswahl behinderten.

Wenn hingegen hinreichend wichtige Waren oder Dienstleistungen nur und ausschließlich erlangt werden können, wenn personenbezogene Daten an Dritte weitergegeben werden, kann man nicht davon ausgehen, dass die betroffene Person die Einwilligung in die Weitergabe ihrer Daten ohne Zwang gegeben hat, und eine derartige Einwilligung ist daher nach dem Datenschutzrecht nicht gültig.

Beispiel: Die von Fluggästen gegenüber einer Fluggesellschaft bekundete Zustimmung zur Weitergabe so genannter Fluggastdatensätze (PNR), die Angaben insbesondere zu ihrer Identität, ihren Essgewohnheiten oder Gesundheitsproblemen enthalten, an die Einwanderungsbehörden eines bestimmten Drittlandes kann aus datenschutzrechtlicher Sicht nicht als gültige Einwilligung betrachtet werden, da die Reisenden, wollen sie in dieses Land reisen, keine andere Wahl haben. Sollen solche Daten rechtmäßig übermittelt werden, ist hierfür eine andere Rechtsgrundlage als die Einwilligung erforderlich, vermutlich ein entsprechendes Gesetz.

Einwilligung in voller Sachkenntnis

Bevor die betroffene Person ihre Entscheidung trifft, muss sie über ausreichende Informationen verfügen. Ob die ihr zur Verfügung gestellten Informationen ausreichen, kann jeweils nur in Einzelfallbetrachtung entschieden werden. Bei einer Einwilligung in voller Sachkenntnis muss normalerweise eine genaue und leicht verständliche Beschreibung des Sachverhalts vorliegen, zu dem die Einwilligung gegeben werden soll, und es müssen die Folgen der Verweigerung der Einwilligung dargestellt werden. Die sprachliche Gestaltung der Information muss auf den voraussichtlichen Adressaten abgestimmt sein.

Die betroffene Person muss außerdem leicht an die Informationen herankommen. Es kommt auf den leichten Zugang zu den Informationen und ihrer gut sichtbaren Präsentation an. In einem Online-Umfeld können Informationsvermerke in mehreren Schichten eine Lösung sein, bei der die betroffene Person neben einer Kurzfassung auch Einsicht in eine ausführlichere Fassung nehmen kann.

Einwilligung für den konkreten Fall

Damit eine Einwilligung gültig ist, muss sie für den konkreten Fall gegeben werden. Dies steht in engem Zusammenhang mit der Qualität der Informationen über den Gegenstand der Einwilligung. In diesem Zusammenhang sind die begründeten Erwartungen einer durchschnittlichen betroffenen Person von Bedeutung. Werden Verarbeitungsvorgänge hinzugefügt oder in einer Weise abgeändert, die bei Erteilung der ursprünglichen Einwilligung nach menschlichem Ermessen nicht vorhersehbar waren, muss erneut die Einwilligung der betroffenen Person eingeholt werden.

Beispiel: In der Rechtssache *Deutsche Telekom AG*[103] befasste sich der EuGH mit der Frage, ob ein Telekomanbieter, der personenbezogene Daten von Teilnehmern gemäß Artikel 12 der *Datenschutzrichtlinie für elektronische Kommunikation*[104] weitergeben musste, erneut die Einwilligung der betroffenen Personen einholen musste, da die Empfänger namentlich nicht genannt wurden, als ursprünglich die Einwilligung gegeben wurde.

103 EuGH, C-543/09, *Deutsche Telekom AG / Deutschland*, 5, Mai 2011; siehe insbesondere Randnrn. 53 und 54.

104 Richtlinie 2002/58/EG des Europäischen Parlaments und des Rates vom 12. Juli 2002 über die Verarbeitung personenbezogener Daten und den Schutz der Privatsphäre in der elektronischen Kommunikation (*Datenschutzrichtlinie für elektronische Kommunikation*), ABl. L 201 vom 31.7.2002.

Der EuGH stellte fest, dass gemäß diesem Artikel das erneute Einholen einer Einwilligung vor der Weitergabe der Daten nicht erforderlich ist, da die betroffenen Personen gemäß dieser Bestimmung die Möglichkeit hätten, nur dem Zweck der Verarbeitung zuzustimmen, der in der Veröffentlichung ihrer Daten bestehe, und nicht zwischen verschiedenen Verzeichnissen wählen könnten, in denen diese Daten veröffentlicht werden könnten.

Der EuGH betonte, „aus einer wörtlichen und systematischen Auslegung des Artikels 12 der Datenschutzrichtlinie für elektronische Kommunikation geht hervor, dass sich die Zustimmung nach Artikel 12 Absatz 2 auf den Zweck der Veröffentlichung der personenbezogenen Daten in einem öffentlichen Teilnehmerverzeichnis und nicht auf einen bestimmten Anbieter eines Verzeichnisses bezieht."[105] Weiter „ist es gerade die Veröffentlichung der personenbezogenen Daten in einem Teilnehmerverzeichnis, das einen besonderen Zweck verfolgt, die sich für einen Teilnehmer nachteilig auswirken kann"[106], und nicht, wer der Verfasser dieser Veröffentlichung ist.

2.4.2. Das Recht, jederzeit seine Einwilligung zurückzunehmen

Die Datenschutzrichtlinie erwähnt kein allgemeines Recht, eine Einwilligung jederzeit zurücknehmen zu dürfen. Es wird jedoch generell davon ausgegangen, dass ein solches Recht existiert und dass es der betroffenen Person möglich sein muss, dieses Recht nach Belieben auszuüben. Es sollte keine Begründung für eine Rücknahme gefordert werden und es sollte keine Gefahr nachteiliger Folgen über die Einstellung etwaiger Vorteile hinaus geben, die möglicherweise aus der früher vereinbarten Datennutzung entstanden waren.

Beispiel: Ein Kunde stimmt der Zusendung von Werbesendungen an eine Adresse zu, die er einem für die Verarbeitung Verantwortlichen angegeben hat. Nimmt der Kunde seine Zustimmung zurück, muss der für die Verarbeitung Verantwortliche die Versendung des Werbematerials unverzüglich einstellen. Dies darf keine Sanktionen wie zum Beispiel Gebühren zur Folge haben.

105 EuGH, C-543/09, *Deutsche Telekom AG / Deutschland*, 5. Mai 2011; siehe insbesondere Randnr. 61.

106 a.a.O., siehe insbesondere Randnr. 62.

Sollte der Kunde als Gegenleistung für seine Einwilligung in die Verwendung seiner Daten für Werbezwecke einen Preisnachlass von 5 % für ein Hotelzimmer erhalten haben, darf die spätere Rücknahme der Einwilligung in die Zusendung von Werbesendungen nicht zur Folge haben, dass er den nachgelassenen Betrag zurückzahlen muss.

3 Kerngrundsätze des europäischen Datenschutzrechts

EU	Behandelte Themen	Europarat
Datenschutzrichtlinie, Artikel 6 Absatz 1 Buchstabe a und b EuGH, C-524/06, *Huber gegen Bundesrepublik Deutschland*, 16. Dezember 2008 EuGH, Verbundene Rechtssachen C-92/09 und C-93/09, *Volker und Markus Schecke GbR und Hartmut Eifert gegen Land Hessen*, 9. November 2010	**Grundsatz der rechtmäßigen Verarbeitung**	Übereinkommen Nr. 108, Artikel 5 Buchstabe a und b EGMR, *Rotaru gegen Rumänien [GK]*, Nr. 28341/95, 4. April 2000 EGMR, *Taylor-Sabori gegen Vereinigtes Königreich*, Nr. 47114/99, 22. Oktober 2002 EGMR, *Peck gegen Vereinigtes Königreich*, Nr. 44647/98, 28. Januar 2003 EGMR, *Khelili gegen Schweiz*, Nr. 16188/07, 18. Oktober 2011 EGMR, *Leander gegen Schweden*, Nr. 9248/81, 11. Juli 1985.
Datenschutzrichtlinie, Artikel 6 Absatz 1 Buchstabe b	**Grundsatz der Zweckbestimmung und Zweckbindung**	Übereinkommen Nr. 108, Artikel 5 Buchstabe b
	Die Datenschutzgrundsätze:	
Datenschutzrichtlinie, Artikel 6 Absatz 1 Buchstabe c	**Erheblichkeit der Daten**	Übereinkommen Nr. 108, Artikel 5 Buchstabe c

Datenschutzrichtlinie, Artikel 6 Absatz 1 Buchstabe d	**Sachliche Richtigkeit der Daten**	Übereinkommen Nr. 108, Artikel 5 Buchstabe d
Datenschutzrichtlinie, Artikel 6 Absatz 1 Buchstabe e	**Befristete Aufbewahrung von Daten**	Übereinkommen Nr. 108, Artikel 5 Buchstabe e
Datenschutzrichtlinie, Artikel 6 Absatz 1 Buchstabe e	**Ausnahmen für wissenschaftliche Forschung und Statistiken**	Übereinkommen Nr. 108, Artikel 9 Absatz 3
Datenschutzrichtlinie, Artikel 6 Absatz 1 Buchstabe a	**Grundsatz der Verarbeitung nach Treu und Glauben**	Übereinkommen Nr. 108, Artikel 5 Buchstabe a EGMR, *Haralambie gegen Rumänien*, Nr. 21737/03, 27. Oktober 2009 EGMR, *K.H. und andere gegen Slowakei*, Nr. 32881/04, 28. April 2009
Datenschutzrichtlinie, Artikel 6 Absatz 2	**Grundsatz der Rechenschaftspflicht**	

Die in Artikel 5 des Übereinkommens Nr. 108 verankerten Grundsätze machen das Herzstück des europäischen Datenschutzrechts aus. Sie erscheinen auch in Artikel 6 der Datenschutzrichtlinie als Ausgangspunkt für detailliertere Bestimmungen in den weiteren Artikeln der Richtlinie. Alle späteren Datenschutzvorschriften des Europarates oder der EU müssen mit diesen Grundsätzen in Einklang stehen und müssen bei der Auslegung dieser Rechtsvorschriften berücksichtigt werden. Ausnahmen von diesen Kerngrundsätzen und Einschränkungen dieser Kerngrundsätze können auf nationaler Ebene vorgesehen werden;[107] sie müssen gesetzlich vorgesehen sein, ein rechtmäßiges Ziel verfolgen und in einer demokratischen Gesellschaft notwendig sein. Es müssen alle drei Bedingungen erfüllt sein.

107 Übereinkommen Nr. 108, Artikel 9 Absatz 2, und Datenschutzrichtlinie, Artikel 13 Absatz 2.

3.1. Grundsatz der rechtmäßigen Verarbeitung

Kernpunkte

- Zum besseren Verständnis des Grundsatzes der rechtmäßigen Verarbeitung sei auf die Bedingungen für rechtmäßige Einschränkungen des Rechts auf Datenschutz im Lichte von Artikel 52 Absatz 1 der Charta und auf die Anforderungen an einen rechtmäßigen Eingriff gemäß Artikel 8 Absatz 2 EMRK verwiesen.
- Die Verarbeitung personenbezogener Daten ist folglich nur rechtmäßig, wenn
  - sie im Gesetz vorgesehen ist,
  - ein rechtmäßiges Ziel verfolgt und
  - in einer demokratischen Gesellschaft für das Erreichen eines rechtmäßigen Ziels notwendig ist.

Im Datenschutzrecht von EU und Europarat wird bei den Grundsätzen der Grundsatz der rechtmäßigen Verarbeitung als erster erwähnt; er ist mit nahezu identischem Wortlaut in Artikel 5 des Übereinkommens Nr. 108 und in Artikel 6 der Datenschutzrichtlinie verankert.

Keine dieser Bestimmungen enthält eine Definition der „rechtmäßigen Verarbeitung". Zum besseren Verständnis dieses Rechtsbegriffs sei auf den rechtmäßigen Eingriff gemäß der EMRK, wie er in der Rechtsprechung des EGMR ausgelegt wird, und auf die Bedingungen für rechtmäßige Einschränkungen gemäß Artikel 52 der Charta verwiesen.

3.1.1. Anforderungen an einen rechtmäßigen Eingriff gemäß EMRK

Die Verarbeitung personenbezogener Daten kann ein Eingriff in das Recht auf Achtung des Privatlebens der betroffenen Person sein. Das Recht auf Achtung des Privatlebens ist jedoch kein absolutes Recht, sondern muss mit anderen begründeten Interessen abgewogen und in Einklang gebracht werden, seien sie nun die anderer Personen (private Interessen) oder die der Gesellschaft insgesamt (öffentliche Interessen).

Ein staatlicher Eingriff ist unter folgenden Bedingungen gerechtfertigt:

Er muss im Gesetz vorgesehen sein

Gemäß der Rechtsprechung des EGMR steht ein Eingriff im Einklang mit dem Gesetz, wenn er sich auf eine Bestimmung des innerstaatlichen Rechts stützt, das bestimmte Merkmale aufweist. Das Gesetz muss „den betroffenen Personen zugänglich und in seinen Wirkungen vorhersehbar sein".[108] Eine Vorschrift ist vorhersehbar, „wenn sie mit ausreichender Genauigkeit formuliert ist, so dass ein jeder – bei Bedarf mit angemessener Beratung – in der Lage ist, sich entsprechend zu verhalten".[109] „Der von „dem Gesetz" in diesem Zusammenhang verlangte Detailgrad hängt vom jeweiligen Thema ab."[110]

Beispiel: In der Rechtssache *Rotaru gegen Rumänien*[111] stellte der EGMR eine Verletzung von Artikel 8 EMRK fest, weil nach rumänischem Recht die Sammlung, Aufzeichnung und Archivierung von Informationen, die die nationale Sicherheit berühren, in Geheimakten zulässig war , ohne dass für die Ausübung dieser Befugnisse Grenzen festgelegt waren; diese lagen im Ermessen der Behörden. So war im innerstaatlichen Recht beispielsweise nicht festgelegt, welche Art von Informationen verarbeitet werden durfte, gegen welche Personenkategorien Überwachungsmaßnahmen ergriffen werden konnten, unter welchen Umständen solche Maßnahmen ergriffen werden durften und welche Verfahren galten. Aufgrund dieser Mängel befand der Gerichtshof, dass das innerstaatliche Recht nicht dem Erfordernis der Vorhersehbarkeit gemäß Artikel 8 EMRK Genüge tat und dass eine Verletzung dieses Artikels vorlag.

108 EGMR, *Amann / Schweiz [GK]*, Nr. 27798/95, 16. Februar 2000, Randnr. 50; siehe ferner EGMR *Kopp / Schweiz*, Nr. 23224/94, 25. März 1998, Randnr. 55, und EGMR, *Iordachi und andere / Republik Moldau*, Nr. 25198/02, 10. Februar 2009, Randnr. 50.

109 EGMR, *Amann / Schweiz [GK]*, Nr. 27798/95, 16. Februar 2000, Randnr. 56; siehe ferner EGMR, *Malone / Vereinigtes Königreich*, Nr. 8691/79, 2. August 1984 , Randnr. 66; EGMR, *Silver und andere / Vereinigtes Königreich*, Nrn. 5947/72, 6205/73, 7052/75, 7061/75, 7107/75, 7113/75, 25. März 1983, Randnr. 88.

110 EGMR, *The Sunday Times / Vereinigtes Königreich*, Nr. 6538/74, 26. April 1979, Randnr. 49; siehe ferner EGMR *Silver und andere / Vereinigtes Königreich*, Nrn. 5947/72, 6205/73, 7052/75, 7061/75, 7107/75, 7113/75, 25. März 1983, Randnr. 88.

111 EGMR, *Rotaru / Rumänien [GK]*, Nr. 28341/95, 4. April 2000, Randnr. 57; siehe ferner EGMR, *Association for European Integration and Human Rights und Ekimdzhiev / Bulgarien*, Nr. 62540/00, 28. Juni 2007; EGMR, *Shimovolos / Russland*, Nr. 30194/09, 21. Juni 2011; und EGMR, *Vetter / Frankreich*, Nr. 59842/00, 31. Mai 2005.

Beispiel: In der Rechtssache *Taylor-Sabori gegen Vereinigtes Königreich*[112] war der Beschwerdeführer Ziel polizeilicher Überwachung gewesen. Unter Zuhilfenahme einer „Kopie" des Pagers des Beschwerdeführers konnte die Polizei an ihn gesendete Nachrichten abhören. Daraufhin wurde der Beschwerdeführer festgenommen und der Verschwörung zur Lieferung kontrollierter Drogen beschuldigt. Die Anklage gegen ihn stützte sich teilweise auf Niederschriften der Pager-Nachrichten, die von der Polizei angefertigt worden waren. Zum Zeitpunkt des Verfahrens gegen den Beschwerdeführer gab es jedoch im britischen Recht keine Bestimmung zur Regelung des Abhörens von Gesprächen über ein privates Telekommunikationssystem. Der Eingriff in seine Rechte war somit „nicht im Gesetz vorgesehen". Der EGMR befand, dass eine Verletzung von Artikel 8 EMRK vorlag.

Er muss ein rechtmäßiges Ziel verfolgen

Das rechtmäßige Ziel kann im Zusammenhang mit einem der genannten öffentlichen Interessen oder mit den Rechten und Freiheiten anderer stehen.

Beispiel: In der Rechtssache *Peck gegen Vereinigtes Königreich*[113] versuchte der Beschwerdeführer, auf der Straße durch Aufschneiden seiner Pulsadern Selbstmord zu begehen, hatte jedoch nicht bemerkt, dass er bei diesem Versuch von einer Überwachungskamera gefilmt worden war. Nachdem ihn die Polizei, die die Aufnahmen der Überwachungskamera gesehen hatte, gerettet hatte, gab die Polizeibehörde das Filmmaterial der Überwachungskamera an die Medien weiter, die es veröffentlichten, ohne das Gesicht des Beschwerdeführers unkenntlich zu machen. Nach Auffassung des EGMR lagen keine stichhaltigen oder hinreichenden Gründe für eine direkte Weitergabe des Filmmaterials durch die Behörden an die Öffentlichkeit vor, ohne vorher die Einwilligung des Beschwerdeführers eingeholt oder sein Gesicht unkenntlich gemacht zu haben. Der Gerichtshof befand, dass eine Verletzung von Artikel 8 EMRK vorlag.

112 EGMR, *Taylor-Sabori / Vereinigtes Königreich*, Nr. 47114/99, 22. Oktober 2002 .

113 EGMR, *Peck / Vereinigtes Königreich*, Nr. 44647/98, 28. Januar 2003, insbesondere Randnr. 85.

Er muss in einer demokratischen Gesellschaft notwendig sein

Der EGMR stellt hierzu fest: „Der Begriff der Notwendigkeit impliziert, dass der Eingriff einer dringenden sozialen Notwendigkeit entspricht und vor allem, dass er zu dem angestrebten rechtmäßigen Ziel in einem angemessenen Verhältnis steht".[114]

> Beispiel: In der Rechtssache *Khelili gegen Schweiz*[115] wurden bei einer Polizeikontrolle bei der Beschwerdeführerin Visitenkarten mit folgendem Aufdruck gefunden: „Nette, hübsche Frau, Ende dreißig, sucht einen Mann, mit dem sie gelegentlich ein Gläschen trinken oder ausgehen kann. Tel.-Nr. [...]". Die Beschwerdeführerin gab an, dass die Polizei sie daraufhin in ihren Akten als Prostituierte führte, einer Beschäftigung, der nachzugehen sie stets verneinte. Die Beschwerdeführerin verlangte die Streichung des Wortes „Prostituierte" aus den Computerverzeichnissen der Polizei. Der EGMR räumte grundsätzlich ein, dass die Speicherung der personenbezogenen Daten einer Person aus dem Grund, dass diese Person eine andere Straftat begehen könnte, unter gewissen Umständen verhältnismäßig sein kann. Im Falle der Beschwerdeführerin sei jedoch die Behauptung illegaler Prostitution zu vage und allgemein, werde nicht durch konkrete Fakten gestützt, da sie nie wegen illegaler Prostitution verurteilt worden sei, und könne daher nicht als Antwort auf eine „dringende soziale Notwendigkeit" im Sinne von Artikel 8 EMRK angesehen werden. Der Gerichtshof betrachtete es als Aufgabe der Behörden, die sachliche Richtigkeit der über die Beschwerdeführerin gespeicherten Daten nachzuweisen, und befand in seinem Urteil bezüglich der Schwere des Eingriffs in die Rechte der Beschwerdeführerin, dass die jahrelange Speicherung des Worts „Prostituierte" in den Polizeiakten in einer demokratischen Gesellschaft nicht notwendig gewesen war. Der Gerichtshof befand, dass eine Verletzung von Artikel 8 EMRK vorlag.
>
> Beispiel: In der Rechtssache *Leander gegen Schweden*[116] stellte der EGMR fest, dass die geheime Überprüfung von Personen, die sich um einen für die nationale Sicherheit wichtigen Arbeitsplatz bewerben, an sich nicht dem Erfordernis widerspricht, in einer demokratischen Gesellschaft notwendig zu sein. Aufgrund der im innerstaatlichen Recht vorgesehenen besonderen Garantien für den Schutz der Interessen der betroffenen Person, beispielsweise Kontrolle durch Parlament und Justizministerium, befand der EGMR, dass das schwedische

114 EGMR, *Leander / Schweden*, Nr. 9248/81, 11. Juli 1985, Randnr. 58.

115 EGMR, *Khelili / Schweiz*, Nr. 16188/07, 18. Oktober 2011.

116 EGMR, *Leander / Schweden*, Nr. 9248/81, 11. Juli 1985, Randnrn. 59 und 67.

System für Personalkontrolle den Anforderungen von Artikel 8 Absatz 2 EMRK Genüge tut. In Anbetracht seines großen Ermessensspielraums sei der beklagte Staat zu der Auffassung befugt, im Falle des Beschwerdeführers den Interessen der nationalen Sicherheit Vorrang vor denen dieser Person einzuräumen. Der Gerichtshof befand, dass keine Verletzung von Artikel 8 EMRK vorlag.

3.1.2. Bedingungen für rechtmäßige Einschränkungen gemäß der EU-Charta

Struktur und Wortlaut der Charta unterscheiden sich von denen der EMRK. Die Charta spricht nicht von Eingriffen in garantierte Rechte, sondern enthält eine Bestimmung über die Einschränkung(en) der Ausübung der in der Charta anerkannten Rechte und Freiheiten.

Gemäß Artikel 52 Absatz 1 dürfen Einschränkungen der Ausübung der in der Charta anerkannten Rechte und Freiheiten und damit auch des Rechts auf Wahrnehmung des Rechts auf Datenschutz, wie die Verarbeitung personenbezogener Daten, nur vorgenommen werden, wenn sie

- gesetzlich vorgesehen sind;
- den Wesensgehalt des Rechts auf Datenschutz achten;
- unter Wahrung des Grundsatzes der Verhältnismäßigkeit erforderlich sind, und
- den von der Union anerkannten dem Gemeinwohl dienenden Zielsetzungen oder den Erfordernissen des Schutzes der Rechte und Freiheiten anderer tatsächlich entsprechen.

Beispiele: In der Rechtssache *Volker und Markus Schecke*[117] stellte der EuGH fest, dass durch die Vorschrift, personenbezogene Daten aller natürlichen Personen zu veröffentlichen, die Empfänger von Mitteln [bestimmter Agrarfonds] sind, ohne nach einschlägigen Kriterien wie den Zeiträumen, während denen sie solche Beihilfen erhalten haben, der Häufigkeit oder auch Art und Umfang dieser Beihilfen zu unterscheiden, der Rat und die Kommission die durch die

117 EuGH, Verbundene Rechtssachen C-92/09 und C-93/09, *Volker und Markus Schecke GbR und Hartmut Eifert / Land Hessen*, 9. November 2010, Randnrn. 89 und 86.

Wahrung des Grundsatzes der Verhältnismäßigkeit vorgegebenen Grenzen überschritten haben.

Der EuGH hielt es daher für erforderlich, bestimmte Bestimmungen der Verordnung (EG) Nr. 1290/2005 des Rates und die Verordnung (EG) Nr. 259/2008 insgesamt für ungültig zu erklären.[118]

Trotz unterschiedlichen Wortlauts erinnern die Bedingungen für eine rechtmäßige Verarbeitung in Artikel 52 Absatz 1 der Charta an die in Artikel 8 Absatz 2 EMRK. Die in Artikel 52 Absatz 1 der Charta angeführten Bedingungen stehen im Einklang mit den in Artikel 8 Absatz 2 EMRK genannten, denn Artikel 52 Absatz 3 der Charta besagt im ersten Satz: „Soweit diese Charta Rechte enthält, die den durch die Europäische Konvention zum Schutz der Menschenrechte und Grundfreiheiten garantierten Rechten entsprechen, haben sie die gleiche Bedeutung und Tragweite, wie sie ihnen in der genannten Konvention verliehen wird."

Der letzte Satz von Artikel 52 Absatz 3 lautet allerdings: „Diese Bestimmung steht dem nicht entgegen, dass das Recht der Union einen weiter gehenden Schutz gewährt." Vor dem Hintergrund eines Vergleichs von Artikel 8 Absatz 2 EMRK und Artikel 52 Absatz 3 erster Satz kann dies nur bedeuten, dass die Bedingungen für begründete Eingriffe gemäß Artikel 8 Absatz 2 EMRK Mindestanforderungen an rechtmäßige Einschränkungen des Rechts auf Datenschutz gemäß der Charta darstellen. Für eine rechtmäßige Verarbeitung personenbezogener Daten ist es folglich gemäß EU-Recht erforderlich, dass zumindest die Bedingungen von Artikel 8 Absatz 2 EMRK erfüllt sind; im EU-Recht könnten jedoch für konkrete Fälle weitere Anforderungen festgelegt werden.

Die Entsprechung der Grundsätze für eine rechtmäßige Verarbeitung nach EU-Recht und der einschlägigen Bestimmungen der EMRK wird weiter durch Artikel 6 Absatz 3 EUV gestützt, wo es heißt: „Die Grundrechte, wie sie in der Europäischen Konvention zum Schutz der Menschenrechte und Grundfreiheiten gewährleistet sind [...], sind als allgemeine Grundsätze Teil des Unionsrechts".

118 Verordnung (EG) Nr. 1290/2005 des Rates vom 21. Juni 2005 über die Finanzierung der Gemeinsamen Agrarpolitik, ABl. L 209 vom 11.8.2005; Verordnung (EG) Nr. 259/2008 der Kommission vom 18. März 2008 mit Durchführungsbestimmungen zur Verordnung (EG) Nr. 1290/2005 des Rates hinsichtlich der Veröffentlichung von Informationen über die Empfänger von Mitteln aus dem Europäischen Garantiefonds für die Landwirtschaft (EGFL) und dem Europäischen Landwirtschaftsfonds für die Entwicklung des ländlichen Raums (ELER), ABl. L 76 vom 19.3.2008.

3.2. Grundsatz der Zweckbestimmung und Zweckbindung

Kernpunkte

- Der Zweck der Datenverarbeitung muss vor dem Beginn der Verarbeitung sichtbar festgelegt werden.
- Gemäß dem EU-Recht muss der Zweck einer Verarbeitung explizit definiert werden, nach dem Recht des Europarates ist diese Frage im innerstaatlichen Recht zu regeln.
- Eine Verarbeitung für nicht festgelegte Zwecke steht nicht im Einklang mit dem Datenschutzrecht.
- Für die Weiterverwendung von Daten zu einem anderen Zweck ist eine weitere Rechtsgrundlage erforderlich, sofern der neue Verarbeitungszweck mit dem ursprünglichen nicht vereinbar ist.
- Die Übermittlung von Daten an Dritte ist ein neuer Zweck, für den eine weitere Rechtsgrundlage erforderlich ist.

Im Wesentlichen bedeutet der Grundsatz der Zweckbestimmung und Zweckbindung, dass die Rechtmäßigkeit der Verarbeitung personenbezogener Daten vom Zweck der Verarbeitung abhängt.[119] Der Zweck muss von dem für die Verarbeitung Verantwortlichen vor Aufnahme der Datenverarbeitung festgelegt und bekannt gegeben werden.[120] **Nach EU-Recht** muss dies entweder im Wege einer Erklärung, also einer Meldung an die zuständige Aufsichtsbehörde, oder zumindest durch interne Dokumentation geschehen, die von dem für die Verarbeitung Verantwortlichen den Aufsichtsbehörden bei Kontrollen vorgelegt werden und der betroffenen Person zugänglich gemacht werden muss.

Die Verarbeitung personenbezogener Daten zu unbestimmten und/oder unbegrenzten Zwecken ist rechtswidrig.

Für jeden neuen Zweck, zu dem Daten verarbeitet werden, muss eine eigene Rechtsgrundlage vorliegen; er darf sich nicht darauf stützen, dass die Daten ursprünglich für einen anderen rechtmäßigen Zweck erhoben oder verarbeitet

119 Übereinkommen Nr. 108, Artikel 5 Buchstabe b; Datenschutzrichtlinie, Artikel 6 Absatz 1 Buchstabe b.

120 Siehe ferner Artikel 29-Datenschutzgruppe(2013), *Stellungnahme 3/2013 zur Zweckbindung*, WP 203, Brüssel, 2. April 2013.

wurden. Eine rechtmäßige Verarbeitung wiederum ist auf den ursprünglich festgelegten Zweck beschränkt; ein neuer Verarbeitungszweck bedarf einer eigenen neuen Rechtsgrundlage. Die Weitergabe von Daten an Dritte ist sorgfältig zu prüfen, da die Weitergabe in der Regel einen neuen Zweck darstellt und damit einer Rechtsgrundlage bedarf, die eine andere als die für die Erhebung der Daten ist.

Beispiel: Eine Fluggesellschaft erhebt für eine reibungslose Abwicklung des Fluges bei der Buchung Daten ihrer Fluggäste. Sie benötigt Daten zu den Sitznummern der Fluggäste, zu besonderen körperlichen Einschränkungen wie Rollstuhlbedarf, und zu besonderen Wünschen an die Verpflegung wie koschere oder Halal-Speisen. Werden Fluggesellschaften nun aufgefordert, diese in den Fluggastdatensätzen enthaltenen Daten an die Grenzkontrollbehörden am Bestimmungsflughafen zu übermitteln, werden diese Daten dort für Zwecke der Grenzkontrolle verwendet, also nicht für den Zweck, für den sie ursprünglich erhoben wurden. Für die Übermittlung dieser Daten an die Einwanderungsbehörde ist daher eine neue eigene Rechtsgrundlage erforderlich.

Bei der Prüfung des Geltungsbereichs und der Grenzen eines bestimmten Zwecks greifen das Übereinkommen Nr. 108 und die Datenschutzrichtlinie auf das Konzept der Vereinbarkeit zurück: Die Verwendung von Daten zu kompatiblen Zwecken darf auf der ursprünglichen Rechtsgrundlage geschehen. Was allerdings unter „vereinbar" zu verstehen ist, wird nicht definiert und bleibt der einzelfallbezogenen Auslegung überlassen.

Beispiel: Der Verkauf der Kundendaten des Unternehmens Sunshine, die im Rahmen des Kundenbeziehungsmanagements erhoben wurden, an ein Direktmarketingunternehmen, das Unternehmen Moonlight, das diese Daten für Marketingkampagnen dritter Unternehmen verwenden möchte, ist ein neuer Zweck, der mit Kundenbeziehungsmanagement, also dem Zweck, für den das Unternehmen Sunshine ursprünglich die Daten erhoben hat, nicht vereinbar ist. Für den Verkauf der Daten an das Unternehmen Moonlight ist daher eine eigene Rechtsgrundlage erforderlich.

Verwendet hingegen das Unternehmen Sunshine die Kundenbeziehungsmanagementdaten für seine eigenen Marketingzwecke, also den Versand von Werbenachrichten für ihre eigenen Produkte an ihre eigenen Kunden, gilt dies im Allgemeinen als kompatibler Zweck.

In der Datenschutzrichtlinie heißt es ausdrücklich: „Die Weiterverarbeitung von Daten zu historischen, statistischen oder wissenschaftlichen Zwecken ist im Allgemeinen nicht als unvereinbar mit den Zwecken der vorausgegangenen Datenerhebung anzusehen, sofern die Mitgliedstaaten geeignete Garantien vorsehen".[121]

Beispiele: Das Unternehmen Sunshine hat Kundenbeziehungsmanagementdaten über seine Kunden erhoben und gespeichert. Eine Weiterverwendung dieser Daten durch das Unternehmen Sunshine für eine statistische Analyse des Kaufverhaltens seiner Kunden ist zulässig, da Statistiken zu den kompatiblen Zwecken gehören. Es ist hierfür keine weitere Rechtsgrundlage wie z. B. die Einwilligung der betroffenen Personen erforderlich.

Werden die gleichen Daten hingegen an einen Dritten, das Unternehmen Starlight, für ausschließlich statistische Zwecke weitergegeben, wäre dies ohne weitere Rechtsgrundlage zulässig, allerdings nur unter der Bedingung, dass angemessene Garantien gegeben werden, wie das Verbergen der Identität der betroffenen Personen, da die Identität für statistische Zwecke normalerweise nicht benötigt wird.

3.3. Grundsätze der Datenqualität

Kernpunkte

- Die Grundsätze der Datenqualität sind von dem für die Verarbeitung Verantwortlichen bei allen Verarbeitungsvorgängen umzusetzen.
- Der Grundsatz der befristeten Aufbewahrung von Daten macht es erforderlich, Daten zu löschen, sobald sie für die Zwecke, für die sie erhoben wurden, nicht länger benötigt werden.
- Abweichungen vom Grundsatz der befristeten Aufbewahrung sind gesetzlich zu regeln und bedürfen besonderer Garantien für den Schutz betroffener Personen.

121 Ein Beispiel für solche innerstaatlichen Bestimmungen ist das österreichische Datenschutzgesetz, Bundesgesetzblatt I Nr. 165/1999, Paragraf 46, erhältlich in englischer Sprache unter: www.dsk.gv.at/DocView.axd?CobId=41936.

3.3.1. Grundsatz der Erheblichkeit der Daten

Es dürfen nur Daten verarbeitet werden, die „den Zwecken entsprechen, für die sie erhoben und/oder weiterverarbeitet werden, dafür erheblich sind und nicht darüber hinausgehen".[122] Die für die Verarbeitung ausgewählten Datenkategorien müssen für das angegebene übergeordnete Ziel der Verarbeitung erforderlich sein, und ein für die Verarbeitung Verantwortlicher sollte die Erhebung von Daten streng auf die Informationen beschränken, die für den mit der Verarbeitung verfolgten konkreten Zweck erheblich sind.

Heutzutage enthält der Grundsatz der Erheblichkeit der Daten einen weiteren Aspekt: Durch den Einsatz von Technologien zur Verbesserung des Schutzes der Privatsphäre ist es mitunter möglich, die Verwendung personenbezogener Daten ganz zu vermeiden oder pseudonymisierte Daten zu verwenden, eine Lösung, die dem Schutz der Privatsphäre entgegenkommt. Dies ist vor allem in umfassenden Verarbeitungssystemen angebracht.

Beispiel: Eine Gemeinde bietet regelmäßigen Benutzern der kommunalen Verkehrsbetriebe gegen eine gewisse Gebühr eine Chipkarte an. Der Name des Nutzers ist auf die Oberfläche der Karte aufgedruckt und außerdem elektronisch in dem Chip gespeichert. Beim Einsteigen in einen Bus oder eine Straßenbahn muss die Chipkarte vor das dort installierte Lesegerät gehalten werden. Die von dem Gerät gelesenen Daten werden elektronisch mit einer Datenbank abgeglichen, in der die Namen der Personen gespeichert sind, die die Fahrkarte gekauft haben.

Dieses System befolgt den Grundsatz der Erheblichkeit nicht auf optimale Weise: Es ließe sich auch ohne Abgleich der auf dem Chip gespeicherten personenbezogenen Daten mit einer Datenbank überprüfen, ob eine Person befugt ist, das Verkehrsmittel zu benutzen. Es würde beispielsweise ausreichen, in dem Chip auf der Karte ein besonderes elektronisches Bild wie beispielsweise einen Strichcode zu speichern, der bei dem Vorbeiführen vor dem Lesegerät bestätigen könnte, ob die Karte gültig ist oder nicht. Ein solches System würde nicht erfassen, wer wann welches Verkehrsmittel benutzt hat. Es würden keine personenbezogenen Daten erhoben; dies wäre mit Blick auf den Grundsatz der Erheblichkeit die optimale Lösung, denn dieser Grundsatz hebt darauf ab, möglichst wenige Daten zu erheben.

122 Übereinkommen Nr. 108, Artikel 5 Buchstabe c; Datenschutzrichtlinie, Artikel 6 Absatz 1 Buchstabe c.

3.3.2. Grundsatz der sachlichen Richtigkeit der Daten

Ein für die Verarbeitung Verantwortlicher, in dessen Besitz sich personenbezogene Daten befinden, darf diese Daten nicht verwenden, ohne mit hinreichender Gewissheit gewährleisten zu können, dass die Daten sachlich richtig und auf dem neuesten Stand sind.

Die Verpflichtung zur Gewährleistung der sachlichen Richtigkeit von Daten ist im Zusammenhang mit dem Zweck der Datenverarbeitung zu sehen.

Beispiel: Ein Möbelhaus erfasst zwecks Rechnungsstellung die Identität und Adresse eines Kunden. Sechs Monate später möchte das gleiche Unternehmen eine Marketingkampagne starten und zu diesem Zweck frühere Kunden kontaktieren. Zwecks Kontaktaufnahme mit ihnen wendet sich das Unternehmen an das nationale Einwohnermelderegister, das vermutlich die aktuellen Anschriften enthält, da für die Bürger Meldepflicht besteht. Zugang zu diesem Register haben nur Personen oder Stellen, die einen stichhaltigen Grund angeben können.

In dieser Situation kann sich das Unternehmen bei seiner Behauptung, es sei befugt, vom Einwohnermelderegister neue Adressdaten aller seiner früheren Kunden zu erhalten, nicht darauf berufen, dass Daten sachlich richtig und auf dem neuesten Stand gehalten werden müssen. Die Daten waren zur Rechnungsstellung erhoben worden; für diesen Zweck ist die Adresse zum Zeitpunkt des Verkaufs unerheblich. Für die Erhebung neuer Adressdaten gibt es keine Rechtsgrundlage, da Marketing nicht zu den Interessen gehört, die das Recht auf Datenschutz aufheben, und daher auch keinen Zugriff auf die Registerdaten rechtfertigt.

Es kann vorkommen, dass die Aktualisierung gespeicherter Daten gesetzlich untersagt ist, weil der Zweck der Datenspeicherung im Wesentlichen in der Dokumentierung von Ereignissen besteht.

Beispiel: Das Protokoll eines medizinischen Eingriffs darf nicht abgeändert oder, in anderen Worten, auf den neuesten Stand gebracht werden, auch wenn sich in dem Protokoll erwähnte Befunde im Nachhinein als falsch erweisen. In einem solchen Fall dürfen dem Protokoll nur Bemerkungen hinzugefügt werden, die allerdings eindeutig als im Nachhinein gemachte Eintragungen gekennzeichnet werden müssen.

Andererseits gibt es aber auch Situationen, in denen eine regelmäßige Kontrolle der Richtigkeit von Daten einschließlich deren Aktualisierung unbedingt erforderlich ist, weil der betroffenen Person möglicherweise Schaden entstehen könnte, blieben die Daten unrichtig.

Beispiel: Vor dem Abschluss eines Vertrags zwischen einem Kunden und einem Geldinstitut überprüft die Bank üblicherweise die Kreditwürdigkeit des künftigen Kunden. Für diesen Zweck stehen spezielle Datenbanken mit Daten zur Kreditgeschichte von Privatpersonen zur Verfügung. Enthält eine solche Datenbank unrichtige oder überholte Daten zu einer natürlichen Person, kann dies für diese Person erhebliche Schwierigkeiten bedeuten. Die für die Verarbeitung Verantwortlichen solcher Datenbanken müssen daher besondere Anstrengungen zur Wahrung des Grundsatzes der sachlichen Richtigkeit unternehmen.

Daten, die sich nicht auf Tatsachen, sondern auf Verdächtigungen wie beispielsweise strafrechtliche Ermittlungen beziehen, dürfen so lange erhoben und gespeichert werden, wie der für die Verarbeitung Verantwortliche über eine Rechtsgrundlage für die Erhebung solcher Informationen verfügt und der Verdacht hinreichend begründet ist.

3.3.3. Grundsatz der befristeten Aufbewahrung von Daten

Artikel 6 Absatz 1 Buchstabe e der Datenschutzverordnung sowie Artikel 5 Buchstabe e des Übereinkommens Nr. 108 verlangen von den Mitgliedstaaten, zu gewährleisten, dass personenbezogene Daten „so lange, wie es für die Erreichung der Zwecke, für die sie erhoben oder weiterverarbeitet werden, in einer Form gespeichert werden müssen, die die Identifizierung der betroffenen Person ermöglicht". Sobald diese Zwecke erreicht sind, müssen die Daten daher gelöscht werden.

In der Rechtssache *S. und Marper* befand der EGMR, die Kernprinzipien der einschlägigen Instrumente des Europarates sowie das Recht und die Praxis der anderen Vertragsparteien verlangten, dass die Datenspeicherung in einem angemessenen

Verhältnis zum Zweck der Erhebung stehen und befristet sein sollte, insbesondere im Polizeisektor.[123]

Die Befristung der Speicherung personenbezogener Daten gilt jedoch nur für Daten, die in einer Form aufbewahrt werden, die eine Bestimmung betroffener Personen zulässt. Eine rechtmäßige Aufbewahrung nicht länger benötigter Daten könnte daher durch Anonymisierung der Daten oder durch Pseudonymisierung erreicht werden.

Ausdrücklich ausgenommen vom Grundsatz der befristeten Speicherung ist in der Datenschutzrichtlinie die Aufbewahrung für künftige wissenschaftliche, historische oder statistische Zwecke.[124] Eine solche anhaltende Aufbewahrung und Verwendung personenbezogener Daten muss jedoch mit besonderen Garantien im innerstaatlichen Recht einhergehen.

3.4. Grundsatz der Verarbeitung nach Treu und Glauben

Kernpunkte

- Verarbeitung nach Treu und Glauben bedeutet Transparenz bei der Verarbeitung, insbesondere gegenüber betroffenen Personen.
- Für die Verarbeitung Verantwortliche müssen betroffene Personen vor der Verarbeitung ihrer Daten zumindest über den Zweck der Verarbeitung und über die Identität und Anschrift des für die Verarbeitung Verantwortlichen unterrichten.
- Sofern nicht im Gesetz ausdrücklich zugelassen, darf es keine geheime oder verdeckte Verarbeitung personenbezogener Daten geben.
- Unabhängig vom Ort der Verarbeitung haben betroffene Personen das Recht auf Auskunft über ihre Daten.

Der Grundsatz der Verarbeitung nach Treu und Glauben regelt vorrangig die Beziehung zwischen für die Verarbeitung Verantwortlichem und betroffener Person.

123 EGMR, *S. und Marper / Vereinigtes Königreich*, Nrn. 30562/04 und 30566/04, 4. Dezember 2008; siehe ferner beispielsweise EGMR, *M.M. / Vereinigtes Königreich*, Nr. 24029/07, 13. November 2012.

124 Datenschutzrichtlinie, Artikel 6 Absatz 1 Buchstabe e.

3.4.1. Transparenz

Dieser Grundsatz birgt die Verpflichtung für den für die Verarbeitung Verantwortlichen, die betroffenen Personen über die Verwendung ihrer Daten auf dem Laufenden zu halten.

> Beispiel: In der Rechtssache *Haralambie gegen Rumänien*[125] beantragte der Beschwerdeführer Einsicht in die Akte, die der Geheimdienst über ihn angelegt hatte, diesem Ersuchen wurde allerdings erst nach fünf Jahren stattgegeben. Der EGMR bekräftigte erneut, dass Personen, über die bei Behörden Akten geführt werden, ein vitales Interesse daran haben, in diese Akten Einsicht nehmen zu können. Es sei Pflicht der Behörden, mit einem wirksamen Verfahren Auskunft über diese Daten zu ermöglichen. Der EGMR befand, dass weder die Menge übermittelter Akten noch Mängel im Archivierungssystem es rechtfertigten, dass dem Antrag des Beschwerdeführers auf Akteneinsicht erst nach fünf Jahren stattgegeben wurde. Die Behörden hätten dem Beschwerdeführer kein wirksames und leicht zugängliches Verfahren zur Verfügung gestellt, damit er innerhalb einer angemessenen Frist Einsicht in seine Akte nehmen konnte. Der Gerichtshof befand, dass eine Verletzung von Artikel 8 EMRK vorlag.

Verarbeitungsvorgänge sind den betroffenen Personen auf leicht verständliche Weise zu erläutern, damit sie auch begreifen, was mit ihren Daten geschieht. Eine betroffene Person hat ferner das Recht, von einem für die Verarbeitung Verantwortlichen auf Antrag zu erfahren, ob ihre Daten verarbeitet werden, und wenn ja, welche.

3.4.2. Aufbau von Vertrauen

Für die Verarbeitung Verantwortliche sollten für betroffene Personen und die breite Öffentlichkeit dokumentieren, dass sie Daten rechtmäßig und transparent verarbeiten. Verarbeitungsvorgänge dürfen nicht im Geheimen vorgenommen werden und sollten keine unvorhersehbaren negativen Auswirkungen haben. Für die Verarbeitung Verantwortliche sollten gewährleisten, dass Kunden, Klienten oder Bürger über die Verwendung ihrer Daten unterrichtet werden. Soweit möglich sollten für die Verarbeitung Verantwortliche ferner den Wünschen der betroffenen Person unverzüglich nachkommen, und dies insbesondere dann, wenn deren Einwilligung die Rechtsgrundlage der Datenverarbeitung bildet.

125 EGMR, *Haralambie / Rumänien*, Nr. 21737/03, 27. Oktober 2009.

Beispiel: In der Rechtssache *K.H. und andere gegen Slowakei*[126] waren die Beschwerdeführerinnen acht Roma-Frauen, die während ihrer Schwangerschaft und bei der Niederkunft in zwei Krankenhäusern im Osten der Slowakei behandelt worden waren. Danach konnte trotz wiederholter Versuche keine von ihnen mehr ein Kind empfangen. Die innerstaatlichen Gerichte wiesen die Krankhäuser an, den Beschwerdeführerinnen und ihren Vertretern die Möglichkeit zur Einsicht in die Patientenakten und zur Anfertigung handschriftlicher Exzerpte zu geben, lehnten jedoch deren Antrag auf Anfertigung von Fotokopien mit dem Argument ab, es müsse ein Missbrauch der Unterlagen vermieden werden. Zu den positiven Verpflichtungen des Staates gemäß Artikel 8 EMRK gehört mit Sicherheit die Verpflichtung, der betroffenen Person Kopien ihrer Daten zur Verfügung zu stellen. Es war Sache des Staates, die Regelungen für das Kopieren personenbezogener Daten festzulegen oder gegebenenfalls darzulegen, aus welchen zwingenden Gründen er dies ablehnt. In der die Beschwerdeführerinnen betreffenden Sache begründeten die innerstaatlichen Gerichte das Verbot der Anfertigung von Fotokopien der Patientenakten grundsätzlich mit der Notwendigkeit, die einschlägigen Daten vor Missbrauch zu schützen. Der EGMR konnte jedoch nicht recht erkennen, wie die Beschwerdeführerinnen, denen ja auf jeden Fall Einsicht in ihre gesamten Patientenakten gewährt worden war, sie betreffende Informationen hätten missbrauchen können. Außerdem hätte das Risiko eines solchen Missbrauchs durch andere Mittel als die Verweigerung von Kopien der Akten der Beschwerdeführerinnen ausgeräumt werden können, beispielsweise durch eine Einschränkung des Personenkreises, der Zugang zu den Akten hat. Der Staat konnte keine zwingenden Gründe dafür anführen, dass den Beschwerdeführerinnen die effektive Einsicht in ihre Gesundheit betreffende Daten verweigert wurde. Der Gerichtshof befand, dass eine Verletzung von Artikel 8 vorlag.

Im Zusammenhang mit Internetdiensten müssen Datenverarbeitungssysteme so gestaltet sein, dass betroffene Personen wirklich verstehen, was mit ihren Daten geschieht.

Verarbeitung nach Treu und Glauben bedeutet auch, dass für die Verarbeitung Verantwortliche bereit sind, über das gesetzlich vorgeschriebene Mindestmaß an Diensten für die betroffene Person hinauszugehen, sofern die berechtigten Interessen der betroffenen Person dies verlangen.

126 EGMR, *K.H. und andere / Slowakei*, Nr. 32881/04, 28. April 2009.

3.5. Grundsatz der Rechenschaftspflicht

Kernpunkte

- Die Rechenschaftspflicht verlangt von für die Verarbeitung Verantwortlichen, aktiv Maßnahmen zur Förderung und Gewährleistung des Datenschutzes bei ihrer Verarbeitungstätigkeit durchzuführen.
- Für die Verarbeitung Verantwortliche tragen dafür Verantwortung, dass ihre Verarbeitungsvorgänge im Einklang mit dem Datenschutzrecht stehen.
- Für die Verarbeitung Verantwortliche sollten jederzeit gegenüber betroffenen Personen, der breiten Öffentlichkeit und den Datenschutzbehörden nachweisen können, dass sie die Datenschutzvorschriften eingehalten haben.

Die Organisation für wirtschaftliche Zusammenarbeit und Entwicklung (OECD) hat 2013 Leitlinien zum Schutz der Privatsphäre angenommen, in denen die wichtige Rolle von für die Verarbeitung Verantwortlichen bei der Datenschutzarbeit in der Praxis unterstrichen wird. In diesen Leitlinien wird ein Grundsatz der Rechenschaftspflicht entwickelt, der besagt, dass „ein für die Verarbeitung Verantwortlicher darüber Rechenschaft ablegen sollte, dass er Maßnahmen ergriffen hat, mit denen er die oben genannten [materiellen] Prinzipien umsetzt."[127]

Im Übereinkommen Nr. 108 wird die Rechenschaftspflicht des für die Verarbeitung Verantwortlichen nicht erwähnt und dieses Thema eher dem innerstaatlichen Recht überlassen, während gemäß Artikel 6 Absatz 2 der Datenschutzrichtlinie der für die Verarbeitung Verantwortliche für die Einhaltung der in Absatz 1 aufgeführten Grundsätze in Bezug auf die Qualität der Daten zu sorgen hat.

Beispiel: Ein Beispiel für einen Rechtstext, in dem der Grundsatz der Rechenschaftspflicht hervorgehoben wird, ist die Änderung[128] der Datenschutzrichtlinie für elektronische Kommunikation 2002/58/EG aus dem Jahr 2009. Gemäß

127 OECD (2013), *Leitlinien für den Schutz der Privatsphäre und die grenzüberschreitende Übermittlung personenbezogener Daten*, Artikel 14.

128 Richtlinie 2009/136/EG des Europäischen Parlaments und des Rates vom 25. November 2009 zur Änderung der Richtlinie 2002/22/EG über den Universaldienst und Nutzerrechte bei elektronischen Kommunikationsnetzen und -diensten, der Richtlinie 2002/58/EG über die Verarbeitung personenbezogener Daten und den Schutz der Privatsphäre in der elektronischen Kommunikation und der Verordnung (EG) Nr. 2006/2004 über die Zusammenarbeit im Verbraucherschutz, ABl. L 241 vom 18.12.2009, S. 11.

Artikel 4 in der geänderten Fassung sieht die Richtlinie die Verpflichtung vor, ein Sicherheitskonzept umzusetzen, nämlich die „Sicherstellung der Umsetzung eines Sicherheitskonzepts für die Verarbeitung personenbezogener Daten". Im Hinblick auf die Sicherheitsbestimmungen in dieser Richtlinie beschloss der Gesetzgeber also, explizit das Erfordernis der Ausarbeitung und Umsetzung eines Sicherheitskonzepts vorzusehen.

Gemäß der Stellungnahme der Artikel 29-Datenschutzgruppe[129] liegt das Wesen der Rechenschaftspflicht in der Verpflichtung des für die Verarbeitung Verantwortlichen,

- Maßnahmen vorzusehen, die unter normalen Umständen garantieren, dass bei den Verarbeitungen die Datenschutzvorschriften eingehalten werden, und

- Unterlagen vorlegen zu können, denen betroffene Personen und Datenschutzbehörden entnehmen können, welche Maßnahmen ergriffen wurden, um den Datenschutzvorschriften Genüge zu tun.

Der Grundsatz der Rechenschaftspflicht verlangt also von für die Verarbeitung Verantwortlichen, aktiv die Einhaltung der Vorschriften zu belegen und nicht darauf zu warten, dass betroffene Personen oder Datenschutzbehörden Defizite aufdecken.

129 Artikel 29-Datenschutzgruppe, *Stellungnahme 3/2010 zum Grundsatz der Rechenschaftspflicht*, WP 173, Brüssel, 13. Juli 2010.

4

Vorschriften des europäischen Datenschutzrechts

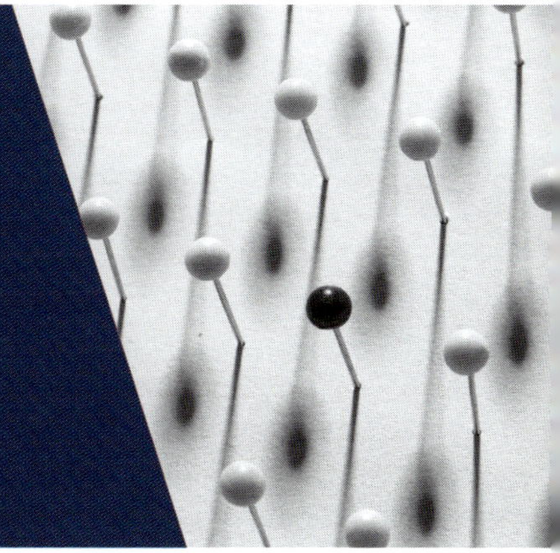

EU	Behandelte Themen	Europarat
Vorschriften über die rechtmäßige Verarbeitung nicht sensibler Daten		
Datenschutzrichtlinie, Artikel 7 Buchstabe a	**Einwilligung**	Empfehlung für die Profilerstellung, Artikel 3 Absatz 4 Buchstabe b und Artikel 3 Absatz 6
Datenschutzrichtlinie, Artikel 7 Buchstabe b	**(Vor-)Vertragliche Beziehung**	Empfehlung für die Profilerstellung, Artikel 3 Absatz 4 Buchstabe b
Datenschutzrichtlinie, Artikel 7 Buchstabe c	**Rechtliche Verpflichtungen des für die Verarbeitung Verantwortlichen**	Empfehlung für die Profilerstellung, Artikel 3 Absatz 4 Buchstabe a
Datenschutzrichtlinie, Artikel 7 Buchstabe d	**Lebenswichtige Interessen der betroffenen Person**	Empfehlung für die Profilerstellung, Artikel 3 Absatz 4 Buchstabe b
Datenschutzrichtlinie, Artikel 7 Buchstabe e und Artikel 8 Absatz 4 EuGH, C-524/06, *Huber gegen Bundesrepublik Deutschland*, 16. Dezember 2008	**Öffentliches Interesse und Ausübung öffentlicher Gewalt**	Empfehlung für die Profilerstellung, Artikel 3 Absatz 4 Buchstabe b
Datenschutzrichtlinie, Artikel 7 Buchstabe f, Artikel 8 Absatz 2 und Artikel 8 Absatz 3 EuGH, Verbundene Rechtssachen C-468/10 und C-469/10, *Asociación Nacional de Establecimientos Financieros de Crédito (ASNEF) und Federación de Comercio Electrónico y Marketing Directo (FECEMD) gegen Administración del Estado*, 24. November 2011	**Berechtigte Interessen anderer**	Empfehlung für die Profilerstellung, Artikel 3 Absatz 4 Buchstabe b

Vorschriften über die rechtmäßige Verarbeitung sensibler Daten		
Datenschutzrichtlinie, Artikel 8 Absatz 1	**Allgemeines Verarbeitungsverbot**	Übereinkommen Nr. 108, Artikel 6
Datenschutzrichtlinie, Artikel 8 Absatz 2 bis 4	**Ausnahmen vom allgemeinen Verbot**	Übereinkommen Nr. 108, Artikel 6
Datenschutzrichtlinie, Artikel 8 Absatz 5	**Verarbeitung von Daten über (strafrechtliche) Verurteilungen**	Übereinkommen Nr. 108, Artikel 6
Datenschutzrichtlinie, Artikel 8 Absatz 7	**Verarbeitung von Kennnummern**	
Vorschriften über die Sicherheit der Verarbeitung		
Datenschutzrichtlinie, Artikel 17	**Verpflichtung, für eine sichere Verarbeitung zu sorgen**	Übereinkommen Nr. 108, Artikel 7 EGMR, *I. gegen Finnland*, Nr. 20511/03, 17. Juli 2008
Datenschutzrichtlinie für elektronische Kommunikation, Artikel 4 Absatz 2	**Meldungen von Verletzungen des Schutzes personenbezogener Daten**	
Datenschutzrichtlinie, Artikel 16	**Verpflichtung zur Vertraulichkeit**	
Vorschriften über die Transparenz der Verarbeitung		
	Transparenz im Allgemeinen	Übereinkommen Nr. 108, Artikel 8 Buchstabe a
Datenschutzrichtlinie, Artikel 10 und 11	**Information**	Übereinkommen Nr. 108, Artikel 8 Buchstabe a
Datenschutzrichtlinie, Artikel 10 und 11	**Ausnahmen von der Informationspflicht**	Übereinkommen Nr. 108, Artikel 9
Datenschutzrichtlinie, Artikel 18 und 19	**Meldung**	Empfehlung für die Profilerstellung, Artikel 9 Absatz 2 Buchstabe a
Vorschriften über die Förderung der Einhaltung der Vorschriften		
Datenschutzrichtlinie, Artikel 20	**Vorabkontrolle**	
Datenschutzrichtlinie, Artikel 18 Absatz 2	**Datenschutzbeauftragte**	Empfehlung für die Profilerstellung, Artikel 8 Absatz 3
Datenschutzrichtlinie, Artikel 27	**Verhaltensregeln**	

Grundsätze sind zwangsläufig allgemeiner Art. Ihre Anwendung auf konkrete Situationen lässt einen gewissen Spielraum für die Interpretation und die Wahl der Mittel. Nach dem **Recht des Europarates** ist es Sache der Vertragsparteien des Übereinkommens Nr. 108, in ihrem innerstaatlichen Recht diesen Interpretationsspielraum festzulegen. Im **EU-Recht** stellt sich die Lage anders dar: Im Hinblick auf die Einführung des Datenschutzes im Binnenmarkt wurden detailliertere Vorschriften bereits auf EU-Ebene für erforderlich gehalten, um das Datenschutzniveau in den nationalen Rechtsvorschriften der Mitgliedstaaten zu harmonisieren. Die Datenschutzrichtlinie enthält gemäß den Grundsätzen in ihrem Artikel 6 ein detailliertes Regelwerk, das getreulich in einzelstaatliches Recht umzusetzen ist. Die nachstehenden Ausführungen zu einzelnen Datenschutzvorschriften auf europäischer Ebene beziehen sich daher überwiegend auf das EU-Recht.

4.1. Vorschriften über die Rechtmäßigkeit der Verarbeitung

Kernpunkte

- Personenbezogene Daten dürfen rechtmäßig verarbeitet werden, wenn
  - die Verarbeitung auf der Einwilligung der betroffenen Person beruht, oder
  - lebenswichtige Interessen betroffener Personen die Verarbeitung ihrer Daten erforderlich machen, oder
  - berechtigte Interessen anderer Grund für die Verarbeitung sind, jedoch nur so lange, wie Interessen am Schutz der Grundrechte der betroffenen Personen diese nicht überwiegen .
- Die Verarbeitung sensibler personenbezogener Daten unterliegt besonderen, strengeren Regeln.

Die Datenschutzrichtlinie enthält zwei Regelungskomplexe für die rechtmäßige Verarbeitung von Daten, zum einen für nicht sensible Daten in Artikel 7 und zum anderen für sensible Daten in Artikel 8.

4.1.1. Rechtmäßige Verarbeitung nicht sensibler Daten

Kapitel II der Richtlinie 95/46 mit dem Titel „Allgemeine Bedingungen für die Rechtmäßigkeit der Verarbeitung personenbezogener Daten" sieht vor, dass vorbehaltlich der gemäß Artikel 13 zulässigen Ausnahmen jede Verarbeitung personenbezogener Daten erstens mit den in Artikel 6 der Datenschutzrichtlinie verankerten Grundsätzen in Bezug auf die Qualität der Daten und zweitens mit einem der in Artikel 7 aufgeführten Kriterien in Einklang stehen muss, die die Rechtmäßigkeit der Datenverarbeitung ausmachen.[130] Dies erklärt die Fälle, die die Verarbeitung nicht sensibler personenbezogener Daten legitimieren.

Einwilligung

Im **Recht des Europarates** wird die Einwilligung weder in Artikel 8 EMRK noch im Übereinkommen Nr. 108 erwähnt. In der Rechtsprechung des EGMR und in mehreren Empfehlungen des Europarates wird sie hingegen erwähnt. Im **EU-Recht** ist die Einwilligung als Grundlage einer rechtmäßigen Datenverarbeitung fest in Artikel 7 Buchstabe a der Datenschutzrichtlinie verankert und wird auch in Artikel 8 der Charta erwähnt.

Vertragliche Beziehung

Rechtmäßig ist eine Verarbeitung personenbezogener Daten **nach EU-Recht** ferner, wenn sie, wie es in Artikel 7 Buchstabe b der Datenschutzrichtlinie heißt, „für die Erfüllung eines Vertrags, dessen Vertragspartei die betroffene Person ist, erforderlich ist". Diese Bestimmung erfasst auch vorvertragliche Beziehungen. Ein Beispiel: Eine Partei möchte einen Vertrag abschließen, hat dies aber noch nicht getan, weil möglicherweise noch ein paar Dinge zu überprüfen sind. Muss nun eine Partei für diesen Zweck Daten verarbeiten, ist eine solche Verarbeitung rechtmäßig, sofern sie „für die Durchführung vorvertraglicher Maßnahmen erfolgt, die auf Antrag der betroffenen Person erfolgen".

Im **Recht des Europarates** wird „der Schutz der Rechte und Freiheiten anderer" in Artikel 8 Absatz 2 EMRK als Grund für einen rechtmäßigen Eingriff in das Recht auf Datenschutz genannt.

Rechtliche Verpflichtungen des für die Verarbeitung Verantwortlichen

Das **EU-Recht** erwähnt ausdrücklich ein weiteres Kriterium für die Rechtmäßigkeit der Verarbeitung, nämlich „die Verarbeitung ist für die Erfüllung einer rechtlichen

130 EuGH, Verbundene Rechtssachen C-465/00, C-138/01 und C-139/01 *Österreichischer Rundfunk und andere*, 20. Mai 2003, Randnr. 65; EuGH, C-524/06, *Huber / Bundesrepublik Deutschland*, 16. Dezember 2008, Randnr. 48; EuGH, Verbundene Rechtssachen C-468/10 und C-469/10, *Asociación Nacional de Establecimientos Financieros de Crédito (ASNEF) and Federación de Comercio Electrónico y Marketing Directo (FECEMD) / Administración del Estado*, 24. November 2011, Randnr. 26.

Verpflichtung erforderlich, der der für die Verarbeitung Verantwortliche unterliegt" (Artikel 7 Buchstabe c der Datenschutzrichtlinie). Diese Bestimmung gilt für für die Verarbeitung Verantwortliche im privaten Sektor; die rechtlichen Verpflichtungen von für die Verarbeitung Verantwortlichen im öffentlichen Bereich sind Gegenstand von Artikel 7 Buchstabe e der Richtlinie. Es kommt häufig vor, dass für die Verarbeitung Verantwortliche im privaten Sektor Daten anderer verarbeiten müssen; so sind beispielsweise Ärzte und Krankenhäuser gesetzlich verpflichtet, Daten über die Behandlung von Patienten mehrere Jahre lang aufzubewahren, müssen Arbeitgeber Daten über ihre Beschäftigten für die Sozialversicherung und das Finanzamt verarbeiten und müssen Unternehmen ebenfalls im Hinblick auf die Besteuerung Daten über ihre Kunden verarbeiten.

Im Zusammenhang mit der vorgeschriebenen Übermittlung von Passagierdaten durch Fluggesellschaften an ausländische Grenzkontrollbehörden tauchte die Frage auf, ob rechtliche Verpflichtungen nach *ausländischem* Recht eine Grundlage für eine rechtmäßige Verarbeitung von Daten nach EU-Recht sein können (weitere Erörterung dieser Frage in Abschnitt 6.2).

Rechtliche Verpflichtungen des für die Verarbeitung Verantwortlichen dienen auch nach dem **Recht des Europarates** als Grundlage für eine rechtmäßige Verarbeitung. Wie bereits erläutert, sind rechtliche Verpflichtungen eines für die Verarbeitung Verantwortlichen, der im privaten Sektor tätig ist, nur ein besonderer Fall der in Artikel 8 Absatz 2 EMRK erwähnten berechtigten Interessen anderer. Das oben genannte Beispiel ist also auch für das Recht des Europarates relevant.

Lebenswichtige Interessen der betroffenen Person

Im **EU-Recht** sieht Artikel 7 Buchstabe d der **Datenschutzrichtlinie** vor, dass die Verarbeitung personenbezogener Daten rechtmäßig ist, wenn sie „für die Wahrung lebenswichtiger Interessen der betroffenen Person erforderlich ist". Derartige Interessen, die eng mit dem Überleben der betroffenen Person verknüpft sind, könnten beispielsweise die Grundlage für die rechtmäßige Verwendung von Gesundheitsdaten oder von Daten über vermisste Personen sein.

Im **Recht des Europarates** werden in Artikel 8 EMRK lebenswichtige Interessen der betroffenen Person als Grund für einen rechtmäßigen Eingriff in das Recht auf Datenschutz nicht erwähnt. In einigen der Empfehlungen des Europarates, die das Übereinkommen Nr. 108 in bestimmten Bereichen ergänzen, werden lebenswichtige Interessen der betroffenen Person hingegen ausdrücklich als Grundlage für eine rechtmäßige Verarbeitung von Daten erwähnt.[131] Lebenswichtige Interessen der betroffenen Person zählen ganz offensichtlich zu den Gründen, die eine Datenverarbeitung rechtfertigen; der Schutz der Grundrechte darf niemals die lebenswichtigen Interessen der geschützten Person gefährden.

Öffentliches Interesse und Ausübung öffentlicher Gewalt

In Anbetracht der vielen möglichen Organisationsformen staatlichen Handelns bestimmt Artikel 7 Buchstabe e der **Datenschutzrichtlinie**, dass personenbezogene Daten rechtmäßig verarbeitet werden dürfen, wenn dies „für die Wahrnehmung einer Aufgabe, die im öffentlichen Interesse liegt oder in Ausübung öffentlicher Gewalt erfolgt und dem für die Verarbeitung Verantwortlichen oder dem Dritten, dem die Daten übermittelt werden, übertragen wurde[...]".[132]

Beispiel: In der Rechtssache *Huber gegen Bundesrepublik Deutschland*[133] forderte Herr Huber, ein in Deutschland lebender österreichischer Staatsbürger, das Bundesamt für Migration und Flüchtlinge auf, ihn betreffende Daten aus dem Ausländerzentralregister (AZR) zu löschen. Dieses Register, das personenbezogene Daten ausländischer EU-Bürger enthält, die sich länger als drei Monate in Deutschland aufhalten, wird für statistische Zwecke sowie von Strafverfolgungs- und Justizbehörden bei der Bekämpfung und Aufklärung strafbarer oder die öffentliche Sicherheit gefährdender Handlungen genutzt. Das vorlegende Gericht wollte wissen, ob die Verarbeitung personenbezogener Daten in einem Register wie dem Ausländerzentralregister, auf das auch andere Behörden Zugriff haben, in Anbetracht der Tatsache, dass für deutsche Staatsbürger ein solches Register nicht besteht, mit dem EU-Recht vereinbar ist.

Der EuGH stellte fest, dass gemäß Artikel 7 Buchstabe e der Richtlinie die Verarbeitung personenbezogener Daten nur zulässig ist, wenn sie erforderlich für die Wahrnehmung einer Aufgabe ist, die im öffentlichen Interesse liegt oder in Ausübung öffentlicher Gewalt erfolgt.

Weiter führte der Gerichtshof aus: „Angesichts des Zieles der Gewährleistung eines gleichwertigen Schutzniveaus in allen Mitgliedstaaten kann daher der Begriff der Erforderlichkeit im Sinne von Artikel 7 Buchstabe e der Richtlinie

131 Empfehlung für die Profilerstellung, Artikel 3 Absatz 4 Buchstabe b.

132 Siehe ferner Datenschutzrichtlinie, Erwägungsgrund 32.

133 EuGH, C-524/06, *Huber / Bundesrepublik Deutschland*, 16. Dezember 2008.

95/46 [...] in den einzelnen Mitgliedstaaten keinen variablen Inhalt haben. Es handelt sich somit um einen autonomen Begriff des Gemeinschaftsrechts, der so auszulegen ist, dass er in vollem Umfang dem Ziel dieser Richtlinie, so wie es in ihrem Artikel 1 Absatz 1 definiert wird, entspricht".[134]

Der Gerichtshof weist darauf hin, dass das Aufenthaltsrecht eines Unionsbürgers im Hoheitsgebiet eines Mitgliedstaats, dessen Staatsangehörigkeit er nicht besitzt, nicht uneingeschränkt besteht, sondern den im Vertrag und in den Bestimmungen zu seiner Durchführung vorgesehenen Beschränkungen und Bedingungen unterworfen werden darf. Folglich ist zwar der Gebrauch eines Registers wie des AZR zur Unterstützung der mit der Anwendung aufenthaltsrechtlicher Vorschriften betrauten Behörden grundsätzlich legitim, doch darf ein solches Register keine anderen Informationen enthalten als die, die zu dem genannten Zweck erforderlich sind. Nach Auffassung des Gerichtshofes ist ein solches System für die Verarbeitung personenbezogener Daten mit dem EU-Recht vereinbar, wenn es nur die Daten enthält, die für die Anwendung der entsprechenden Vorschriften erforderlich sind, und sein zentralisierter Charakter eine effizientere Anwendung dieser Vorschriften erlaubt. Es ist Sache des vorlegenden Gerichts, diese Umstände im vorliegenden Fall zu prüfen. Jedenfalls lassen sich die Speicherung und Verarbeitung personenbezogener Daten im Rahmen eines Registers wie des AZR zu statistischen Zwecken nicht als erforderlich im Sinne von Artikel 7 Buchstabe e der Richtlinie 95/46/EG ansehen.[135]

Zur Frage der Verwendung der Daten in dem Register zur Bekämpfung der Kriminalität stellt der Gerichtshof fest, dass sich dieses Ziel „zwingend auf die Verfolgung von Verbrechen und Vergehen unabhängig von der Staatsangehörigkeit der Täter" bezieht. Das fragliche Register enthält keine personenbezogenen Daten von Staatsangehörigen des betreffenden Mitgliedstaats, und diese unterschiedliche Behandlung ist eine durch Artikel 18 AEUV untersagte Diskriminierung. Folglich ist nach Auffassung des Gerichtshofes diese Bestimmung dahin auszulegen, dass sie „es einem Mitgliedstaat verwehrt, zur Bekämpfung der Kriminalität ein System zur Verarbeitung personenbezogener Daten zu errichten, das nur Unionsbürger erfasst, die keine Staatsangehörigen dieses Mitgliedstaats sind."[136]

134 a.a.O., Randnr. 52.

135 a.a.O. Randnrn. 54, 58, 59, 66-68.

136 a.a.O. Randnrn. 78 und 81.

Die Verwendung personenbezogener Daten durch im öffentlichen Bereich tätige Behörden ist auch Gegenstand von Artikel 8 **EMRK**.

Berechtigte Interessen des für die Verarbeitung Verantwortlichen oder eines Dritten

Nicht nur die betroffene Person hat berechtigte Interessen. Gemäß Artikel 7 Buchstabe f der **Datenschutzrichtlinie** dürfen personenbezogene Daten verarbeitet werden, wenn die Verarbeitung „erforderlich ist zur Verwirklichung des berechtigten Interesses, das von dem für die Verarbeitung Verantwortlichen oder von dem bzw. den Dritten wahrgenommen wird, denen die Daten übermittelt werden, sofern nicht das Interesse oder die Grundrechte und Grundfreiheiten der betroffenen Person [...] überwiegen".

Im folgenden Urteil äußerte sich der EuGH ausdrücklich zu Artikel 7 Buchstabe f der Richtlinie:

Beispiel: In der Rechtssache *ASNEF und FECEMD*[137] stellte der EuGH klar, dass das einzelstaatliche Recht den in Artikel 7 Buchstabe f der Richtlinie genannten Bedingungen für eine rechtmäßige Verarbeitung von Daten keine weiteren Bedingungen hinzufügen darf. Es ging darum, dass das spanische Datenschutzrecht eine Bestimmung enthielt, der zufolge andere private Parteien ein berechtigtes Interesse an der Verarbeitung personenbezogener Daten nur dann geltend machen konnten, wenn die Daten bereits in öffentlich zugänglichen Quellen enthalten waren.

Der Gerichtshof wies zunächst darauf hin, dass die Richtlinie 95/46 bezweckt, in allen Mitgliedstaaten ein gleichwertiges Schutzniveau hinsichtlich der Rechte und Freiheiten von Personen bei der Verarbeitung personenbezogener Daten herzustellen. Die Angleichung der nationalen Rechtsvorschriften in diesem Bereich darf auch nicht zu einer Verringerung des durch sie garantierten Schutzes führen. Sie muss im Gegenteil darauf abzielen, in der Union ein hohes Schutzniveau sicherzustellen.[138] Folglich befand der Gerichtshof: „Daher ergibt sich aus dem Ziel, ein gleichwertiges Schutzniveau in allen Mitgliedstaa-

137 EuGH, Verbundene Rechtssachen C-468/10 und C-469/10, *Asociación Nacional de Establecimientos Financieros de Crédito (ASNEF) und Federación de Comercio Electrónico y Marketing Directo (FECEMD) / Administración del Estado*, 24. November 2011.

138 a.a.O., Randnr. 28. Siehe Datenschutzrichtlinie, Erwägungsgründe 8 und 10.

ten sicherzustellen, dass Artikel 7 der Richtlinie 95/46 eine erschöpfende und abschließende Liste der Fälle vorsieht, in denen eine Verarbeitung personenbezogener Daten als rechtmäßig angesehen werden kann". Und weiter: „Folglich dürfen die Mitgliedstaaten weder neue Grundsätze in Bezug auf die Zulässigkeit der Verarbeitung personenbezogener Daten neben Artikel 7 der Richtlinie 95/46 einführen, noch zusätzliche Bedingungen stellen, die die Tragweite eines der sechs in diesem Artikel vorgesehenen Grundsätze verändern würden."[139] Der Gerichtshof räumte ein: „Bei der nach Artikel 7 Buchstabe f der Richtlinie 95/46 erforderlichen Abwägung kann berücksichtigt werden, dass die Grundrechte der betroffenen Person durch diese Datenverarbeitung unterschiedlich stark beeinträchtigt sein können, je nachdem, ob die in Rede stehenden Daten bereits in öffentlich zugänglichen Quellen enthalten sind oder nicht."

Allerdings „verbietet Artikel 7 Buchstabe f der Richtlinie 95/46, dass ein Mitgliedstaat kategorisch und verallgemeinernd die Verarbeitung bestimmter Kategorien personenbezogener Daten ausschließt, ohne Raum für eine Abwägung der im konkreten Einzelfall einander gegenüberstehenden Rechte und Interessen zu lassen."

Aufgrund dieser Erwägungen, so der Gerichtshof, „ist Artikel 7 Buchstabe f der Richtlinie 95/46 dahin auszulegen, dass er einer nationalen Regelung entgegensteht, die für die Verarbeitung personenbezogener Daten, die zur Verwirklichung des berechtigten Interesses, das von dem für diese Verarbeitung Verantwortlichen oder von dem bzw. den Dritten, denen diese Daten übermittelt werden, erforderlich ist, ohne Einwilligung der betroffenen Person nicht nur verlangt, dass deren Grundrechte und Grundfreiheiten nicht verletzt werden, sondern auch, dass diese Daten in öffentlich zugänglichen Quellen enthalten sind, und damit kategorisch und verallgemeinernd jede Verarbeitung von Daten ausschließt, die nicht in solchen Quellen enthalten sind."[140]

Ähnliche Formulierungen finden sich auch in **Empfehlungen des Europarates**. Gemäß der Empfehlung für die Profilerstellung gilt die Verarbeitung personenbezogener Daten für die Profilerstellung als rechtmäßig, wenn sie für die berechtigten Interessen anderer erforderlich ist, „sofern nicht die Grundrechte und

139 EuGH, Verbundene Rechtssachen C-468/10 und C-469/10, *Asociación Nacional de Establecimientos Financieros de Crédito (ASNEF) und Federación de Comercio Electrónico y Marketing Directo (FECEMD) / Administración del Estado*, 24. November 2011, Randnrn. 30 und 32.

140 a.a.O., Randnrn. 40, 44, 48 und 49.

Grundfreiheiten der betroffenen Personen mehr Gewicht als diese Interessen haben".[141]

4.1.2. Rechtmäßige Verarbeitung sensibler Daten

Das **Recht des Europarates** überlässt es dem innerstaatlichen Recht, für den angemessenen Schutz bei der Verwendung sensibler Daten zu sorgen, während das **EU-Recht** in Artikel 8 der Datenschutzrichtlinie eine detaillierte Regelung für die Verarbeitung von Datenkategorien enthält, aus denen die rassische oder ethnische Herkunft, politische Meinungen, religiöse oder philosophische Überzeugungen oder die Gewerkschaftszugehörigkeit hervorgehen, sowie von Daten über Gesundheit oder Sexualleben. Die Verarbeitung sensibler Daten ist grundsätzlich untersagt.[142] In Artikel 8 Absatz 2 und 3 der Richtlinie findet sich jedoch eine erschöpfende Aufzählung von Ausnahmen von diesem Verbot. Zu diesen Ausnahmen gehören die ausdrückliche Einwilligung der betroffenen Person, lebenswichtige Interessen der betroffenen Person, berechtigte Interessen anderer und das öffentliche Interesse.

Anders als bei der Verarbeitung nicht sensibler Daten gilt eine vertragliche Beziehung mit der betroffenen Person nicht generell als Grundlage für die rechtmäßige Verarbeitung sensibler Daten. Sollen daher im Zusammenhang mit einem Vertrag mit der betroffenen Person sensible Daten verarbeitet werden, ist für die Verwendung dieser Daten neben der Zustimmung zum Vertragsabschluss eine eigene ausdrückliche Einwilligung der betroffenen Person erforderlich. Ein ausdrücklicher Wunsch der betroffenen Person nach Waren oder Dienstleistungen, aus denen sensible Daten hervorgehen, sollte jedoch als einer ausdrücklichen Einwilligung gleichgestellt betrachtet werden.

Beispiel: Wenn ein Passagier einer Fluggesellschaft bei der Buchung des Fluges angibt, dass er einen Rollstuhl benötigt und koscheres Essen wünscht, dann darf die Fluggesellschaft diese Daten auch dann verwenden, wenn der Fluggast keine besondere Klausel unterzeichnet hat, der zufolge er der Verwendung der Daten zustimmt, aus denen sich Rückschlüsse über seinen Gesundheitszustand und seine religiösen Überzeugungen ziehen lassen.

141 Empfehlung für die Profilerstellung, Artikel 3 Absatz 4 Buchstabe b.

142 Datenschutzrichtlinie, Artikel 8 Absatz 1.

Ausdrückliche Einwilligung der betroffenen Person

Erste Bedingung für eine rechtmäßige Verarbeitung aller Daten, nicht sensibel oder sensibel, ist die Einwilligung der betroffenen Person. Handelt es sich um sensible Daten, muss die Einwilligung ausdrücklich gegeben werden. In den Rechtsvorschriften des Mitgliedstaats kann jedoch bestimmt werden, dass die Einwilligung in die Verwendung sensibler Daten als Rechtsgrundlage für die Verarbeitung nicht ausreicht[143], wenn beispielsweise in Ausnahmefällen die Verarbeitung ungewöhnliche Risiken für die betroffene Person birgt.

In einem Sonderfall wird sogar die stillschweigende Einwilligung als Rechtsgrundlage für die Verarbeitung sensibler Daten anerkannt: Gemäß Artikel 8 Absatz 2 Buchstabe e der Richtlinie ist die Verarbeitung nicht untersagt, wenn es um Daten geht, die die betroffene Person offenkundig öffentlich gemacht hat. Diese Bestimmung geht offensichtlich davon aus, dass das Vorgehen der betroffenen Person, also die Bereitstellung ihrer Daten für die Öffentlichkeit, als implizite Einwilligung der betroffenen Person in die Verwendung dieser Daten zu deuten ist.

Lebenswichtige Interessen der betroffenen Person

Ebenso wie nicht sensible Daten dürfen auch sensible Daten zum Schutz lebenswichtiger Interessen der betroffenen Person verarbeitet werden.[144]

Damit eine Verarbeitung auf dieser Grundlage rechtmäßig ist, muss es unmöglich gewesen sein, die betroffene Person um eine Einwilligung zu bitten, weil die betroffene Person z. B. bewusstlos oder abwesend war und nicht erreicht werden konnte.

Berechtigte Interessen anderer

Wie im Fall nicht sensibler Daten können die berechtigen Interessen anderer auch bei sensiblen Daten als Rechtsgrundlage dienen. Gemäß Artikel 8 Absatz 2 der Datenschutzrichtlinie gilt dies bei sensiblen Daten allerdings nur in folgenden Fällen:

143 a.a.O., Artikel 8 Absatz 2 Buchstabe a.

144 a.a.O., Artikel 8 Absatz 2 Buchstabe c.

- wenn die Verarbeitung zum Schutz lebenswichtiger Interessen einer anderen Person[145] in Fällen erforderlich ist, in denen die betroffene Person aus physischen oder rechtlichen Gründen außerstande ist, ihre Einwilligung zu geben;

- wenn sensible Daten im Bereich des Arbeitsrechts erheblich sind, beispielsweise Gesundheitsdaten, wie im Zusammenhang mit einem besonders gefährlichen Arbeitsplatz, oder Daten über religiöse Überzeugungen im Zusammenhang mit Feiertagen;[146]

- wenn Stiftungen, Vereine oder andere nicht nach Gewinn strebende Organisationen mit politischen, weltanschaulichen, religiösen oder gewerkschaftlichen Zielsetzungen Daten über ihre Mitglieder oder Förderer oder andere Interessierte verarbeiten (solche Daten sind besonders schutzwürdig, weil ihnen religiöse oder politische Überzeugungen der betreffenden Personen zu entnehmen sind);[147]

- wenn sensible Daten in Verfahren vor Gericht oder vor einer Behörde zur Geltendmachung, Ausübung oder Verteidigung rechtlicher Ansprüche verwendet werden.[148]

- Gemäß Artikel 8 Absatz 3 der Datenschutzrichtlinie fällt bei der Verwendung von Gesundheitsdaten für medizinische Diagnostik und Behandlung durch ärztliches Personal die Verwaltung dieser Dienste auch unter diese Ausnahme. Als besondere Garantie werden Personen nur dann als „ärztliches Personal" anerkannt, wenn sie der ärztlichen Schweigepflicht unterliegen.

Öffentliches Interesse

Gemäß Artikel 8 Absatz 4 der Datenschutzrichtlinie können die Mitgliedstaaten aus Gründen eines wichtigen öffentlichen Interesses weitere Zwecke vorsehen, für die sensible Daten verarbeitet werden dürfen, sofern

- die Verarbeitung der Daten aus Gründen eines wichtigen öffentlichen Interesses erfolgt, und

---

145 a.a.O.

146 a.a.O., Artikel 8 Absatz 2 Buchstabe b.

147 a.a.O., Artikel 8 Absatz 2 Buchstabe d.

148 a.a.O., Artikel 8 Absatz 2 Buchstabe e.

- in einer nationalen Rechtsvorschrift oder durch eine Entscheidung der Kontrollstelle vorgesehen ist, und
- die nationale Rechtsvorschrift oder die Entscheidung der Kontrollstelle die für den wirksamen Schutz der Interessen der betroffenen Personen erforderlichen angemessenen Garantien enthält.[149]

Ein bekanntes Beispiel sind die elektronischen Patientenakten, die demnächst in vielen Mitgliedstaaten eingeführt werden sollen. In solchen Akten können Gesundheitsdaten, die von Erbringern von Gesundheitsleistungen im Verlauf der Behandlung eines Patienten erhoben werden, anderen Erbringern von Gesundheitsleistungen dieses Patienten in großem Maßstab, meist landesweit, zur Verfügung gestellt werden.

Nach Auffassung der Artikel 29-Datenschutzgruppe können solche Systeme im Rahmen des bestehenden Datenschutzregelwerks nicht aufgebaut werden, weil darin Daten über Patienten gestützt auf Artikel 8 Absatz 3 der Datenschutzrichtlinie verarbeitet werden. In der Annahme jedoch, dass die Existenz solcher elektronischen Patientenakten einem wichtigen öffentlichen Interesse entspricht, könnten sie sich auf Artikel 8 Absatz 4 der Richtlinie stützen, der eine eigene Rechtsgrundlage für ihre Errichtung verlangt, die auch die erforderlichen Garantien für einen sicheren Betrieb des Systems bietet.[150]

4.2. Vorschriften über die Sicherheit der Verarbeitung

Kernpunkte

- Die Vorschriften über die Sicherheit der Verarbeitung enthalten die Verpflichtung für den für die Verarbeitung Verantwortlichen und den Auftragsverarbeiter, geeignete technische und organisatorische Maßnahmen zu treffen, um unbefugte Eingriffe in Datenverarbeitungsvorgänge zu verhindern.

149 a.a.O., Artikel 8 Absatz 4.

150 Artikel 29-Datenschutzgruppe (2007), *Arbeitspapier Verarbeitung von Patientendaten in elektronischen Patientenakten (EPA)*, WP 131, Brüssel, 15. Februar 2007.

- Das erforderliche Niveau der Datensicherheit wird durch folgende Elemente bestimmt:
  - die auf dem Markt für die einzelnen Verarbeitungsarten verfügbaren Sicherheitsmerkmale,
  - die Kosten, und
  - die besondere Schutzwürdigkeit der verarbeiteten Daten.
- Eine weitere Garantie für die sichere Verarbeitung von Daten ist die allgemeine Verpflichtung aller Personen, für die Verarbeitung Verantwortlichen oder Auftragsverarbeiter, die Vertraulichkeit der Daten zu gewährleisten.

Die Verpflichtung von für die Verarbeitung Verantwortlichen und Auftragsverarbeitern, mit geeigneten Maßnahmen die Sicherheit der Daten zu gewährleisten, ist daher sowohl im **Datenschutzrecht des Europarates** als auch im **EU-Datenschutzrecht** verankert.

4.2.1. Elemente der Datensicherheit

Die einschlägige Vorschrift im **EU-Recht** besagt:

> *„Die Mitgliedstaaten sehen vor, dass der für die Verarbeitung Verantwortliche die geeigneten technischen und organisatorischen Maßnahmen durchführen muss, die für den Schutz gegen die zufällige oder unrechtmäßige Zerstörung, den zufälligen Verlust, die unberechtigte Änderung, die unberechtigte Weitergabe oder den unberechtigten Zugang – insbesondere wenn im Rahmen der Verarbeitung Daten in einem Netz übertragen werden – und gegen jede andere Form der unrechtmäßigen Verarbeitung personenbezogener Daten erforderlich sind“.*[151]

Eine ähnliche Bestimmung gibt es auch im **Recht des Europarates**:

> *„Für den Schutz personenbezogener Daten, die in automatisierten Dateien/Datensammlungen gespeichert sind, werden geeignete Sicherungsmaßnahmen getroffen gegen die zufällige oder unbefugte Zerstörung, gegen zufälligen Verlust sowie unbefugten Zugang, unbefugte Veränderung oder unbefugtes Bekanntgeben.“*[152]

151 Datenschutzrichtlinie, Artikel 17 Absatz 1.

152 Übereinkommen Nr. 108, Artikel 7.

Häufig gibt es auch Industriestandards, nationale und internationale Normen, die für die sichere Verarbeitung von Daten entwickelt wurden. Das europäische Datenschutzsiegel *EuroPriSe* (European Privacy Seal) beispielsweise ist ein eTEN (Transeuropäische Telekommunikationsnetzwerke)-Projekt der EU, das sich mit den Möglichkeiten beschäftigt hat, Produkte, insbesondere Software, als im Einklang mit dem europäischen Datenschutzrecht zu zertifizieren. Die Europäische Agentur für Netz- und Informationssicherheit (ENISA) wurde errichtet, um die Fähigkeit der EU, der EU-Mitgliedstaaten und der Wirtschaft zu verbessern, Probleme im Bereich der Netz- und Informationssicherheit zu verhüten, zu bewältigen und zu beheben.[153] Die ENISA veröffentlicht regelmäßig Analysen aktueller Sicherheitsbedrohungen und berät bei deren Bewältigung.

Datensicherheit wird aber nicht nur mit der geeigneten Ausrüstung - Hardware und Software - erreicht. Sie bedarf auch geeigneter interner organisatorischer Vorschriften. Solche internen Vorschriften befassen sich im Idealfall mit folgenden Fragen:

- regelmäßige Unterrichtung aller Beschäftigten über Datensicherheitsvorschriften und ihre sich aus dem Datenschutzrecht ergebenden Verpflichtungen, vor allem ihre Pflicht zur Wahrung der Vertraulichkeit;
- eindeutige Verteilung der Verantwortlichkeiten und klare Abgrenzung der Zuständigkeiten bei der Datenverarbeitung, insbesondere im Hinblick auf Entscheidungen über die Verarbeitung personenbezogener Daten und die Übermittlung von Daten an Dritte;
- Verwendung personenbezogener Daten nur aufgrund von Weisungen der zuständigen Person oder im Einklang mit allgemein geltenden Regeln;
- Schutz des Zugangs zu den Räumlichkeiten sowie zur Hard- und Software des für die Verarbeitung Verantwortlichen oder Auftragsverarbeiters einschließlich Überprüfungen der Zugangsberechtigung;
- Gewährleistung, dass Genehmigungen zum Zugriff auf personenbezogene Daten von der zuständigen Person erteilt wurden, und Anforderung der entsprechenden Dokumentation;

153 Verordnung (EG) Nr. 460/2004 des Europäischen Parlaments und des Rates vom 10. März 2004 zur Errichtung der Europäischen Agentur für Netz- und Informationssicherheit, ABl. L 77 vom 13.3.2004.

- mit elektronischen Mitteln erstellte automatisierte Protokolle des Zugriffs auf personenbezogene Daten und regelmäßige Überprüfungen dieser Protokolle durch die interne Aufsicht;

- sorgfältige Dokumentation anderer Formen der Weitergabe (also nicht automatisierter Zugriff auf Daten), um beweisen zu können, dass keine gesetzeswidrigen Datenübermittlungen stattgefunden haben.

Ein Angebot an geeigneten Datensicherheitsschulungen und Kurse für Beschäftigte sind ebenfalls Beiträge zu wirksamen Sicherheitsvorkehrungen. Es sind ferner Überprüfungsverfahren vorzusehen, damit gewährleistet ist, dass die geeigneten Maßnahmen nicht nur auf dem Papier bestehen, sondern auch tatsächlich umgesetzt werden und sich in der Praxis bewähren (beispielsweise interne oder externe Audits).

Zu den Maßnahmen, mit denen ein für die Verarbeitung Verantwortlicher oder Auftragsverarbeiter sein Sicherheitsniveau verbessern kann, gehören Datenschutzbeauftragte, Sicherheitsschulungen für Beschäftigte, regelmäßige Audits, Eindringungstests und Gütesiegel.

> Beispiel: In der Rechtssache *I. gegen Finnland*[154] konnte die Beschwerdeführerin nicht beweisen, dass andere Beschäftigte des Krankenhauses, in dem sie arbeitete, rechtswidrig Einblick in ihre Patientenakte genommen hatten. Die innerstaatlichen Gerichte hatten daher ihre Klage wegen Verletzung ihres Rechts auf Datenschutz zurückgewiesen. Der EGMR kam zu dem Schluss, dass eine Verletzung von Artikel 8 EMRK vorlag, da das Registriersystem des Krankenhauses für Patientenakten „dergestalt war, dass es unmöglich war, rückwirkend die Verwendung von Patientenakten zu klären, da dort nur die fünf letzten Konsultationen vermerkt waren und diese Informationen nach Rückgabe der Akten an das Archiv gelöscht wurden". Für den Gerichtshof bestand das entscheidende Element darin, dass das im Krankenhaus bestehende Aufbewahrungssystem eindeutig nicht im Einklang mit den Anforderungen des innerstaatlichen Rechts stand, eine Tatsache, denen die innerstaatlichen Gerichte nicht das gebührende Gewicht eingeräumt hatten.

154 EGMR, *I. / Finnland*, Nr. 20511/03, 17. Juli 2008.

Meldungen von Verletzungen des Schutzes personenbezogener Daten

Im Zusammenhang mit Verletzungen der Datensicherheit wurde in mehreren europäischen Ländern ein neues Instrument in das Datenschutzrecht aufgenommen, nämlich die Verpflichtung für Anbieter elektronischer Kommunikationsdienste, Verletzungen des Schutzes personenbezogener Daten den mutmaßlichen Opfern und den Datenschutzbehörden zu melden. Für Telekommunikationsanbieter ist dies gemäß dem EU-Recht verbindlich.[155] Mit Meldungen von Verletzungen des Schutzes personenbezogener Daten an betroffene Personen soll Schaden vermieden werden: Durch Meldungen von Verletzungen des Schutzes personenbezogener Daten und ihrer möglichen Folgen lässt sich das Risiko nachteiliger Auswirkungen auf die betroffenen Personen minimieren. Bei grober Fahrlässigkeit können gegen die Anbieter Geldstrafen verhängt werden.

Es ist erforderlich, schon vorab interne Verfahren für den wirksamen Umgang mit Sicherheitsverletzungen und deren Meldung festzulegen, da die Frist für die vorgeschriebene Meldung an die betroffenen Personen und/oder die Aufsichtsbehörde je nach innerstaatlichem Recht meist eher kurz ausfällt.

4.2.2. Vertraulichkeit

Im **EU-Recht** ist die sichere Verarbeitung von Daten weiter durch die allgemeine Verpflichtung aller Personen, für die Verarbeitung Verantwortlichen oder Auftragsverarbeiter, die Vertraulichkeit der Daten zu gewährleisten, gegeben.

Beispiel: Eine Mitarbeiterin einer Versicherung erhält an ihrem Arbeitsplatz einen Anruf von jemandem, der sich als Kunde ausgibt und Informationen zu seinem Versicherungsvertrag möchte.

155 Siehe Richtlinie 2002/58/EG des Europäischen Parlaments und des Rates vom 12. Juli 2002 über die Verarbeitung personenbezogener Daten und den Schutz der Privatsphäre in der elektronischen Kommunikation (*Datenschutzrichtlinie für elektronische Kommunikation*), ABl. L 201 vom 31.7.2002, Artikel 4 Absatz 3, geändert durch die Richtlinie 2009/136/EG des Europäischen Parlaments und des Rates vom 25. November 2009 zur Änderung der Richtlinie 2002/22/EG über den Universaldienst und Nutzerrechte bei elektronischen Kommunikationsnetzen und -diensten; siehe ferner die Richtlinie 2002/58/EG über die Verarbeitung personenbezogener Daten und den Schutz der Privatsphäre in der elektronischen Kommunikation und die Verordnung (EG) Nr. 2006/2004 über die Zusammenarbeit zwischen den für die Durchsetzung der Verbraucherschutzgesetze zuständigen nationalen Behörden, ABl. L 337 vom 9.12.2004.

Aufgrund ihrer Verpflichtung, die Daten von Kunden vertraulich zu behandeln, muss die Angestellte zumindest minimale Sicherheitsvorkehrungen treffen, bevor sie personenbezogene Daten weitergibt. So könnte sie beispielsweise einen Rückruf an eine in der Kundenakte vermerkte Telefonnummer anbieten.

In Artikel 16 der Datenschutzrichtlinie geht es um Vertraulichkeit nur in den Beziehungen zwischen für die Verarbeitung Verantwortlichem und Auftragsverarbeiter. Ob für die Verarbeitung Verantwortliche Daten vertraulich behandeln müssen, sie also nicht an Dritte weitergeben dürfen, ist in Artikel 7 und 8 der Richtlinie geregelt.

Die Geheimhaltungspflicht gilt nicht für Situationen, in denen Daten einer Person in ihrer Eigenschaft als Privatperson und nicht als Angestellte eines für die Verarbeitung Verantwortlichen oder Auftragsverarbeiters zur Kenntnis gelangen. In diesem Fall gilt Artikel 16 der Datenschutzrichtlinie nicht, da nämlich die Verwendung personenbezogener Daten durch Privatpersonen vom Geltungsbereich der Richtlinie ausgenommen ist; sie fällt dort unter die so genannte Haushaltsausnahme.[156] Diese Haushaltsausnahme umfasst die Verarbeitung personenbezogener Daten, „die von einer natürlichen Person zur Ausübung ausschließlich persönlicher oder familiärer Tätigkeiten vorgenommen wird".[157] Seit der Entscheidung des EuGH in der Rechtssache *Bodil Lindqvist*[158] muss diese Ausnahme allerdings restriktiv ausgelegt werden, vor allem im Hinblick auf die Weitergabe von Daten. So gilt die Haushaltsausnahme insbesondere nicht für die Weitergabe personenbezogener Daten an eine unbegrenzte Zahl von Empfängern im Internet (zu näheren Einzelheiten zu dem Fall siehe die Abschnitte 2.1.2, 2.2, 2.3.1 und 6.1).

Im **Recht des Europarates** ist die Pflicht zur Wahrung der Vertraulichkeit im Begriff der Datensicherheit in Artikel 7 des Übereinkommens Nr. 108 enthalten, der sich mit Datensicherheit befasst.

Für Auftragsverarbeiter bedeutet Vertraulichkeit, dass sie ihnen von dem für die Verarbeitung Verantwortlichen anvertraute personenbezogene Daten nur gemäß den Weisungen des für die Verarbeitung Verantwortlichen verwenden dürfen. Für die Angestellten eines für die Verarbeitung Verantwortlichen oder Auftragsverarbeiters bedeutet Vertraulichkeit, dass sie personenbezogene Daten nur im Einklang mit den Weisungen ihrer zuständigen Vorgesetzten verwenden dürfen.

156 Datenschutzrichtlinie, Artikel 3 Absatz 2 zweiter Spiegelstrich.

157 a.a.O.

158 EuGH, C-101/01, *Bodil Lindqvist*, 6. November 2003.

Die Pflicht zur Wahrung der Vertraulichkeit muss in allen Verträgen zwischen für die Verarbeitung Verantwortlichen und ihren Auftragsverarbeitern geregelt sein. Darüber hinaus müssen für die Verarbeitung Verantwortliche und Auftragsverarbeiter für ihre Beschäftigten konkret eine Verpflichtung zur Wahrung der Vertraulichkeit festlegen; normalerweise geschieht dies mit Vertraulichkeitsklauseln in den Arbeitsverträgen der Beschäftigten.

Verstöße gegen die Verpflichtung zur Wahrung der Vertraulichkeit im Beruf sind in vielen EU-Mitgliedstaaten und Vertragsparteien des Übereinkommens Nr. 108 strafbar.

4.3. Vorschriften über die Transparenz der Verarbeitung

Kernpunkte

- Vor der Aufnahme der Verarbeitung personenbezogener Daten muss der für die Verarbeitung Verantwortliche die betroffenen Personen zumindest über die Identität des für die Verarbeitung Verantwortlichen und den Zweck der Verarbeitung unterrichten, sofern die betroffene Person nicht schon über diese Informationen verfügt.
- Werden die Daten bei Dritten erhoben, gilt diese Informationspflicht nicht, wenn
  - die Datenverarbeitung gesetzlich vorgesehen ist oder
  - die Unterrichtung unmöglich ist oder einen unverhältnismäßigen Aufwand erfordern würde.
- Vor der Aufnahme der Verarbeitung personenbezogener Daten muss der für die Verarbeitung Verantwortliche außerdem:
  - der Aufsichtsbehörde die beabsichtigte Verarbeitung melden oder
  - die Verarbeitung intern von einem unabhängigen Datenschutzbeauftragten dokumentieren lassen, falls die innerstaatlichen Rechtsvorschriften diese Vorgehensweise vorsehen.

Der Grundsatz der Verarbeitung nach Treu und Glauben erfordert Transparenz bei der Verarbeitung. Im **Recht des Europarates** ist hierzu bestimmt, dass jeder die Möglichkeit haben muss, das Vorhandensein einer automatisierten Datei/Datensammlung mit personenbezogenen Daten, ihren Zwecke und den für die Verarbeitung

Verantwortlichen festzustellen.[159] Wie dies zu erreichen ist, bleibt dem innerstaatlichen Recht überlassen. Das **EU-Recht** wird konkreter, gewährleistet Transparenz für die betroffene Person durch die Verpflichtung des für die Verarbeitung Verantwortlichen zur Unterrichtung der betroffenen Person und für die breite Öffentlichkeit durch Meldungen.

In beiden Rechtssystemen können in nationalen Rechtsvorschriften Ausnahmen und Einschränkungen der Transparenzpflichten des für die Verarbeitung Verantwortlichen vorgesehen werden, sofern eine Einschränkung notwendig ist, um bestimmte öffentliche Interessen oder den Schutz der betroffenen Person oder der Rechte und Freiheiten anderer zu wahren, und solange dies in einer demokratischen Gesellschaft notwendig ist.[160] Derartige Ausnahmen können beispielsweise bei strafrechtlichen Ermittlungen erforderlich sein, aber auch unter anderen Umständen gerechtfertigt sein.

4.3.1. Information

Sowohl nach dem Recht des Europarates als auch nach dem EU-Recht sind für die Verarbeitung Verantwortliche verpflichtet, die betroffene Person vorab über die beabsichtigte Verarbeitung ihrer Daten zu informieren.[161] Dieser Verpflichtung darf der für die Verarbeitung Verantwortliche nicht erst auf Antrag der betroffenen Person nachkommen, sondern er muss dies proaktiv tun, und zwar unabhängig davon, ob sich die betroffene Person für die Informationen interessiert oder nicht.

Inhalt der Information

Die Information muss Angaben zum Zweck der Verarbeitung sowie die Identität und die Kontaktdaten des für die Verarbeitung Verantwortlichen enthalten.[162] Gemäß der Datenschutzrichtlinie sind weitere Angaben zu machen, sofern sie „unter Berücksichtigung der spezifischen Umstände, unter denen die Daten erhoben werden, notwendig sind, um gegenüber der betroffenen Person eine Verarbeitung nach Treu und Glauben zu gewährleisten". In Artikel 10 und 11 der Richtlinie werden unter anderem die Kategorien der verarbeiteten Daten und die Empfänger dieser Daten sowie das Recht auf Auskunft über die Daten und das Recht auf deren Berichtigung

159 Übereinkommen Nr. 108, Artikel 8 Buchstabe a.

160 a.a.O. Artikel 9 Absatz 2, und Datenschutzrichtlinie, Artikel 13 Absatz 1.

161 Übereinkommen Nr. 108, Artikel 8 Buchstabe a; Datenschutzrichtlinie, Artikel 10 und 11.

162 Übereinkommen Nr. 108, Artikel 8 Buchstabe a; Datenschutzrichtlinie, Artikel 10 Buchstabe a und b.

erwähnt. Werden die Daten bei der betroffenen Person erhoben, sind Informationen zu geben betreffend die Frage, ob die Beantwortung der Fragen obligatorisch oder freiwillig ist, sowie über mögliche Folgen einer unterlassenen Beantwortung.[163]

Aus der Perspektive des **Rechts des Europarates** dürfte die Bereitstellung solcher Informationen als bewährte Verfahrensweise im Rahmen des Grundsatzes der Verarbeitung nach Treu und Glauben und somit auch als Bestandteil des Rechts des Europarates betrachtet werden.

Der Grundsatz der Verarbeitung nach Treu und Glauben verlangt, dass die Informationen für die betroffenen Personen leicht verständlich sind. Es müssen den Adressaten angemessene Formulierungen verwendet werden. Je nachdem, ob es sich bei der angesprochenen Zielgruppe beispielsweise um Erwachsene oder Kinder, die breite Öffentlichkeit oder wissenschaftliche Sachverständige handelt, müssen das sprachliche Niveau und die Ausdrucksweise möglicherweise unterschiedlich sein.

Einige betroffene Personen wollen vielleicht nur kurz und knapp erfahren, wie und warum ihre Daten verarbeitet werden, während andere ausführlichere Erläuterungen wünschen. Wie hier ausgewogen und angemessen informiert werden kann, ist Gegenstand einer Stellungnahme der Artikel 29-Datenschutzgruppe, die für so genannte „geschichtete" Datenschutzvermerke plädiert[164], bei denen die betroffene Person wählen kann, wie detailliert sie informiert werden möchte.

Zeitpunkt der Information

Die Datenschutzrichtlinie enthält leicht unterschiedliche Bestimmungen bezüglich des Zeitpunkts, zu dem die Informationen gegeben werden müssen, je nachdem, ob die Daten bei der betroffenen Person (Artikel 10) oder einem Dritten (Artikel 11) erhoben werden. Werden Daten bei der betroffenen Person erhoben, müssen die Informationen spätestens zum Zeitpunkt der Erhebung erteilt werden. Werden Daten bei Dritten erhoben, müssen die Informationen spätestens entweder bei der Speicherung der Daten durch den für die Verarbeitung Verantwortlichen oder vor der ersten Weitergabe der Daten an einen Dritten gegeben werden.

163 Datenschutzrichtlinie, Artikel 10 Buchstabe c.

164 Artikel 29-Datenschutzgruppe (2004), *Stellungnahme 10/2004 zu einheitlicheren Bestimmungen über Informationspflichten*, WP 100, Brüssel, 25. November 2004.

Ausnahmen von der Informationspflicht

Das **EU-Recht** sieht eine allgemeine Ausnahme von der Pflicht zur Unterrichtung der betroffenen Person vor, wenn ihr die Informationen bereits vorliegen.[165] Hier geht es um Situationen, in denen die betroffene Person aufgrund der spezifischen Umstände des Falls bereits weiß, dass ihre Daten von einem bestimmten für die Verarbeitung Verantwortlichen zu einem bestimmten Zweck verarbeitet werden.

Artikel 11 der Richtlinie, in dem es um die Pflicht zur Information einer betroffenen Person in Fällen geht, in denen die Daten nicht bei ihr erhoben wurden, besagt auch, dass insbesondere bei Verarbeitungen für Zwecke der Statistik oder der historischen oder wissenschaftlichen Forschung eine solche Pflicht dann nicht besteht, wenn

- die Information der betroffenen Person unmöglich ist oder
- sie unverhältnismäßigen Aufwand erfordert oder
- die Speicherung oder Weitergabe der Daten durch Gesetz ausdrücklich vorgesehen ist.[166]

Nur Artikel 11 Absatz 2 der Datenschutzrichtlinie besagt, dass betroffene Personen nicht über die Verarbeitung informiert werden müssen, wenn diese durch Gesetz vorgesehen ist. In Anbetracht der allgemeinen Rechtsvermutung, dass das Gesetz seinen Subjekten bekannt ist, könnte man nun argumentieren, dass im Fall von Daten, die von einer betroffenen Person gemäß Artikel 10 der Richtlinie erhoben werden, die betroffene Person über die Informationen bereits verfügt. Da aber die Kenntnis des Gesetzes nur eine Annahme ist, würde es nach dem Grundsatz der Verarbeitung nach Treu und Glauben gemäß Artikel 10 erforderlich sein, die betroffene Person zu informieren, selbst wenn die Verarbeitung durch Gesetz vorgesehen ist, zumal die Information der betroffenen Person nicht besonders aufwändig ist, wenn die Daten direkt bei der betroffenen Person erhoben werden.

Im **Recht des Europarates** sieht das Übereinkommen Nr. 108 ausdrücklich Ausnahmen von dessen Artikel 8 vor. Auch hier gilt, dass die in Artikel 10 und 11 der Datenschutzrichtlinie aufgeführten Ausnahmen als Beispiele guter Vorgehensweisen für

165 Datenschutzrichtlinie, Artikel 10 und Artikel 11 Absatz 1.

166 a.a.O., Erwägungsgrund 40 und Artikel 11 Absatz 2.

Ausnahmen gemäß Artikel 9 des Übereinkommens Nr. 108 angesehen werden können.

Unterschiedliche Wege für die Information

Im Idealfall würden die Informationen mündlich oder schriftlich jeder einzelnen betroffenen Person gegeben. Werden die Daten bei der betroffenen Person erhoben, erfolgt die Information gleichzeitig mit der Erhebung. Werden Daten allerdings bei Dritten erhoben, können die Informationen in Anbetracht der offensichtlichen praktischen Schwierigkeiten, die betroffene Person unmittelbar zu erreichen, auch im Wege einer angemessenen Veröffentlichung gegeben werden.

Am effizientesten lassen sich die Informationen wohl mit geeigneten Informationsklauseln auf der Homepage des für die Verarbeitung Verantwortlichen geben, wie etwa einer Datenschutzpolitik. Allerdings nutzt ein erheblicher Teil der Bevölkerung das Internet nicht, und Unternehmen und Behörden sollten dies bei ihrem Informationskonzept berücksichtigen.

4.3.2. Meldung

Für die Verarbeitung Verantwortliche können nach nationalen Rechtsvorschriften verpflichtet sein, ihre Verarbeitungen der zuständigen Aufsichtsbehörde zu melden, damit sie veröffentlicht werden können. Alternativ können die nationalen Rechtsvorschriften vorsehen, dass für die Verarbeitung Verantwortliche einen Datenschutzbeauftragten bestellen, dessen Aufgabe insbesondere darin besteht, ein Verzeichnis der von dem für die Verarbeitung Verantwortlichen vorgenommenen Verarbeitungen zu führen.[167] Dieses interne Verzeichnis muss auf Antrag der Öffentlichkeit zur Verfügung gestellt werden.

Beispiel: In einer Meldung sowie in der Dokumentation eines internen Datenschutzbeauftragten müssen die Hauptmerkmale der betreffenden Datenverarbeitung beschrieben werden. Dazu gehören Angaben zu dem für die Verarbeitung Verantwortlichen, zum Zweck der Verarbeitung, zur Rechtsgrundlage der Verarbeitung, zu den Kategorien verarbeiteter Daten, zu den mutmaßlichen Dritten, die die Daten empfangen, und dazu, ob grenzüberschreitende Datenübermittlungen geplant sind, und wenn ja, welche.

167 a.a.O., Artikel 18 Absatz 2 zweiter Spiegelstrich.

Die Veröffentlichung der Meldungen durch die Kontrollstelle erfolgt in einem besonderen Register. Damit dieses Register seinen Zweck erfüllt, muss seine Abfrage einfach und kostenlos sein. Gleiches gilt für die Dokumentation des Datenschutzbeauftragten eines für die Verarbeitung Verantwortlichen.

Ausnahmen von der Meldepflicht bei der zuständigen Kontrollstelle oder der Pflicht zur Bestellung eines internen Datenschutzbeauftragten können in nationalen Rechtsvorschriften für Verarbeitungen vorgesehen werden, die kein besonderes Risiko für die betroffenen Personen darstellen dürften; sie sind in Artikel 18 Absatz 2 der Datenschutzrichtlinie angeführt.[168]

4.4. Vorschriften über die Förderung der Einhaltung der Vorschriften

Kernpunkte

- Zur Ausführung des Grundsatzes der Rechenschaftspflicht nennt die Datenschutzrichtlinie mehrere Instrumente zur Förderung der Einhaltung der Vorschriften:
    - Vorabkontrolle geplanter Verarbeitungen durch die nationale Kontrollstelle;
    - Datenschutzbeauftragte, die dem für die Verarbeitung Verantwortlichen besonderes Fachwissen im Bereich Datenschutz bieten können;
    - Verhaltensregeln zur Erläuterung bestehender Datenschutzvorschriften, die in einem Bereich der Gesellschaft und hier vor allem in der Wirtschaft anzuwenden sind.
- Das Recht des Europarates schlägt ähnliche Instrumente zur Förderung der Einhaltung der Vorschriften in seiner Empfehlung für die Profilerstellung vor.

4.4.1. Vorabkontrolle

Gemäß Artikel 20 der Datenschutzrichtlinie muss die Kontrollstelle vor deren Vollbetrieb Verarbeitungen prüfen, die – aufgrund ihres Zwecks oder der Umstände der Verarbeitung - spezifische Risiken für die Rechte und Freiheiten der betroffenen Personen beinhalten können. Im innerstaatlichen Recht ist festzulegen, welche Verarbeitungen einer Vorabkontrolle zu unterziehen sind. Das Ergebnis der Vorabkontrolle

168 a.a.O., Artikel 18 Absatz 2 erster Spiegelstrich.

kann lauten, dass Verarbeitungen untersagt werden, oder dass bestimmte Merkmale des vorgeschlagenen Konzepts der Verarbeitungen geändert werden müssen. Mit Artikel 20 der Richtlinie wird bezweckt, unnötig risikoreiche Verarbeitungen noch vor ihrem Anlaufen zu stoppen, da die Kontrollstelle befugt ist, solche Verarbeitungen zu untersagen. Damit dieser Mechanismus wirksam sein kann, müssen bei der Kontrollstelle tatsächlich Meldungen gemacht werden. Um sicherzustellen, dass für die Verarbeitung Verantwortliche ihrer Meldepflicht nachkommen, müssen die Kontrollstellen über Zwangsmittel verfügen und beispielsweise für die Verarbeitung Verantwortliche mit Geldstrafen belegen können.

Beispiel: Führt ein Unternehmen Verarbeitungen durch, die nach innerstaatlichem Recht einer Vorabkontrolle zu unterziehen sind, muss dieses Unternehmen bei der Kontrollstelle Unterlagen über die geplante Verarbeitung einreichen. Das Unternehmen darf mit der Verarbeitung erst beginnen, wenn es von der Kontrollstelle grünes Licht erhalten hat.

In einigen Mitgliedstaaten sieht das nationale Recht alternativ vor, dass die Verarbeitung anlaufen kann, wenn innerhalb einer bestimmten Frist, beispielsweise drei Monate, von der Kontrollstelle keine Reaktion eingegangen ist.

4.4.2. Datenschutzbeauftragte

Die Datenschutzrichtlinie erlaubt, dass im innerstaatlichen Recht die Bestellung eines Beschäftigten vorgesehen wird, der als Datenschutzbeauftragter fungiert.[169] Seine Aufgabe ist es, sicherzustellen, dass die Rechte und Freiheiten der betroffenen Personen durch die Verarbeitungen nicht beeinträchtigt werden.[170]

Beispiel: In Deutschland besagt § 4f Absatz 1 des Bundesdatenschutzgesetzes, dass nicht-öffentliche Stellen einen Beauftragten für den Datenschutz zu bestellen haben, wenn in der Regel zehn oder mehr Personen ständig mit der automatisierten Verarbeitung personenbezogener Daten beschäftigt sind.

Damit dieses Ziel erreicht werden kann, muss die Position des Datenschutzbeauftragten innerhalb der Organisation des für die Verarbeitung Verantwortlichen mit einer gewissen Unabhängigkeit ausgestattet sein, wie es in der Richtlinie

169 a.a.O., Artikel 18 Absatz 2 zweiter Spiegelstrich.

170 a.a.O.

ausdrücklich heißt. Damit diese Aufgabe wirksam wahrgenommen werden kann, sollten starke Arbeitnehmerrechte als Schutz gegen Eventualitäten wie ungerechtfertigte Entlassung vorhanden sein.

Zur Förderung der Einhaltung der innerstaatlichen Datenschutzvorschriften wurde das Konzept des internen Datenschutzbeauftragten auch in einige der Empfehlungen des Europarates übernommen.[171]

4.4.3. Verhaltensregeln

Mit dem Ziel einer besseren Einhaltung der Vorschriften haben die Wirtschaft und andere Sektoren detaillierte Regeln für ihre typischen Verarbeitungen aufgestellt und dabei bewährte Vorgehensweisen kodifiziert. Das Fachwissen der Mitglieder des Sektors fördert Lösungen, die praxisnah sind und daher auch eingehalten werden dürften. Dementsprechend sind die Mitgliedstaaten – sowie die Europäische Kommission – aufgefordert, die Ausarbeitung von Verhaltensregeln zu fördern, die nach Maßgabe der Besonderheiten der einzelnen Bereiche zur ordnungsgemäßen Durchführung der einzelstaatlichen Vorschriften beitragen sollen, die die Mitgliedstaaten zur Umsetzung der Richtlinie erlassen.[172]

Damit diese Verhaltensregeln auch tatsächlich den einzelstaatlichen Vorschriften entsprechen, die zur Umsetzung der Datenschutzrichtlinie erlassen wurden, müssen die Mitgliedstaaten ein Verfahren zur Bewertung der Regeln ausarbeiten. Dieses Verfahren erfordert normalerweise die Beteiligung der nationalen Behörde, von Berufsverbänden und anderen Vereinigungen, die andere Kategorien von für die Verarbeitung Verantwortlichen vertreten.[173]

Entwürfe für gemeinschaftliche Verhaltensregeln sowie Änderungen oder Verlängerungen bestehender gemeinschaftlicher Verhaltensregeln können der Artikel 29-Datenschutzgruppe zur Begutachtung vorgelegt werden. Nach der Billigung der Regeln durch diese Datenschutzgruppe kann die Europäische Kommission dafür Sorge tragen, dass sie in geeigneter Weise veröffentlicht werden.[174]

171 Siehe beispielsweise die Empfehlung für die Profilerstellung, Artikel 8 Absatz 3.

172 Siehe Datenschutzrichtlinie, Artikel 27 Absatz 1.

173 a.a.O., Artikel 27 Absatz 2.

174 a.a.O., Artikel 27 Absatz 3.

Beispiel: Die *Federation of European Direct and Interactive Marketing* (FEDMA) hat einen europäischen Verhaltenskodex zur Verwendung personenbezogener Daten in der Direktwerbung ausgearbeitet. Dieser Kodex wurde erfolgreich der Artikel 29-Datenschutzgruppe vorgelegt. 2010 wurde dem Kodex ein Anhang über elektronische Marketingkommunikation hinzugefügt.[175]

175 Artikel 29-Datenschutzgruppe (2010), *Stellungnahme 4/2010 zum europäischen Verhaltenskodex von FEDMA zur Verwendung personenbezogener Daten im Direktmarketing*, WP 174, Brüssel, 13. Juli 2010.

5

Rechte betroffener Personen und ihre Durchsetzung

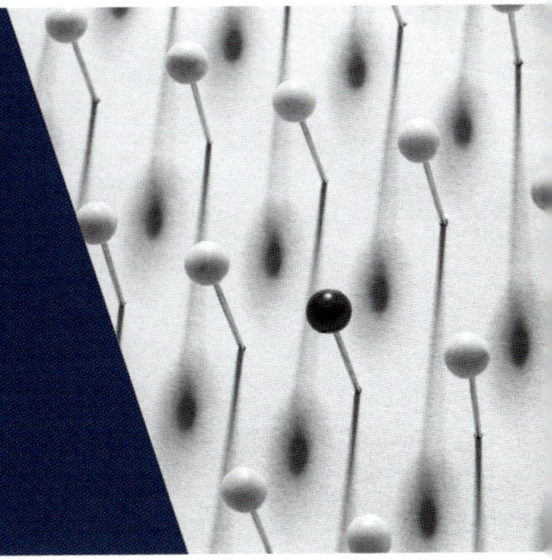

EU	Behandelte Themen	Europarat
Auskunftsrecht		
Datenschutzrichtlinie, Artikel 12 EuGH, C-553/07, *College van burgemeester en wethouders van Rotterdam gegen M.E.E. Rijkeboer*, 7. Mai 2009	Recht auf Auskunft über die eigenen Daten	Übereinkommen Nr. 108, Artikel 8 Buchstabe b
	Recht auf Berichtigung, Löschung oder Sperrung	Übereinkommen Nr. 108, Artikel 8 Buchstabe c EGMR, *Cemalettin Canli gegen Türkei*, Nr. 22427/04, 18. November 2008 EGMR, *Segerstedt-Wiberg und andere gegen Schweden*, Nr. 62332/00, 6. Juni 2006 EGMR, *Ciubotaru gegen Republik Moldau*, Nr. 27138/04, 27. April 2010
Widerspruchsrecht		
Datenschutzrichtlinie, Artikel 14 Absatz 1 Buchstabe a	Recht auf Widerspruch aufgrund der besonderen Situation der betroffenen Person	Empfehlung für die Profilerstellung, Artikel 5 Absatz 3
Datenschutzrichtlinie, Artikel 14 Absatz 1 Buchstabe b	Recht auf Widerspruch gegen eine weitere Nutzung von Daten zu Marketingzwecken	Empfehlung zum Direktmarketing, Artikel 4 Absatz 1

Datenschutzrichtlinie, Artikel 15	**Recht auf Widerspruch gegen automatisierte Entscheidungen**	Empfehlung für die Profilerstellung, Artikel 5 Absatz 5
Unabhängige Kontrolle		
Charta, Artikel 8 Absatz 3 Datenschutzrichtlinie, Artikel 28 Datenschutzverordnung für die EU-Organe, Kapitel V Datenschutzverordnung EuGH, C-518/07, *Europäische Kommission gegen Bundesrepublik Deutschland*, 9. März 2010 EuGH, C-614/10, *Europäische Kommission gegen Republik Österreich*, 16. Oktober 2012 EuGH, C-288/12, *Europäische Kommission gegen Ungarn*, 8. April 2014	**Nationale Kontrollstellen**	Übereinkommen Nr. 108, Zusatzprotokoll, Artikel 1
Rechtsbehelfe und Sanktionen		
Datenschutzrichtlinie, Artikel 12	**Antrag an den für die Verarbeitung Verantwortlichen**	Übereinkommen Nr. 108, Artikel 8 Buchstabe b
Datenschutzrichtlinie, Artikel 28 Absatz 4 Datenschutzverordnung für die EU-Organe, Artikel 32 Absatz 2	**Eingaben bei einer nationalen Kontrollstelle**	Übereinkommen Nr. 108, Zusatzprotokoll, Artikel 1 Absatz 2 Buchstabe b
Charta, Artikel 47	**Gerichte (allgemein)**	EMRK, Artikel 13
Datenschutzrichtlinie, Artikel 28 Absatz 3	**Innerstaatliche Gerichte**	Übereinkommen Nr. 108, Zusatzprotokoll, Artikel 1 Absatz 4
AEUV, Artikel 263 Absatz 4 Datenschutzverordnung für die EU-Organe, Artikel 32 Absatz 1 AEUV, Artikel 267	**EuGH**	
	EGMR	EMRK, Artikel 34
Rechtsbehelfe und Sanktionen		
Charta, Artikel 47 Datenschutzrichtlinie, Artikel 22 und 23 EuGH, C-14/83, *Sabine von Colson und Elisabeth Kamann gegen Land Nordrhein-Westfalen*, 10. April 1984	**Bei Verletzungen des nationalen Datenschutzrechts**	EMGK, Artikel 13 (nur für Mitgliedstaaten des Europarates) Übereinkommen Nr. 108, Artikel 10 EGMR, *K.U. gegen Finnland*, Nr. 2872/02, 2. Dezember 2008

EuGH, C-152/84, *M.H. Marshall gegen Southampton and South-West Hampshire Area Health Authority*, 26. Februar 1986		EGMR, *Biriuk gegen Litauen*, Nr. 23373/03, 25. November 2008.
Datenschutzverordnung für die EU-Organe, Artikel 34 und 49 EuGH, C-28/08 P, *Europäische Kommission gegen The Bavarian Lager Co. Ltd*, 29. Juni 2010	**Bei Verletzungen des EU-Rechts durch Organe und Einrichtungen der EU**	

Die Wirksamkeit gesetzlicher Vorschriften im Allgemeinen und der Rechte der betroffenen Personen im Besonderen hängen in nicht unerheblichem Umfang von der Existenz geeigneter Mechanismen zu ihrer Durchsetzung ab. Im europäischen Datenschutzrecht muss die betroffene Person im innerstaatlichen Recht zum Schutz ihrer Daten ermächtigt werden. Durch innerstaatliche Rechtsvorschriften müssen ferner unabhängige Kontrollstellen eingesetzt werden, die die betroffenen Personen bei der Ausübung ihrer Rechte unterstützen und die Verarbeitung personenbezogener Daten beaufsichtigen. Schließlich verlangt das Recht auf einen wirksamen Rechtsbehelf, wie es in der EMRK und der Charta festgeschrieben ist, dass jedem Rechtsbehelfe zur Verfügung stehen.

5.1. Rechte der betroffenen Personen

Kernpunkte

- Jeder hat nach innerstaatlichen Rechtsvorschriften das Recht, bei jedem für die Verarbeitung Verantwortlichen Auskunft darüber zu verlangen, ob der für die Verarbeitung Verantwortliche seine Daten verarbeitet.
- Betroffene Personen haben im Einklang mit einzelstaatlichen Rechtsvorschriften das Recht,
  - von allen für die Verarbeitung Verantwortlichen, die ihre Daten verarbeiten, Auskunft über diese Daten zu erhalten;
  - ihre Daten von dem für die Verarbeitung Verantwortlichen berichtigen (oder gegebenenfalls sperren) zu lassen, wenn die Daten unrichtig sind;
  - ihre Daten von dem für die Verarbeitung Verantwortlichen gegebenenfalls löschen oder sperren zu lassen, wenn der für die Verarbeitung Verantwortliche ihre Daten rechtswidrig verarbeitet.

- Darüber hinaus haben betroffene Personen das Recht, bei für die Verarbeitung Verantwortlichen Widerspruch einzulegen gegen
  - automatisierte Entscheidungen (die getroffen wurden unter Verwendung personenbezogener Daten, die nur mit automatisierten Mitteln verarbeitet wurden);
  - die Verarbeitung ihrer Daten, wenn dies zu unverhältnismäßigen Ergebnissen führt;
  - die Verwendung ihrer Daten für Zwecke der Direktwerbung.

5.1.1. Auskunftsrecht

Im **EU-Recht** enthält Artikel 12 der Datenschutzrichtlinie Angaben zum Auskunftsrecht der betroffenen Person einschließlich des Rechts, von dem für die Verarbeitung Verantwortlichen „die Bestätigung, dass es Verarbeitungen sie betreffender Daten gibt oder nicht, sowie zumindest Informationen über die Zweckbestimmungen dieser Verarbeitungen, die Kategorien der Daten, die Gegenstand der Verarbeitung sind, und die Empfänger oder Kategorien der Empfänger, an die die Daten übermittelt werden" sowie „die Berichtigung, Löschung oder Sperrung von Daten, deren Verarbeitung nicht den Bestimmungen dieser Richtlinie entspricht, insbesondere wenn diese Daten unvollständig oder unrichtig sind" zu erhalten.

Im **Recht des Europarates** gibt es die gleichen Rechte, die im innerstaatlichen Recht zu regeln sind (Artikel 8 des Übereinkommens Nr. 108). In mehreren Empfehlungen des Europarates wird der Ausdruck „Auskunft" verwendet, werden die verschiedenen Aspekte des Auskunftsrechts beschrieben und bezüglich der Umsetzung im innerstaatlichen Recht ähnliche Vorschläge wie im vorstehenden Absatz gemacht.

Gemäß Artikel 9 des Übereinkommens Nr. 108 und Artikel 13 der Datenschutzrichtlinie kann die Pflicht von für die Verarbeitung Verantwortlichen zur Reaktion auf ein Auskunftsersuchen einer betroffenen Person aus Gründen eines übergeordneten öffentlichen Interesses eingeschränkt werden. Zu übergeordneten rechtlichen Interessen können öffentliche Interessen wie die Sicherheit des Staates, die öffentliche Sicherheit und die Verfolgung von Straftaten gehören, aber auch private Interessen, die zwingender als Datenschutzinteressen sind. Alle Ausnahmen oder Einschränkungen müssen in einer demokratischen Gesellschaft notwendig und zu dem angestrebten Ziel in einem angemessenen Verhältnis stehen. In wenigen Ausnahmefällen, beispielsweise aus medizinischen Gründen, kann der Schutz der betroffenen Person selber eine Einschränkung der Transparenz erforderlich machen; dies bezieht sich vor allem auf die Einschränkung des Auskunftsrechts jeder betroffenen Person.

Werden Daten ausschließlich für Zwecke der wissenschaftlichen Forschung oder für statistische Zwecke verarbeitet, erlaubt die Datenschutzrichtlinie eine Einschränkung des Auskunftsrechts durch das einzelstaatliche Recht; es müssen dann allerdings angemessene rechtliche Garantien bestehen. So muss insbesondere dafür gesorgt werden, dass im Zusammenhang mit diesen Verarbeitungen keine Maßnahmen oder Entscheidungen gegenüber bestimmten Personen getroffen werden, und dass „offensichtlich keine Gefahr eines Eingriffs in die Privatsphäre der betroffenen Person besteht".[176] Ähnliche Bestimmungen finden sich in Artikel 9 Absatz 3 des Übereinkommens Nr. 108.

Recht auf Auskunft über die eigenen Daten

Im **Recht des Europarates** ist das Recht auf Auskunft über die eigenen Daten in Artikel 8 des Übereinkommens Nr. 108 ausdrücklich verankert. Der EGMR hat wiederholt festgestellt, dass es das Recht auf Auskunft über die eigenen personenbezogenen Daten gibt, die im Besitz anderer sind und von ihnen genutzt werden, und dass dieses Recht aus der Notwendigkeit der Achtung des Privatlebens herrührt.[177] In der Rechtssache *Leander*[178] befand der EGMR, dass das Recht auf Auskunft über bei Behörden gespeicherte personenbezogene Daten unter bestimmten Umständen jedoch eingeschränkt werden kann.

Im **EU-Recht** ist das Recht auf Auskunft über die eine Person betreffenden Daten ausdrücklich in Artikel 12 der Datenschutzrichtlinie und als Grundrecht in Artikel 8 Absatz 2 der Charta verankert.

Gemäß Artikel 12 Buchstabe a der Richtlinie garantieren die Mitgliedstaaten jeder betroffenen Person das Recht auf Auskunft über ihre personenbezogenen Daten und auf Information. Jede betroffene Person hat insbesondere das Recht, vom für die Verarbeitung Verantwortlichen die Bestätigung zu erhalten, dass es Verarbeitungen sie betreffender Daten gibt oder nicht, sowie zumindest Folgendes zu erfahren:

- die Zweckbestimmungen der Verarbeitung;
- die Kategorien der betroffenen Daten;

176 Datenschutzrichtlinie, Artikel 13 Absatz 2.

177 EGMR, *Gaskin / Vereinigtes Königreich*, Nr. 10454/83, 7. Juli 1989; EGMR, *Odièvre / Frankreich [GK]*, Nr. 42326/98, 13. Februar 2003; EGMR, *K.H. und andere / Slowakei*, Nr. 32881/04, 28. April 2009; EGMR, *Godelli / Italien*, Nr. 33783/09, 25. September 2012.

178 EGMR, *Leander / Schweden*, Nr. 9248/81, 11. Juli 1985.

- die Daten, die Gegenstand der Verarbeitung sind;
- die Empfänger oder Kategorien der Empfänger, an die die Daten übermittelt werden;
- verfügbare Informationen über die Herkunft der Daten;
- bei automatisierten Entscheidungen den logischen Aufbau der automatisierten Verarbeitung von Daten.

Im einzelstaatlichen Recht können weitere vom für die Verarbeitung Verantwortlichen zu gebende Informationen hinzugefügt werden, beispielsweise die Angabe der Rechtsgrundlage für die Verarbeitung.

Beispiel: Hat man Einsicht in seine personenbezogenen Daten, kann man sagen, ob die Daten sachlich richtig sind oder nicht. Es ist daher unumgänglich, dass die betroffene Person über die Kategorien der verarbeiteten Daten sowie über den Inhalt der Daten informiert wird. Es reicht daher nicht aus, wenn ein für die Verarbeitung Verantwortlicher der betroffenen Person einfach mitteilt, dass er ihren Namen, ihre Anschrift, ihr Geburtsdatum und ihre Hobbies verarbeitet. Der für die Verarbeitung Verantwortliche muss der betroffenen Person vielmehr mitteilen, dass er folgende Angaben verarbeitet: „Name: N.N.; Anschrift: 1040 Wien, Schwarzenberplatz 11, Österreich; Geburtsdatum: 10.10.1974; und Hobby (nach Angaben der betroffenen Person): klassische Musik." Der letzten Angabe ist ferner die Datenquelle zu entnehmen.

Die Unterrichtung der betroffenen Person über die zur Verarbeitung anstehenden Daten und über die verfügbaren Angaben zu ihrer Quelle muss in verständlicher Form erfolgen, d. h., der für die Verarbeitung Verantwortliche muss der betroffenen Person unter Umständen näher erläutern, was er verarbeitet. So reicht beispielsweise als Antwort auf ein Auskunftsersuchen die Nennung technischer Abkürzungen oder medizinischer Begriffe normalerweise nicht aus, selbst wenn nur solche Abkürzungen oder Begriffe gespeichert sind.

Informationen über die Quelle der Daten, die vom für die Verarbeitung Verantwortlichen verarbeitet werden, müssen auf ein Auskunftsersuchen hin gegeben werden, sofern diese Informationen vorliegen. Diese Bestimmung ist vor dem Hintergrund der Grundsätze der Verarbeitung nach Treu und Glauben und der Rechenschaftspflicht zu sehen. Ein für die Verarbeitung Verantwortlicher darf Informationen über die Quelle nicht vernichten, um sie nicht weitergeben zu müssen; ebenso wenig darf er üblicherweise anerkannte Standardanforderungen an die Dokumentation in seinem Tätigkeitsbereich nicht ignorieren. Bewahrt er keine Unterlagen über die Quelle der verarbeiteten Daten auf, kommt der für die Verarbeitung Verantwortliche in der Regel seinen Verpflichtungen im Zusammenhang mit dem Auskunftsrecht nicht nach.

Werden automatisierte Bewertungen vorgenommen, muss die allgemeine Logik der Bewertung einschließlich der konkreten Kriterien erläutert werden, anhand derer die betroffene Person bewertet wurde.

Der Richtlinie ist nicht eindeutig zu entnehmen, ob das Auskunftsrecht auch für die Vergangenheit gilt und, wenn ja, für welchen Zeitraum in der Vergangenheit. Wie in der Rechtsprechung des EuGH betont, darf das Recht auf Auskunft über die eigenen Daten nicht ungebührlich durch Befristung eingeschränkt werden. Den betroffenen Personen muss eine angemessene Möglichkeit geboten werden, etwas über vergangene Datenverarbeitungen in Erfahrung zu bringen.

Beispiel: In der Rechtssache *Rijkeboer*[179] sollte der EuGH darüber entscheiden, ob gemäß Artikel 12 Buchstabe a der Richtlinie das Recht einer natürlichen Person auf Auskunft über die Empfänger oder Kategorien von Empfängern personenbezogener Daten und den Inhalt der übermittelten Daten auf ein Jahr vor ihrem Auskunftsersuchen beschränkt werden darf.

Um feststellen zu können, ob Artikel 12 Buchstabe a der Richtlinie eine solche zeitliche Begrenzung zulässt, beschloss der Gerichtshof eine Auslegung dieses Artikels im Licht der mit der Richtlinie verfolgten Ziele. Zunächst befand der Gerichtshof, dass dieses Auskunftsrecht erforderlich ist, um der betroffenen Person die Wahrnehmung des Rechts auf Berichtigung, Löschung oder Sperrung ihrer Daten durch den für die Verarbeitung Verantwortlichen (Artikel 12 Buchstabe b) oder die Mitteilung dieser Berichtigung, Löschung oder Sperrung an die Dritten, an die diese Daten übermittelt worden sind (Artikel 12 Buchstabe c), zu ermöglichen. Das Auskunftsrecht ist außerdem notwendig, um der betroffenen Person die Inanspruchnahme ihres Rechts auf Widerspruch gegen die

179 EuGH, C-553/07, *College van burgemeester en wethouders van Rotterdam / M.E.E. Rijkeboer*, 7. Mai 2009.

Verarbeitung ihrer personenbezogenen Daten (Artikel 14) oder des gerichtlichen Rechtsschutzes im Schadensfall (Artikel 22 und 23) zu ermöglichen.

Um die praktische Wirksamkeit der vorstehend genannten Bestimmungen zu gewährleisten, muss nach Auffassung des Gerichts „das Recht zwingend für die Vergangenheit gelten. Denn andernfalls wäre die betroffene Person weder in der Lage, wirksam ihr Recht auf Veranlassung der Berichtigung, Löschung oder Sperrung von Daten wahrzunehmen, die ihrer Ansicht nach unbefugt verarbeitet wurden oder falsch sind, noch, einen gerichtlichen Rechtsbehelf einzulegen und Schadenersatz zu erlangen".

Recht auf Berichtigung, Löschung und Sperrung von Daten

„Jede Person muss ein Auskunftsrecht hinsichtlich der sie betreffenden Daten, die Gegenstand einer Verarbeitung sind, haben, damit sie sich insbesondere von der Richtigkeit dieser Daten und der Zulässigkeit ihrer Verarbeitung überzeugen kann."[180] Im Einklang mit diesen Grundsätzen müssen betroffene Personen nach einzelstaatlichen Rechtsvorschriften das Recht haben, vom für die Verarbeitung Verantwortlichen die Berichtigung, Löschung oder Sperrung ihrer Daten zu erhalten, wenn ihrer Ansicht nach die Verarbeitung nicht den Bestimmungen der Richtlinie entspricht, weil insbesondere die Daten unrichtig oder unvollständig sind.[181]

Beispiel: In der Rechtssache *Cemalettin Canli gegen Türkei*[182] stellt der EGMR eine Verletzung von Artikel 8 EMRK durch unrichtige Angaben der Polizei in Strafverfahren fest.

Der Beschwerdeführer hatte zweimal in Strafverfahren wegen mutmaßlicher Mitgliedschaft in einer kriminellen Vereinigung vor Gericht gestanden, war aber nie verurteilt worden. Als der Beschwerdeführer ein weiteres Mal verhaftet und einer anderen Straftat angeklagt wurde, legte die Polizei dem Strafgericht einen Bericht mit dem Titel *„Informationsblatt zu weiteren Straftaten"* vor, in dem der Beschwerdeführer als Mitglied zweier krimineller Vereinigungen dargestellt wurde. Vergeblich beantragte der Beschwerdeführer eine Änderung des Berichts und der polizeilichen Unterlagen. Nach Auffassung des EGMR fielen die

180 Datenschutzrichtlinie, Erwägungsgrund 41.

181 a.a.O., Artikel 12 Buchstabe b.

182 EGMR, *Cemalettin Canli / Türkei*, Nr. 22427/04, 18. November 2008, Randnrn. 33, 42 und 43; EGMR, *Dalea / Frankreich*, Nr. 964/07, 2. Februar 2010.

Informationen im Polizeibericht in den Anwendungsbereich von Artikel 8 EMRK, da öffentlich verfügbare Informationen durchaus zum „Privatleben" gerechnet werden können, wenn sie systematisch erhoben und in Akten bei Behörden gespeichert werden. Des Weiteren sei der Polizeibericht unrichtig gewesen und habe seine Abfassung und Vorlage bei Gericht nicht im Einklang mit dem Gesetz gestanden. Der Gerichtshof befand, dass eine Verletzung von Artikel 8 vorlag.

Beispiel: In der Rechtssache *Segerstedt-Wiberg und andere gegen Schweden*[183] waren die Beschwerdeführer Mitglieder bestimmter liberaler und kommunistischer politischer Parteien. Sie hegten den Verdacht, dass Daten über sie in Akten der Sicherheitspolizei eingegeben worden waren. Der EGMR zeigte sich zufrieden damit, dass die in Frage stehende Datenspeicherung eine Rechtsgrundlage hatte und einem rechtmäßigen Ziel diente. Bezüglich einiger der Beschwerdeführer befand der EGMR, die fortgesetzte Speicherung der Daten sei ein unverhältnismäßiger Eingriff in ihr Privatleben. Im Fall von Herrn Schmid beispielsweise würden die Behörden nach wie vor speichern, er habe sich 1969 angeblich für gewalttätigen Widerstand gegen Polizeikontrollen bei Demonstrationen eingesetzt. Nach Auffassung des EGMR konnte diese Information, insbesondere aufgrund ihres historischen Charakters, kaum von Bedeutung für die nationalen Sicherheitsinteressen gewesen sein. Bei vier der fünf Beschwerdeführer befand der EGMR, dass eine Verletzung von Artikel 8 EMRK vorlag.

Mitunter genügt es der betroffenen Person, einfach eine Berichtigung beispielsweise der Schreibweise eines Namens oder die Eintragung einer neuen Anschrift oder Telefonnummer zu beantragen. Geht es in solchen Anträgen allerdings um rechtliche Aspekte wie die Rechtspersönlichkeit der betroffenen Person oder den korrekten Wohnort für die Zustellung von amtlichen Dokumenten, reicht ein Antrag auf Berichtigung möglicherweise nicht aus und kann der für die Verarbeitung Verantwortliche befugt sein, einen Nachweis der angeblichen fehlenden Richtigkeit der Daten zu verlangen. Solche Forderungen dürfen für die betroffene Person keine unannehmbare Beweislast bedeuten und damit betroffene Personen daran hindern, die Berichtigung ihrer Daten zu erlangen. Der EGMR befand auf eine Verletzung von Artikel 8 EMRK in mehreren Fällen, in denen es dem Beschwerdeführer versagt war, die Richtigkeit der in Geheimregistern gespeicherten Daten in Frage zu stellen.[184]

183 EGMR, *Segerstedt-Wiberg und andere / Schweden*, Nr. 62332/00, 6. Juni 2006, Randnrn. 89 und 90; siehe ferner beispielsweise EGMR, *M.K. / Frankreich*, Nr. 19522/09, 18. April 2013.

184 EGMR, *Rotaru / Rumänien*, Nr. 28341/95, 4. Mai 2000.

Beispiel: In der Rechtssache *Ciubotaru gegen Republik Moldau*[185] konnte der Beschwerdeführer die Angabe seiner ethnischen Herkunft in amtlichen Dokumenten nicht von „moldawisch" in „rumänisch" ändern, weil er angeblich seinen Antrag nicht begründet hatte. Nach Auffassung des EGMR ist es durchaus annehmbar, dass Staaten bei der Eintragung der ethnischen Identität einer Person objektive Beweise verlangen. Seien solche Behauptungen rein subjektiv und nicht belegt, könnten die Behörden den Antrag ablehnen. Der Beschwerdeführer hatte sich jedoch bei seinem Antrag auf mehr als die subjektive Wahrnehmung seiner eigenen ethnischen Zugehörigkeit gestützt; er konnte vielmehr objektiv überprüfbare Verbindungen zur rumänischen ethnischen Gruppe wie Sprache, Name, Empathie und andere belegen. Nach innerstaatlichem Recht musste der Beschwerdeführer jedoch den Beweis dafür vorlegen, dass seine Eltern der rumänischen ethnischen Gruppe angehört hatten. In Anbetracht der historischen Realitäten der Republik Moldau hätte eine solche Anforderung ein unüberwindliches Hindernis für die Eintragung einer anderen als der von den sowjetischen Behörden für seine Eltern eingetragenen ethnischen Identität bedeutet. Der Staat hatte verhindert, dass der Antrag des Beschwerdeführers im Lichte objektiv überprüfbarer Beweise geprüft wurde und kam damit seiner positiven Verpflichtung nicht nach, die wirksame Achtung des Privatlebens des Beschwerdeführers sicherzustellen. Der Gerichtshof befand, dass eine Verletzung von Artikel 8 EMRK vorlag.

Um in Zivil- oder Verwaltungsverfahren entscheiden zu können, ob die Daten richtig sind oder nicht, kann die betroffene Person beantragen, einen Vermerk zu ihrem Datensatz zu nehmen, der besagt, dass die Richtigkeit angefochten wird und eine offizielle Entscheidung aussteht. In diesem Zeitraum darf der für die Verarbeitung Verantwortliche insbesondere gegenüber Dritten die Daten nicht als gesichert oder endgültig darstellen.

Der Antrag einer betroffenen Person auf Löschung von Daten stützt sich häufig auf die Behauptung, es fehle der Datenverarbeitung an einer Rechtsgrundlage. Derartige Behauptungen werden häufig aufgestellt, wenn eine Einwilligung zurückgezogen wurde oder wenn bestimmte Daten für das Erreichen des Zwecks der Datenerhebung nicht länger benötigt werden. Der Beweis für die Rechtmäßigkeit der Datenverarbeitung ist von dem für die Verarbeitung Verantwortlichen zu erbringen, denn er ist für die Rechtmäßigkeit der Verarbeitung verantwortlich. Gemäß dem Grundsatz der Rechenschaftspflicht muss der für die Verarbeitung Verantwortliche

185 EGMR, *Ciubotaru / Republik Moldau*, Nr. 27138/04, 27. April 2010, Randnrn. 51 und 59.

jederzeit nachweisen können, dass es für seine Datenverarbeitung eine solide Rechtsgrundlage gibt; andernfalls ist die Verarbeitung einzustellen.

Wird die Verarbeitung von Daten angefochten, weil die Daten angeblich unrichtig sind oder rechtswidrig verarbeitet werden, kann die betroffene Person im Einklang mit dem Grundsatz der Verarbeitung nach Treu und Glauben verlangen, dass die strittigen Daten gesperrt werden. Das bedeutet, dass die Daten nicht gelöscht werden, dass aber der für die Verarbeitung Verantwortliche sie während der Sperrfrist nicht verwenden darf. Dies ist besonders dann wichtig, wenn die fortgesetzte Verwendung unrichtiger oder rechtswidrig im Besitz des für die Verarbeitung Verantwortlichen befindlicher Daten der betroffenen Person Schaden zufügen könnte. Im einzelstaatlichen Recht sollte näher geregelt werden, wann die Verpflichtung zur Sperrung von Daten entsteht und wie ihr nachzukommen ist.

Betroffene Personen können ferner vom für die Verarbeitung Verantwortlichen die Mitteilung aller Sperrungen, Berichtigungen oder Löschungen an Dritte verlangen, wenn sie diese Daten vor Beginn der Verarbeitungsvorgänge erhalten haben. Da die Weitergabe von Daten an Dritte vom für die Verarbeitung Verantwortlichen zu dokumentieren ist, sollte es möglich sein, die Datenempfänger zu ermitteln und die Löschung zu verlangen. Wurden die Daten jedoch in der Zwischenzeit der Öffentlichkeit zugänglich gemacht, beispielsweise im Internet, kann es unmöglich sein, überall die Löschung der Daten zu veranlassen, da die Datenempfänger nicht zu ermitteln sind. Gemäß der Datenschutzrichtlinie ist ein Ansprechen von Datenempfängern auf die Berichtigung, Löschung oder Sperrung von Daten vorgeschrieben, sofern „sich dies nicht als unmöglich erweist oder kein unverhältnismäßiger Aufwand damit verbunden ist".[186]

5.1.2. Widerspruchsrecht

Das Widerspruchsrecht umfasst das Recht auf Widerspruch gegen automatisierte Einzelentscheidungen, das Recht auf Widerspruch aufgrund der besonderen Situation der betroffenen Person und das Recht auf Widerspruch gegen die Weiterverwendung von Daten für Zwecke der Direktwerbung.

186 Datenschutzrichtlinie, Artikel 12 Buchstabe c letzter Halbsatz.

Recht auf Widerspruch gegen automatisierte Einzelentscheidungen

Automatisierte Entscheidungen sind Entscheidungen, die auf Basis einer rein automationsunterstützten Verwendung personenbezogener Daten getroffen werden. Ist es wahrscheinlich, dass solche Entscheidungen erhebliche Auswirkungen auf das Leben natürlicher Personen haben, weil sie sich beispielsweise auf deren Kreditwürdigkeit, berufliche Leistungsfähigkeit, ihr Verhalten oder ihre Zuverlässigkeit beziehen, ist zur Vermeidung unangemessener Folgen ein besonderer Schutz erforderlich. Die Datenschutzrichtlinie sieht vor, dass automatisierte Entscheidungen nicht zu Fragen ergehen sollten, die für natürliche Personen von Bedeutung sind, und sie verlangt, dass die betroffene Person das Recht auf Überprüfung der automatisierten Entscheidung haben sollte.[187]

Beispiel: Ein wichtiges Beispiel aus der Praxis für automatisierte Entscheidungen ist das so genannte „Credit Scoring". Um rasch über die Kreditwürdigkeit eines künftigen Kunden entscheiden zu können, werden beim Kunden Daten wie Beruf und Familienstand erhoben und mit Daten kombiniert, die aus anderen Quellen wie Kreditinformationssystemen zur Verfügung stehen. Diese Daten werden automatisch in einen Scoring-Algorithmus eingegeben, der einen Gesamtwert für die Kreditwürdigkeit des potenziellen Kunden berechnet. Auf diese Weise kann das Unternehmen in Sekundenschnelle darüber entscheiden, ob die betroffene Person als Kunde akzeptabel ist oder nicht.

Gemäß der Richtlinie sehen die Mitgliedstaaten jedoch vor, dass eine Person einer automatisierten Einzelentscheidung unterworfen werden kann, sofern die Interessen der betroffenen Person entweder nicht gefährdet sind, weil die Entscheidung zugunsten der betroffene Person ausfällt, oder sie durch andere geeignete Mittel gewahrt werden.[188] Auch das **Recht des Europarates** sieht das Recht auf Widerspruch gegen automatisierte Entscheidungen vor, wie aus der Empfehlung für die Profilerstellung hervorgeht.[189]

187 a.a.O., Artikel 15 Absatz 1.

188 a.a.O., Artikel 15 Absatz 2.

189 Empfehlung für die Profilerstellung, Artikel 5 Absatz 5.

Recht auf Widerspruch aufgrund der besonderen Situation der betroffenen Person

Es gibt kein allgemeines Recht betroffener Personen auf Widerspruch gegen die Verarbeitung ihrer Daten.[190] Artikel 14 Buchstabe a der Datenschutzrichtlinie gibt der betroffenen Person das Recht, aus überwiegenden, schutzwürdigen, sich aus ihrer besonderen Situation ergebenden Gründen Widerspruch einzulegen. Ein ähnliches Recht wurde auch in der Empfehlung des Europarates für die Profilerstellung anerkannt.[191] Mit solchen Bestimmungen soll ein ausgewogenes Verhältnis zwischen den Datenschutzrechten der betroffenen Person und den berechtigten Interessen anderer an der Verarbeitung der Daten der betroffenen Person hergestellt werden.

Beispiel: Eine Bank speichert sieben Jahre lang Daten von Kunden, die mit der Rückzahlung von Darlehen in Verzug sind. Ein Kunde, dessen Daten in dieser Datenbank gespeichert sind, beantragt ein neues Darlehen. Die Datenbank wird abgefragt, es wird eine Bewertung der finanziellen Situation vorgenommen, und dem Kunden wird das Darlehen verweigert. Der Kunde kann jedoch Widerspruch gegen die Speicherung personenbezogener Daten in der Datenbank einlegen und die Löschung der Daten fordern, wenn er nachweisen kann, dass der Zahlungsrückstand lediglich das Ergebnis eines Fehlers war, der unverzüglich berichtigt worden war, nachdem der Kunde darauf aufmerksam geworden war.

Ein erfolgreicher Widerspruch hat zur Folge, dass die fraglichen Daten von dem für die Verarbeitung Verantwortlichen nicht länger verarbeitet werden dürfen. Die Verarbeitungen der Daten der betroffenen Person, die vor dem Widerspruch vorgenommen wurden, bleiben jedoch rechtmäßig.

Recht auf Widerspruch gegen eine Weiternutzung von Daten für Zwecke der Direktwerbung

Artikel 14 Buchstabe b der Datenschutzrichtlinie sieht ein eigenes Recht auf Widerspruch gegen die Verwendung der Daten einer Person für Zwecke der

190 Siehe ferner EGMR, *M.S. / Schweden*, Nr. 20837/92, 27. August 1997, wo medizinische Daten ohne Einwilligung und ohne Möglichkeit des Widerspruchs weitergegeben wurden; oder EGMR, *Leander / Schweden*, Nr. 9248/81, 26. März 1987; oder EGMR, *Mosley / Vereinigtes Königreich*, Nr. 48009/08, 10. Mai 2011.

191 Empfehlung für die Profilerstellung, Artikel 5 Absatz 3.

Direktwerbung vor. Ein solches Recht findet sich auch in der Empfehlung des Europarates zum Direktmarketing.[192] Diese Art von Widerspruch sollte eingelegt werden, bevor Daten an Dritte für Zwecke der Direktwerbung weitergegeben werden. Der betroffenen Person muss daher vor der Übermittlung der Daten Gelegenheit zum Widerspruch gegeben werden.

5.2. Unabhängige Kontrolle

Kernpunkte

- Um einen wirksamen Datenschutz zu gewährleisten, müssen nach einzelstaatlichem Recht unabhängige Kontrollstellen eingerichtet werden.
- Nationale Kontrollstellen müssen in völliger Unabhängigkeit handeln, die im Gründungsrechtsakt gewährleistet werden und in der jeweiligen Organisationsstruktur der Kontrollstelle zum Ausdruck kommen muss.
- Kontrollstellen haben unter anderem die Aufgabe,
  - den Datenschutz auf nationaler Ebene zu überwachen und zu fördern;
  - betroffene Personen und für die Verarbeitung Verantwortliche sowie die Regierung und die breite Öffentlichkeit zu beraten;
  - Beschwerden entgegenzunehmen und der betroffenen Person bei mutmaßlichen Verletzungen von Datenschutzrechten zur Seite zu stehen;
  - für die Verarbeitung Verantwortliche und Auftragsverarbeiter zu kontrollieren;
  - bei Bedarf zu intervenieren durch
    - Verwarnungen, Ermahnungen oder sogar Verhängung von Geldstrafen gegen für die Verarbeitung Verantwortliche und Auftragsverarbeiter,
    - Anordnung der Berichtigung, Sperrung oder Löschung von Daten,
    - Aussprechen eines Verarbeitungsverbots;
  - Anrufung der Gerichte.

192 Europarat, Ministerkomitee (1985), *Empfehlung Rec(95)20 an die Mitgliedstaaten betreffend den Schutz personenbezogener Daten, die für Zwecke des Direktmarketing verwendet werden*, 25. Oktober 1985, Artikel 4 Absatz 1.

Die Datenschutzrichtlinie verlangt eine unabhängige Kontrolle als wichtigen Mechanismus zur Gewährleistung eines wirksamen Datenschutzes. In der Richtlinie findet sich zum ersten Mal ein Instrument für die Durchsetzung des Datenschutzes, das zuvor im Übereinkommen Nr. 108 oder in den Datenschutzleitlinien der OECD nicht vorhanden war.

In Anbetracht der Tatsache, dass sich eine unabhängige Kontrolle für einen wirksamen Datenschutz als unerlässlich erwiesen hat, wurde in die 2013 angenommenen überarbeiteten Datenschutzleitlinien der OECD eine neue Bestimmung aufgenommen, in der die Mitgliedstaaten aufgefordert werden, „Behörden zur Durchsetzung des Datenschutzes einzurichten und zu erhalten, die mit der Governance, den Ressourcen und dem fachlichen Wissen ausgestattet sind, wie sie für eine wirksame Wahrnehmung ihrer Aufgaben und für objektive, unparteiische und kohärente Entscheidungen erforderlich sind."[193]

Im **Recht des Europarates** wurde im Zusatzprotokoll zum Übereinkommen Nr. 108 die Errichtung von Kontrollstellen verpflichtend gemacht. Artikel 1 dieses Instruments enthält den gesetzlichen Rahmen für unabhängige Kontrollstellen, den die Vertragsparteien in ihrem innerstaatlichen Recht umsetzen müssen. Es werden dort für die Beschreibung der Aufgaben und Befugnisse dieser Behörden ähnliche Formulierungen wie in der Datenschutzrichtlinie verwendet. Grundsätzlich sollten also Kontrollstellen nach dem EU-Recht und dem Recht des Europarates gleich funktionieren.

Im **EU-Recht** wurden Zuständigkeiten und Organisationsstruktur von Kontrollstellen zuerst in Artikel 28 Absatz 1 der Datenschutzrichtlinie beschrieben. In der Datenschutzverordnung für die EU-Organe[194] wird der EDSB als Kontrollstelle für Datenverarbeitungen durch die Organe und Einrichtungen der EU bestimmt. Bei der Festlegung der Aufgaben und Verantwortlichkeiten der Kontrollstelle lehnt sich diese Verordnung an die Erfahrungen an, die seit Inkrafttreten der Datenschutzrichtlinie gemacht wurden.

Die Unabhängigkeit von Datenschutzbehörden wird in Artikel 16 Absatz 2 AEUV und Artikel 8 Absatz 3 der Charta gewährleistet. Gerade diese letztgenannte

193 OECD (2013), *Leitlinien für den Schutz der Privatsphäre und die grenzüberschreitende Übermittlung personenbezogener Daten*, Artikel 19 Buchstabe c.

194 Verordnung (EG) Nr. 45/2001 des Europäischen Parlaments und des Rates vom 18. Dezember 2000 zum Schutz natürlicher Personen bei der Verarbeitung personenbezogener Daten durch die Organe und Einrichtungen der Gemeinschaft und zum freien Datenverkehr, ABl. L 8 vom 12.1.2001, Artikel 41-48.

Bestimmung betrachtet die Kontrolle durch eine unabhängige Behörde als wesentlichen Bestandteil des Grundrechts auf Datenschutz. Gemäß der Datenschutzrichtlinie sehen die Mitgliedstaaten vor, Kontrollstellen einzurichten, die die Anwendung der Richtlinie überwachen und dies in völliger Unabhängigkeit tun.[195] Es muss nicht nur der Rechtsakt zur Errichtung einer Kontrollstelle Bestimmungen enthalten, die ihre Unabhängigkeit garantieren, sondern auch die Organisationsstruktur der Behörde muss ihre Unabhängigkeit widerspiegeln.

2010 befasste sich der EuGH zum ersten Mal mit der Frage der Tragweite des Erfordernisses der Unabhängigkeit von Datenschutzbehörden.[196] Das folgende Beispiel illustriert seine Sichtweise.

Beispiel: In der Rechtssache *Kommission gegen Deutschland*[197] hatte die Europäische Kommission beim EuGH beantragt, festzustellen, dass Deutschland das Erfordernis der „völligen Unabhängigkeit" der für den Datenschutz zuständigen Kontrollstellen falsch umgesetzt und damit gegen seine Verpflichtungen aus Artikel 28 Absatz 1 der Datenschutzrichtlinie verstoßen hat. Nach Auffassung der Kommission lag das Problem darin, dass Deutschland die für die Überwachung der Verarbeitung personenbezogener Daten im nichtöffentlichen Bereich zuständigen Kontrollstellen in den Bundesländern staatlicher Aufsicht unterworfen hat.

Die Beurteilung der Begründetheit der Klage hing nach Auffassung des Gerichtshofes davon ab, welche Tragweite das Unabhängigkeitserfordernis in dieser Bestimmung hat, und somit von ihrer Auslegung.

Der Gerichtshof unterstrich, dass die Worte „in völliger Unabhängigkeit" in Artikel 28 Absatz 1 der Richtlinie anhand des Wortlauts dieser Bestimmung und der Ziele und der Systematik der Datenschutzrichtlinie auszulegen sind.[198] Die Kontrollstellen seien somit die „Hüter" von in der Richtlinie garantierten Rechten im Zusammenhang mit der Verarbeitung personenbezogener Daten, und ihre Errichtung in den Mitgliedstaaten gelte daher „als ein wesentliches Element des

195 Datenschutzrichtlinie, Artikel 28 Absatz 1 letzter Satz; Übereinkommen Nr. 108, Zusatzprotokoll, Artikel 1 Absatz 3.

196 Siehe FRA (2010), *Grundrechte: Herausforderungen und Erfolge in 2010*, Jahresbericht 2010, S. 59. Detaillierter hat sich die FRA mit diesem Thema in ihrem Bericht *Datenschutz in der Europäischen Union: die Rolle der nationalen Datenschutzbehörden* befasst, der im Mai 2010 veröffentlicht wurde.

197 EuGH, C-518/07, *Europäische Kommission / Bundesrepublik Deutschland*, 9. März 2010, Randnr. 27.

198 a.a.O. Randnrn. 17 und 29.

Schutzes der Personen bei der Verarbeitung personenbezogener Daten".[199] Der Gerichtshof stellte fest: „Folglich müssen die Kontrollstellen bei der Wahrnehmung ihrer Aufgaben objektiv und unparteiisch vorgehen. Hierzu müssen sie vor jeglicher Einflussnahme von außen einschließlich der unmittelbaren oder mittelbaren Einflussnahme des Bundes oder der Länder sicher sein und nicht nur vor der Einflussnahme seitens der kontrollierten Einrichtungen".[200]

Der EuGH befand ferner, dass die „völlige Unabhängigkeit" im Lichte der Unabhängigkeit des EDSB ausgelegt werden sollte, wie sie in der Datenschutzverordnung für die EU-Organe festgelegt ist. In Artikel 44 Absatz 2 dieser Verordnung wird nach Auffassung des Gerichtshofes zur Erläuterung des Begriffs der Unabhängigkeit hinzugefügt, dass der EDSB „niemanden um Weisung ersucht und keine Weisungen entgegennimmt". Damit ist eine staatliche Aufsicht über eine unabhängige Datenschutzbehörde ausgeschlossen.[201]

Der EuGH stellte daher fest, dass die für die Überwachung der Verarbeitung personenbezogener Daten durch nichtöffentliche Stellen zuständigen Datenschutzbehörden der deutschen Bundesländer nicht ausreichend unabhängig seien, da sie der staatlichen Aufsicht unterlägen.

Beispiel: In der Rechtssache *Kommission gegen Österreich*[202] wies der EuGH auf ähnliche Probleme bezüglich der Position bestimmter Mitglieder und Bediensteter der österreichischen Datenschutzkommission (DSK) hin. Der Gerichtshof befand in dieser Rechtssache, dass nach der in Österreich bestehenden Regelung die österreichische Datenschutzbehörde nicht in der Lage ist, ihre Aufgaben „in völliger Unabhängigkeit" im Sinne der Datenschutzrichtlinie wahrzunehmen. Die Unabhängigkeit der österreichischen Datenschutzbehörde sei nicht hinreichend gewährleistet, da das Bundeskanzleramt Personal an die DSK entsende, die DSK beaufsichtige und das Recht habe, jederzeit über deren Arbeit unterrichtet zu werden.

Beispiel: In der Rechtssache *Kommission gegen Ungarn*[203] wies der EuGH darauf hin, dass „die Vorgabe [...], nach der zu gewährleisten ist, dass die Kontrollstel-

199 a.a.O., Randnr. 23.

200 a.a.O., Randnr. 25.

201 a.a.O., Randnr. 27.

202 EuGH, C-614/10, *Europäische Kommission / Republik Österreich*, 16. Oktober 2012, Randnrn. 59 und 63.

203 EuGH, C-288/12, *Europäische Kommission / Ungarn*, 8. April 2014, Randnrn. 50 und 67.

len die ihnen zugewiesenen Aufgaben in völliger Unabhängigkeit wahrnehmen, die Verpflichtung des betreffenden Mitgliedstaats einschließt, die Dauer des Mandats einer solchen Stelle bis zu seinem ursprünglich vorgesehenen Ablauf zu beachten." Infolgedessen entschied der Gerichtshof, dass Ungarn „dadurch gegen seine Verpflichtungen aus der Richtlinie 95/46/EG des Europäischen Parlaments und des Rates vom 24. Oktober 1995 [...] verstoßen [hat], dass es das Mandat der Kontrollstelle für den Schutz personenbezogener Daten vorzeitig beendet hat."

Kontrollstellen verfügen gemäß nationalen Rechtsvorschriften über Befugnisse und Rechte, um unter anderem [204]

- für die Verarbeitung Verantwortliche und betroffene Personen in allen Fragen des Datenschutzes zu beraten;
- Verarbeitungen zu untersuchen und entsprechend einzugreifen;
- für die Verarbeitung Verantwortliche zu ermahnen und zu verwarnen;
- die Berichtigung, Sperrung, Löschung oder Zerstörung von Daten anzuordnen;
- ein zeitweiliges oder endgültiges Verbot einer Verarbeitung auszusprechen;
- Gerichte anzurufen.

Damit eine Kontrollstelle ihre Aufgaben wahrnehmen kann, benötigt sie Zugriff auf alle für eine Untersuchung erforderlichen personenbezogenen Daten und Informationen sowie Zugang zu allen Räumlichkeiten, in denen der für die Verarbeitung Verantwortliche relevante Informationen aufbewahrt.

Es bestehen erhebliche Unterschiede zwischen innerstaatlichen Regelwerken bezüglich der Verfahren und der rechtlichen Wirkung der Befunde einer Kontrollstelle. Sie bewegen sich zwischen Empfehlungen, wie sie ein Ombudsmann ausspricht, und unmittelbar vollstreckbaren Entscheidungen. Bei einer Analyse der Wirksamkeit von Rechtsbehelfen in einer Rechtsordnung müssen die einzelnen Instrumente daher in ihrem jeweiligen Kontext betrachtet werden.

204 Datenschutzrichtlinie, Artikel 28; siehe ferner Übereinkommen Nr. 108, Zusatzprotokoll, Artikel 1.

5.3. Rechtsbehelfe und Sanktionen

Kernpunkte

- Gemäß dem Übereinkommen Nr. 108 sowie der Datenschutzrichtlinie sind im einzelstaatlichen Recht angemessene Rechtsbehelfe und Sanktionen bei Verletzungen des Rechts auf Datenschutz festzulegen.
  - Das Recht auf wirksamen Rechtsbehelf verlangt im EU-Recht, dass im einzelstaatlichen Recht gerichtliche Rechtsbehelfe gegen Verletzungen von Datenschutzrechten unabhängig von der Möglichkeit vorgesehen werden, sich an eine Kontrollstelle zu wenden.
  - Die im einzelstaatlichen Recht vorgesehenen Sanktionen müssen wirksam, gleichwertig, verhältnismäßig und abschreckend sein.
- Bevor eine Person ein Gericht anrufen kann, muss sie sich an den für die Verarbeitung Verantwortlichen wenden. Ob es gleichermaßen obligatorisch ist, sich vor der Anrufung eines Gerichts an eine Kontrollstelle zu wenden, bleibt dem einzelstaatlichen Recht überlassen.
- Betroffene Personen können Verletzungen des Datenschutzrechts als letztes Mittel und unter bestimmten Voraussetzungen vor den EGMR bringen.
- Außerdem können betroffene Personen den EuGH anrufen, allerdings nur in sehr beschränktem Umfang.

Die im Datenschutzrecht verankerten Rechte können nur von der Person ausgeübt werden, um deren Rechte es geht; dabei handelt es sich um jemanden, der betroffene Person ist oder zumindest zu sein behauptet. Solche Personen können bei der Wahrnehmung ihrer Rechte durch Personen vertreten werden, die bestimmte, im einzelstaatlichen Recht festgelegte Anforderungen erfüllen. Minderjährige müssen durch ihre Eltern oder einen Vormund vertreten werden. Vor den Kontrollstellen kann sich eine Person auch durch Vereinigungen vertreten lassen, deren satzungsmäßiger Zweck die Förderung der Menschenrechte ist.

5.3.1. Antrag an den für die Verarbeitung Verantwortlichen

Die in Abschnitt 3.2 erwähnten Rechte müssen zunächst gegenüber dem für die Verarbeitung Verantwortlichen ausgeübt werden. Nicht weiterhelfen würde es, sich direkt an die nationale Kontrollstelle oder ein Gericht zu wenden, da die Behörde nur den Rat erteilen würde, zunächst den für die Verarbeitung Verantwortlichen zu kontaktieren, und das Gericht einen Antrag als unzulässig zurückweisen würde. Die formalen Anforderungen an einen rechtlich relevanten Antrag an einen für die Verarbeitung Verantwortlichen und hier vor allem die Frage, ob er schriftlich zu stellen ist, sollten im einzelstaatlichen Recht geregelt werden.

Die Stelle, die als für die Verarbeitung Verantwortlicher angesprochen wurde, muss auf einen Antrag reagieren, selbst wenn sie nicht der für die Verarbeitung Verantwortliche ist. Es muss der betroffenen Person auf jeden Fall innerhalb der im einzelstaatlichen Recht festgelegten Frist eine Antwort zuteilwerden, auch wenn darin nur steht, dass über den Antragsteller keine Daten verarbeitet werden. Gemäß Artikel 12 Buchstabe a der Datenschutzrichtlinie und Artikel 8 Buchstabe b des Übereinkommens Nr. 108 muss der Antrag „ohne unzumutbare Verzögerung" bearbeitet werden. Im einzelstaatlichen Recht sollte daher eine Frist für die Beantwortung festgelegt werden, die einerseits kurz genug ist, andererseits aber dem für die Verarbeitung Verantwortlichen die Möglichkeit gibt, sich angemessen mit dem Antrag zu befassen.

Vor einer Beantwortung des Antrags muss die Stelle, die als für die Verarbeitung Verantwortlicher angesprochen wurde, die Identität des Antragstellers überprüfen, um festzustellen, ob er wirklich die Person ist, die zu sein er vorgibt, und um so einen schwer wiegenden Bruch der Vertraulichkeit zu vermeiden. Sind die Anforderungen an die Überprüfung der Identität im einzelstaatlichen Recht nicht spezifisch festgelegt, entscheidet hierüber der für die Verarbeitung Verantwortliche. Der Grundsatz der Verarbeitung nach Treu und Glauben würde allerdings von für die Verarbeitung Verantwortlichen verlangen, keine übermäßigen Aufwand erfordernde Bedingungen für die Anerkennung der Identifizierung (und der Echtheit des Antrags, wie in Abschnitt 2.1.1 erörtert) vorzuschreiben.

Das einzelstaatliche Recht muss sich auch mit der Frage befassen, ob für die Verarbeitung Verantwortliche vor der Bearbeitung eines Antrags vom Antragsteller die Entrichtung einer Gebühr verlangen können. Gemäß Artikel 12 Buchstabe a der Richtlinie und Artikel 8 Buchstabe b des Übereinkommens Nr. 108 muss die Antwort auf Auskunftsersuchen „ohne übermäßige Kosten" erfolgen. In den einzelstaatlichen Rechtsvorschriften vieler europäischer Länder ist vorgesehen, dass Anträge im Bereich des Datenschutzrechts kostenlos zu beantworten sind, solange die Beantwortung keinen übermäßigen und ungewöhnlichen Aufwand erfordert; im Gegenzug sind für die Verarbeitung Verantwortliche üblicherweise durch das einzelstaatliche Recht vor Missbrauch des Rechts auf Erhalt einer Antwort auf einen Antrag geschützt.

Streitet die Person, Einrichtung oder Stelle, die als für die Verarbeitung Verantwortlicher angesprochen wurde, nicht ab, dass sie der für die Verarbeitung Verantwortliche ist, muss sie innerhalb der im einzelstaatlichen Recht festgelegten Frist

entweder dem Antrag stattgeben und dem Antragsteller mitteilen, wie dem Antrag entsprochen wurde, oder dem Antragsteller mitteilen, warum seinem Antrag nicht entsprochen wird.

5.3.2. Eingaben bei der Kontrollstelle

Erhält eine Person, die bei einem für die Verarbeitung Verantwortlichen ein Auskunftsersuchen gestellt oder einen Widerspruch eingelegt hat, nicht innerhalb einer angemessenen Frist eine zufrieden stellende Antwort, kann sie bei der nationalen Kontrollstelle eine Eingabe machen und um Unterstützung bitten. Im Zuge des Verfahrens vor der Kontrollstelle sollte geklärt werden, ob die Person, Einrichtung oder Stelle, an die sich der Antragsteller gewandt hat, zu einer Reaktion auf das Ersuchen verpflichtet war und ob die Reaktion richtig und ausreichend war. Die betroffene Person ist von der Kontrollstelle darüber zu informieren, wie mit der Eingabe verfahren wurde.[205] Die rechtlichen Wirkungen der Ergebnisse von Verfahren vor nationalen Kontrollstellen hängen vom einzelstaatlichen Recht ab. Die Entscheidungen der Behörde können rechtlich vollzogen werden, d. h. sie sind in Ausübung der öffentlichen Gewalt vollstreckbar, oder es muss ein Gericht angerufen werden, wenn sich der für die Verarbeitung Verantwortliche nicht an die Entscheidung (Stellungnahme, Verwarnung usw.) der Kontrollstelle hält.

Liegt eine mutmaßliche Verletzung der in Artikel 16 AEUV garantierten Datenschutzrechte durch Organe oder Einrichtungen der EU vor, kann die betroffene Person Beschwerde beim EDSB einreichen[206], der unabhängigen Kontrollstelle für den Datenschutz gemäß der Datenschutzverordnung für die Organe der EU, in der die Pflichten und Befugnisse des EDSB geregelt sind. Erfolgt innerhalb von sechs Monaten keine Antwort des EDSB, gilt die Beschwerde als abgelehnt.

205 Datenschutzrichtlinie, Artikel 28 Absatz 4.

206 Verordnung (EG) Nr. 45/2001 des Europäischen Parlaments und des Rates vom 18. Dezember 2000 zum Schutz natürlicher Personen bei der Verarbeitung personenbezogener Daten durch die Organe und Einrichtungen der Gemeinschaft und zum freien Datenverkehr, ABl. L 8 vom 12.1.2001.

Es muss die Möglichkeit bestehen, gegen Entscheidungen einer nationalen Kontrollstelle die Gerichte anzurufen. Dies gilt für die betroffenen Personen ebenso wie für für die Verarbeitung Verantwortlichen, die in einem Verfahren vor einer Kontrollstelle Partei waren.

Beispiel: Der *United Kingdom Information Commissioner* erließ am 24. Juli 2013 eine Entscheidung, in der die Polizei in Hertfordshire aufgefordert wurde, die Nutzung eines Systems zur Ortung von Kfz-Kennzeichenschildern einzustellen, das er für rechtswidrig hielt. Die von Kameras erhobenen Daten wurden sowohl in Datenbanken örtlicher Polizeidienststellen als auch in einer zentralen Datenbank gespeichert. Die Aufnahmen der Kennzeichenschilder wurden zwei Jahre aufbewahrt, Fotos von Kraftfahrzeugen 90 Tage. Es hieß, eine so umfangreiche Nutzung von Kameras und anderen Formen der Überwachung stehe in keinem rechten Verhältnis zu dem Problem, das damit bekämpft werden sollte.

5.3.3. Rechtsbehelf bei Gericht

Die Datenschutzrichtlinie besagt, dass jede Person, die gemäß dem Datenschutzrecht ein Ersuchen an den für die Verarbeitung Verantwortlichen gerichtet hat, mit der Antwort des für die Verarbeitung Verantwortlichen aber nicht zufrieden ist, das Recht haben muss, vor Gericht einen Rechtsbehelf einzulegen.[207]

Ob es zwingend vorgeschrieben ist, sich vor der Anrufung eines Gerichts an die Kontrollstelle zu wenden, bleibt einer Regelung im einzelstaatlichen Recht überlassen. In den meisten Fällen wird es sich für die Personen, die ihre Datenschutzrechte wahrnehmen möchten, allerdings als vorteilhaft erweisen, wenn sie zuerst an die Kontrollstelle herantreten, da Verfahren nach Hilfsersuchen bei ihr unbürokratisch und kostenlos sein sollten. Das Fachwissen, das in der Entscheidung der Kontrollstelle zum Ausdruck kommt (Stellungnahme, Verwarnung usw.), kann der betroffenen Person auch bei der Durchsetzung ihrer Rechte vor Gericht helfen.

Im **Recht des Europarates** können Verletzungen von Datenschutzrechten, die angeblich auf der nationalen Ebene einer Vertragspartei der EMRK begangen wurden, und die gleichzeitig gegen Artikel 8 EMRK verstoßen, nach Erschöpfung aller im innerstaatlichen Recht verfügbaren Rechtsbehelfe vor den EGMR gebracht werden.

207 Datenschutzrichtlinie, Artikel 22.

Wird vor dem EGMR auf eine Verletzung von Artikel 8 EMRK geklagt, müssen weitere Zulässigkeitskriterien erfüllt sein (Artikel 34–37 der EMRK).[208]

Beschwerden beim EGMR können direkt gegen eine Vertragspartei gerichtet sein, können aber auch indirekt Handlungen oder Unterlassungen privater Parteien zum Gegenstand haben, sofern eine Vertragspartei ihren positiven Verpflichtungen nach der EMRK nicht nachgekommen ist und im innerstaatlichen Recht nicht genügend Schutz vor Verletzungen von Datenschutzrechten bietet.

Beispiel: In der Rechtsache K.U. gegen Finnland[209] führte der Beschwerdeführer, ein Minderjähriger, Beschwerde, dass auf einer Dating-Website im Internet über ihn eine Werbeanzeige sexueller Natur gepostet worden war. Aufgrund der im finnischen Recht vorgesehenen Geheimhaltungspflicht enthüllt der Diensteanbieter nicht die Identität der Person, die die Information gepostet hatte. Der Beschwerdeführer behauptete, das finnische Recht biete nicht genügend Schutz vor solchen Handlungen einer Privatperson, die belastende Daten über den Beschwerdeführer ins Internet gestellt habe. Der EGMR befand, Staaten seien nicht nur zwingend dazu verpflichtet, sich willkürlicher Eingriffe in das Privatleben von Personen zu enthalten, sondern hätten auch positive Verpflichtungen, zu denen „die Annahme von Maßnahmen" gehöre, „mit denen sich die Achtung des Privatlebens auch im Bereich der Beziehungen der Personen untereinander gewährleisten lasse". Im Fall des Beschwerdeführers erforderte es sein praktischer und wirksamer Schutz, dass wirksame Maßnahmen zur Identifizierung und strafrechtlichen Verfolgung des Täters ergriffen wurden. Ein solcher Schutz sei vom Staat aber nicht bereitgestellt worden, und der Gerichtshof befand, dass eine Verletzung von Artikel 8 EMRK vorlag.

Beispiel: In der Rechtssache Köpke gegen Deutschland[210] war die Beschwerdeführerin des Diebstahls an ihrem Arbeitsplatz verdächtigt und daher einer verdeckten Videoüberwachung unterzogen worden. Der EGMR befand, dass „nichts darauf hindeutet, dass die innerstaatlichen Behörden innerhalb ihres Ermessensspielraums keine Interessenabwägung zwischen dem Recht der Beschwerdeführerin auf Achtung ihres Privatlebens unter Artikel 8 und sowohl dem Interesse des Arbeitgebers an der Achtung seiner Eigentumsrechte und

208 EMRK, Artikel 37-37, abrufbar unter: www.echr.coe.int/Pages/home.aspx?p=caselaw/analysis&c=#n1347458601286_pointer.

209 EGMR, *K.U. / Finnland*, Nr. 2872/02, 2. Dezember 2008 .

210 EGMR, *Köpke / Deutschland* (Entscheidung), Nr. 420/07, 5. Oktober 2010.

dem öffentlichen Interesse an einer geordneten Rechtspflege vorgenommen hätten". Die Beschwerde wurde daher für unzulässig erklärt.

Stellt der EGMR fest, dass ein Vertragsstaat eines der durch die EMRK geschützten Rechte verletzt hat, ist der Vertragsstaat zur Vollstreckung des EGMR-Urteils verpflichtet. Vollstreckungsmaßnahmen müssen zunächst die Verletzung beenden und dann, soweit möglich, ihre negativen Folgen für den Beschwerdeführer abstellen. Die Vollstreckung von Urteilen kann auch allgemeine Maßnahmen zur Verhütung von Verletzungen erfordern, die den vom Gerichtshof festgestellten ähnlich sind; dies kann durch Änderungen der Rechtsvorschriften, Rechtsprechung oder andere Maßnahmen geschehen.

Stellt der EGMR eine Verletzung der EMRK fest, sieht Artikel 41 EMRK vor, dass er der verletzten Partei auf Kosten des Vertragsstaats eine gerechte Entschädigung zusprechen kann.

Nach dem **EU-Recht**[211] können Opfer von Verletzungen des einzelstaatlichen Datenschutzrechts, das der Umsetzung des EU-Datenschutzrechts dient, in bestimmten Fällen ihre Sache vor den EuGH bringen. Es sind zwei Szenarien denkbar, in denen eine Klage einer betroffenen Person, ihre Datenschutzrechte seien verletzt worden, zu einem Verfahren vor dem EuGH führen kann.

Im ersten Szenario müsste die betroffene Person unmittelbar Opfer eines Verwaltungs- oder Rechtsakts der EU geworden sein, der das Recht der betroffenen Person auf Datenschutz verletzt. Artikel 263 Absatz 4 AEUV besagt:

> *„Jede natürliche oder juristische Person kann […] gegen die an sie gerichteten oder sie unmittelbar und individuell betreffenden Handlungen sowie gegen Rechtsakte mit Verordnungscharakter, die sie unmittelbar betreffen und keine Durchführungsmaßnahmen nach sich ziehen, Klage erheben."*

Opfer unrechtmäßiger Verarbeitungen ihrer Daten durch ein EU-Organ können sich also direkt an das Gericht beim EuGH wenden, das die zuständige Instanz für Fragen der Datenschutzverordnung für EU-Organe ist. Die Möglichkeit einer direkten

211 EU (2007), Vertrag von Lissabon zur Änderung des Vertrags über die Europäische Union und des Vertrags zur Gründung der Europäischen Gemeinschaft, unterzeichnet in Lissabon am 13. Dezember 2007, ABl. C 306 vom 17.12.2007. Siehe ferner die konsolidierten Fassungen des Vertrags über die Europäische Union, ABl. C 326 vom 26.10.2012 und des AEUV, ABl. C 326 vom 26.10.2012.

Anrufung des EuGH besteht auch, wenn die rechtliche Situation einer Person durch eine EU-Rechtsvorschrift unmittelbar berührt wird.

Das zweite Szenario betrifft die Kompetenz des EuGH (Gerichtshofes), gemäß Artikel 267 AEUV im Wege der Vorabentscheidung zu entscheiden.

Im Zuge von innerstaatlichen Verfahren können betroffene Personen das einzelstaatliche Gericht auffordern, beim Gerichtshof eine Klarstellung der Auslegung der EU-Verträge und der Auslegung und Gültigkeit von Handlungen der Organe, Einrichtungen, Ämter und Agenturen der EU zu beantragen. Solche Klarstellungen werden als Vorabentscheidungen bezeichnet. Es ist dies kein unmittelbarer Rechtsbehelf für den Kläger, doch können einzelstaatliche Gerichte auf diesem Wege sicherstellen, dass sie die korrekte Auslegung des EU-Rechts anwenden.

Verlangt ein Beteiligter eines Verfahrens vor einem einzelstaatlichen Gericht die Vorlage einer Frage an den EuGH, sind nur die höchstinstanzlichen Gerichte, gegen deren Entscheidung also kein Rechtsmittel mehr eingelegt werden kann, hierzu verpflichtet.

Beispiel: In der Rechtssache *Kärntner Landesregierung und andere*[212] legte der österreichische Verfassungsgerichtshof dem EuGH Fragen bezüglich der Gültigkeit von Artikel 3 bis 9 der Richtlinie 2006/24/EG (*Richtlinie über die Vorratsdatenspeicherung*) im Lichte von Artikel 7, 9 und 11 der Charta und dazu vor, ob bestimmte Bestimmungen des österreichischen Bundestelekommunikationsgesetzes zur Umsetzung der Richtlinie über die Datenvorratsspeicherung mit Aspekten der Datenschutzrichtlinie und der Datenschutzverordnung für die EU-Organe vereinbar sind oder nicht.

Herr Seitlinger, einer der Kläger im Verfahren vor dem Verfassungsgerichtshof, führte an, er verwende Telefon, Internet und E-Mail sowohl für seine Arbeit als auch privat. Folglich gingen die Informationen, die er versende und empfange, über öffentliche Telekommunikationsnetzwerke. Gemäß dem österreichischen Telekommunikationsgesetz 2003 sei sein Telekommunikationsanbieter gesetzlich verpflichtet, Daten über seine Nutzung des Netzes zu erheben und zu speichern. Herr Seitlinger erkannte, diese Erhebung und Speicherung seiner personenbezogenen Daten sei für die technischen Zwecke, nämlich die Übermittlung

212 EuGH, Verbundene Rechtssachen C-293/12 und C-594/12, *Digital Rights Ireland und Seitlinger u.a.*, 8. April 2014

von Informationen im Netzwerk von A nach B, keinesfalls erforderlich. Und die Erhebung und Speicherung dieser Daten sei auch nicht im Entferntesten für Gebührenabrechnungszwecke erforderlich. Herr Seitlinger habe mit Sicherheit nicht in diese Verwendung seiner personenbezogenen Daten eingewilligt. Einziger Grund für die Erhebung und Speicherung all dieser Extradaten sei das österreichische Telekommunikationsgesetz 2003.

Herr Seitlinger reichte deshalb Beschwerde vor dem österreichischen Verfassungsgerichtshof ein, in der er behauptete, die gesetzlichen Verpflichtungen seines Telekommunikationsanbieters seien eine Verletzung seiner Grundrechte unter Artikel 8 der EU-Charta.

Der EuGH erlässt eine Entscheidung nur zu den Bestandteilen des an ihn gerichteten Vorabentscheidungsersuchens. Für eine Entscheidung im Hauptverfahren bleibt das einzelstaatliche Gericht zuständig.

Grundsätzlich muss der Gerichtshof die ihm vorgelegten Fragen beantworten. Er darf eine Vorabentscheidung nicht mit dem Argument ablehnen, diese Antwort wäre für das Hauptverfahren weder erheblich noch käme sie rechtzeitig. Er kann eine Frage jedoch zurückweisen, wenn sie nicht in seinen Zuständigkeitsbereich fällt.

Werden schließlich Datenschutzrechte, die in Artikel 16 AEUV garantiert sind, angeblich durch ein Organ oder eine Einrichtung der EU bei der Verarbeitung personenbezogener Daten verletzt, kann die betroffene Person Rechtsbehelf beim Gericht des EuGH einlegen (Artikel 32 Absatz 1 und 4 der Datenschutzverordnung für die EU-Organe). Gleiches gilt für Entscheidungen des EDSB bezüglich solcher Verletzungen (Artikel 32 Absatz 3 der Datenschutzverordnung für EU-Organe).

Das Gericht des EuGH ist zwar in Fragen der Datenschutzverordnung für die EU-Organe zuständig, wenn aber eine Person in ihrer Eigenschaft als Bediensteter eines Organs oder einer Einrichtung der EU einen Rechtsbehelf einlegen möchte, muss sie dies beim EU-Gericht für den öffentlichen Dienst tun.

Beispiel: Die Rechtssache *Europäische Kommission gegen The Bavarian Lager Co. Ltd*[213] zeigt, welche Rechtsbehelfe gegen für den Datenschutz erhebliche Handlungen oder Entscheidungen von Organen und Einrichtungen der EU zur Verfügung stehen.

213 EuGH, C-28/08 P, *Europäische Kommission / The Bavarian Lager Co. Ltd*, 29. Juni 2010.

Bavarian Lager verlangte von der Europäischen Kommission Einsicht in das vollständige Protokoll einer von der Kommission einberufenen Sitzung, in der es angeblich um für das Unternehmen relevante rechtliche Fragen gegangen sei. Die Kommission lehnte das Ersuchen des Unternehmens auf Einsichtnahme ab und führte hierbei übergeordnete Datenschutzinteressen an.[214] Gegen diese Entscheidung hatte Bavarian Lager in Anwendung von Artikel 32 der Datenschutzverordnung für die EU-Organe vor dem EuGH geklagt, genauer gesagt, vor dem Gericht erster Instanz (dem Vorläufer des Gerichts). In seiner Entscheidung in der Rechtssache T-194/04 *Bavarian Lager gegen Kommission* hob das Gericht erster Instanz die Entscheidung der Kommission auf, das Ersuchen auf Einsichtnahme zurückzuweisen. Die Europäische Kommission legte gegen diese Entscheidung Rechtsbehelf beim Gerichtshof ein. Der Gerichtshof (Große Kammer) hob in seinem Urteil das Urteil des Gerichts erster Instanz auf und bestätigte die Zurückweisung des Ersuchens auf Einsichtnahme durch die Europäische Kommission.

5.3.4. Sanktionen

Im **Recht des Europarates** sieht Artikel 10 des Übereinkommens Nr. 108 vor, dass jede Vertragspartei geeignete Sanktionen und Rechtsmittel für Verletzungen der Vorschriften des innerstaatlichen Rechts festlegt, welche die im Übereinkommen Nr. 108 aufgestellten Grundsätze für den Datenschutz verwirklichen.[215] Im EU-Recht bestimmt Artikel 24 der Datenschutzrichtlinie: „Die Mitgliedstaaten ergreifen geeignete Maßnahmen, um die volle Anwendung der Bestimmungen dieser Richtlinie sicherzustellen, und legen insbesondere die Sanktionen fest, die bei Verstößen gegen die […] erlassenen Vorschriften anzuwenden sind".

Beide Instrumente lassen den Mitgliedstaaten einen breiten Ermessensspielraum bei der Wahl der geeigneten Sanktionen und Rechtsbehelfe. Keines der beiden Instrumente bietet besondere Orientierungshilfe bezüglich der Natur oder Art geeigneter Sanktionen oder führt Beispiele für Sanktionen an.

Allerdings gilt:

214 Für eine Analyse des Arguments siehe: EDSB (2011), *Zugang der Öffentlichkeit zu Dokumenten mit personenbezogenen Daten nach dem Urteil in der Rechtssache Bavarian Lager*, abrufbar unter: http://www.edps.europa.eu/EDPSWEB/webdav/site/mySite/shared/Documents/EDPS/Publications/Papers/BackgroundP/11-03-24_Bavarian_Lager_DE.pdf.

215 EGMR, *I. / Finnland*, Nr. 20511/03, 17. Juli 2008; EGMR, *K.U. / Finnland*, Nr. 2872/02, 2. Dezember 2008.

> *„Zwar genießen die EU-Mitgliedstaaten einen gewissen Ermessensspielraum in ihrer Entscheidung darüber, welche Maßnahmen für den Schutz der dem Einzelnen aus dem EU-Recht erwachsenden Rechte am besten geeignet sind, jedoch sind dabei nach Maßgabe des in Artikel 4 Absatz 3 EUV verankerten Grundsatzes der loyalen Zusammenarbeit die Mindestanforderungen der Wirksamkeit, Gleichwertigkeit, Verhältnismäßigkeit und Abschreckung zu wahren."*[216]

Der EuGH hat wiederholt festgestellt, dass das einzelstaatliche Recht in der Festlegung von Sanktionen nicht völlig frei ist.

> Beispiel: In der Rechtssache *Von Colson und Kamann gegen Land Nordrhein-Westfalen*[217] unterstrich der EuGH, dass alle Mitgliedstaaten, an die eine Richtlinie gerichtet ist, verpflichtet sind, im Rahmen ihrer nationalen Rechtsordnung alle erforderlichen Maßnahmen zu ergreifen, um die vollständige Wirksamkeit der Richtlinie entsprechend ihrer Zielsetzung zu gewährleisten. Zwar belässt diese Bestimmung den Mitgliedstaaten die Freiheit bei der Wahl der Mittel und Wege zur Durchführung der Richtlinie, doch lässt diese Freiheit die Verpflichtung der einzelnen Mitgliedstaaten unberührt. Die Person muss insbesondere mit einem wirksamen Rechtsbehelf das betreffende Recht in vollem inhaltlichem Umfang wahrnehmen und durchsetzen können. Um diesen echten und wirksamen Schutz zu erreichen, müssen Rechtsbehelfe Strafverfahren und/oder Entschädigungsverfahren auslösen, an deren Ende Sanktionen mit abschreckender Wirkung stehen.

Bei Verstößen gegen EU-Recht durch Organe und Einrichtungen der EU sind aufgrund des besonderen Geltungsbereichs der Datenschutzverordnung für EU-Organe Sanktionen nur in Form von Disziplinarmaßnahmen vorgesehen. Artikel 49 der Verordnung besagt: „Jede vorsätzliche oder fahrlässige Nichteinhaltung der Verpflichtungen aus dieser Verordnung zieht für Beamte oder sonstige Bedienstete der Europäischen Gemeinschaften disziplinarische Maßnahmen nach sich [...]".

---

216 FRA (2012), *Gutachten der Agentur der Europäischen Union für Grundrechte betreffend das vorgeschlagene Reformpaket für den Datenschutz*, 2/2012, Wien, 1. Oktober 2012, S. 30.

217 EuGH, C-14/83, *Sabine von Kolson und Elisabeth Kamann / Land Nordrhein-Westfalen*, 10. April 1984.

6 Grenzüberschreitender Datenverkehr

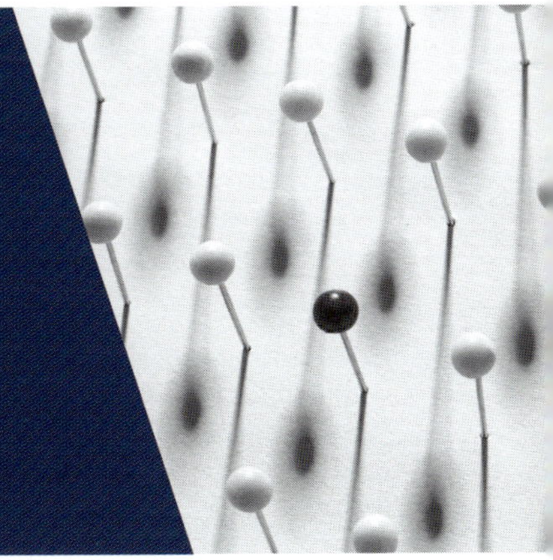

EU	Behandelte Themen	Europarat
Grenzüberschreitender Datenverkehr		
Datenschutzrichtlinie, Artikel 25 Absatz 1 EuGH, C-101/01, *Bodil Lindqvist*, 6. November 2003	**Begriffsbestimmung**	Übereinkommen Nr. 108, Zusatzprotokoll, Artikel 2 Absatz 1
Freier Datenverkehr		
Datenschutzrichtlinie, Artikel 1 Absatz 2	**Zwischen EU-Mitgliedstaaten**	
	Zwischen Vertragsparteien des Übereinkommens Nr. 108	Übereinkommen Nr. 108, Artikel 12 Absatz 2
Datenschutzrichtlinie, Artikel 25	**Übermittlungen an Drittländer mit angemessenem Datenschutzniveau**	Übereinkommen Nr. 108, Zusatzprotokoll, Artikel 2 Absatz 1
Datenschutzrichtlinie, Artikel 26 Absatz 1	**Übermittlungen an Drittländer in besonderen Fällen**	Übereinkommen Nr. 108, Zusatzprotokoll, Artikel 2 Absatz 2 Buchstabe a
Eingeschränkte Datenübermittlungen an Drittländer		
Datenschutzrichtlinie, Artikel 26 Absatz 2 Datenschutzrichtlinie, Artikel 26 Absatz 4	**Vertragsklauseln**	Übereinkommen Nr. 108, Zusatzprotokoll, Artikel 2 Absatz 2 Buchstabe b Leitfaden für die Ausarbeitung von Vertragsklauseln

Datenschutzrichtlinie, Artikel 26 Absatz 2	**Verbindliche unternehmensinterne Vorschriften**	
Beispiele: EU-US PNR-Abkommen EU-US SWIFT-Abkommen	**Besondere internationale Abkommen**	

Die Datenschutzrichtlinie sieht nicht nur den freien Datenverkehr zwischen den Mitgliedstaaten vor, sondern enthält auch Bestimmungen über die Anforderungen an die Übermittlung personenbezogener Daten an Drittländer außerhalb der EU. Auch der Europarat erkannte die Bedeutung von Durchführungsbestimmungen für Datenübermittlungen in Drittländer und nahm 2001 das Zusatzprotokoll zum Übereinkommen Nr. 108 an. In dieses Protokoll wurden die wichtigsten Regelungen für den grenzüberschreitenden Datenverkehr von Vertragsparteien und EU-Mitgliedstaaten übernommen.

6.1. Wesen des grenzüberschreitenden Datenverkehrs

Kernpunkt

- Unter grenzüberschreitendem Datenverkehr versteht man die Übermittlung personenbezogener Daten an einen Empfänger, der einer ausländischen Rechtsordnung untersteht.

In Artikel 2 Absatz 1 des Zusatzprotokolls zum Übereinkommen Nr. 108 wird der grenzüberschreitende Datenverkehr als Weitergabe personenbezogener Daten an einen Empfänger, der der Hoheitsgewalt eines Staates oder einer Organisation untersteht, der bzw. die nicht Vertragspartei des Übereinkommens ist, beschrieben. Artikel 25 Absatz 1 der Datenschutzrichtlinie regelt „die Übermittlung personenbezogener Daten, die Gegenstand einer Verarbeitung sind oder nach der Übermittlung verarbeitet werden sollen [...]". Solche Datenübermittlungen sind nur nach den Vorschriften in Artikel 2 des Zusatzprotokolls zum Übereinkommen Nr. 108 und, für EU-Mitgliedstaaten, außerdem in Artikel 25 und 26 der Datenschutzrichtlinie zulässig.

Beispiel: In der Rechtssache *Bodil Lindqvist*[218] stellte der EuGH fest, dass „die Handlung, die darin besteht, auf einer Internetseite auf verschiedene Personen hinzuweisen und diese entweder durch ihren Namen oder auf andere Weise, etwa durch Angabe ihrer Telefonnummer oder durch Informationen über ihr Arbeitsverhältnis oder ihre Freizeitbeschäftigungen, erkennbar zu machen, eine „ganz oder teilweise automatisierte Verarbeitung personenbezogener Daten" im Sinne von Artikel 3 Absatz 1 der Richtlinie 95/46 darstellt."

Der Gerichtshof wies ferner darauf hin, dass die Richtlinie besondere Bestimmungen für die von den Mitgliedstaaten vorzunehmende Kontrolle der Übermittlung personenbezogener Daten in Drittländer enthält.

Angesichts des Entwicklungsstands des Internets zur Zeit der Ausarbeitung der Richtlinie und des Fehlens von Kriterien für die Internetbenutzung in der Richtlinie „kann nicht angenommen werden, dass der Gemeinschaftsgesetzgeber unter den Begriff „Übermittlung [von Daten] in ein Drittland" im Vorgriff auch den Vorgang fassen wollte, dass eine Person Daten in eine Internetseite aufnimmt, auch wenn diese Daten dadurch Personen aus Drittländern zugänglich gemacht werden, die über die technischen Mittel für diesen Zugang verfügen."

Würde andernfalls die Richtlinie „dahin ausgelegt, dass immer dann, wenn personenbezogene Daten auf eine Internetseite hochgeladen werden, eine „Übermittlung von Daten in ein Drittland" vorliegt, so wäre diese Übermittlung zwangsläufig eine solche in alle Drittländer, in denen die für einen Zugang zum Internet notwendigen technischen Mittel vorliegen. Damit würde die [in der Richtlinie] vorgesehene Sonderregelung zwangsläufig zu einer allgemeinen Regelung für Vorgänge im Rahmen des Internets werden. Sobald die Kommission [...] feststellen würde, dass auch nur ein Land kein angemessenes Schutzniveau aufweist, wären die Mitgliedstaaten nämlich verpflichtet, jede Aufnahme personenbezogener Daten in das Internet zu unterbinden."

Der Grundsatz, dass die alleinige Veröffentlichung von (personenbezogenen) Daten nicht als grenzüberschreitender Datenverkehr anzusehen ist, gilt auch für online öffentliche Verzeichnisse oder die Massenmedien wie (elektronische) Zeitungen und das Fernsehen. Unter den Begriff „grenzüberschreitender Datenverkehr" fallen nur Übermittlungen an konkrete Empfänger.

218 EuGH, C-101/01, *Bodil Lindqvist*, 6. November 2003, Randnrn. 27, 68 und 69.

6.2. Freier Datenverkehr zwischen Mitgliedstaaten oder zwischen Vertragsparteien

Kernpunkt

- Der freie Datenverkehr mit einem anderen Mitgliedstaat des Europäischen Wirtschaftsraums oder einer anderen Vertragspartei des Übereinkommens Nr. 108 darf nicht eingeschränkt werden.

Im **Recht des Europarates** besagt Artikel 12 Absatz 2 des Übereinkommens Nr. 108, dass es zwischen den Vertragsparteien des Übereinkommens freien Verkehr personenbezogener Daten geben muss. Das innerstaatliche Recht darf die Ausfuhr personenbezogener Daten an eine Vertragspartei nur einschränken, wenn

- die besondere Art der Daten dies erforderlich macht[219] oder
- die Einschränkung erforderlich ist, um zu verhindern, dass innerstaatliches Recht über die Weitergabe von Daten an Dritte umgangen wird.[220]

Im **EU-Recht** sind Einschränkungen oder Untersagungen des freien Verkehrs personenbezogener Daten zwischen Mitgliedstaaten aus Gründen des Datenschutzes durch Artikel 1 Absatz 2 der Datenschutzrichtlinie verboten. Der Bereich für den freien Datenverkehr wurde durch das Abkommen über den Europäischen Wirtschaftsraum (EWR) noch erweitert,[221] denn damit gehören auch Island, Liechtenstein und Norwegen zum Binnenmarkt.

Beispiel: Übermittelt ein Unternehmen eines internationalen Konzerns mit Sitz in mehreren EU-Mitgliedstaaten, darunter Slowenien und Frankreich, personenbezogene Daten von Slowenien nach Frankreich, darf dieser Datenverkehr

219 Übereinkommen Nr. 108, Artikel 12 Absatz 3 Buchstabe a.

220 a.a.O., Artikel 12 Absatz 3 Buchstabe b.

221 Beschluss des Rates und der Kommission vom 13. Dezember 1993 über den Abschluss des Abkommens über den Europäischen Wirtschaftsraum zwischen den Europäischen Gemeinschaften und ihren Mitgliedstaaten sowie der Republik Österreich, der Republik Finnland, der Republik Island, dem Fürstentum Liechtenstein, dem Königreich Norwegen, dem Königreich Schweden und der Schweizerischen Eidgenossenschaft, ABl. L 1 vom 3.1.1994.

durch das einzelstaatliche Recht Sloweniens nicht eingeschränkt oder untersagt werden.

Möchte dasselbe slowenische Konzernunternehmen jedoch dieselben personenbezogenen Daten an das Mutterunternehmen in den Vereinigten Staaten übermitteln, muss sich der slowenische Datenausführer an die im slowenischen Recht festgelegten Verfahren für die grenzüberschreitende Datenübermittlung in Drittländer ohne angemesse nes Schutzniveau halten, sofern das Mutterunternehmen nicht die so genannten *Safe Harbor Privacy Principles* unterschrieben hat, einen freiwilligen Verhaltenskodex zur Gewährleistung eines angemessenen Datenschutzniveaus (siehe Abschnitt 6.3.1).

Grenzüberschreitende Datenübermittlungen in Mitgliedstaaten des EWR für Zwecke, die nichts mit dem Binnenmarkt zu tun haben, also beispielsweise für strafrechtliche Ermittlungen, unterliegen jedoch nicht der Datenschutzrichtlinie und damit auch nicht dem Grundsatz des freien Datenverkehrs. Im Recht des Europarates sind alle Bereiche im Geltungsbereich des Übereinkommens Nr. 108 und im Zusatzprotokoll zum Übereinkommen Nr. 108 erfasst, wenn auch die Vertragsparteien Ausnahmen vorsehen können. Alle EWR-Mitglieder sind auch Vertragsparteien des Übereinkommens Nr. 108.

6.3. Freier Datenverkehr mit Drittländern

Kernpunkte

- Die Übermittlung personenbezogener Daten in Drittländer darf durch das einzelstaatliche Datenschutzrecht nicht eingeschränkt werden, wenn
  - die Angemessenheit des Datenschutzes beim Empfänger festgestellt wurde oder
  - es im spezifischen Interesse der betroffenen Person oder aufgrund übergeordneter Interessen anderer, insbesondere wichtiger öffentlicher Interessen, notwendig ist.
- Von Angemessenheit des Datenschutzes in einem Drittland spricht man, wenn die wichtigsten Grundsätze des Datenschutzes im einzelstaatlichen Recht dieses Landes wirksam umgesetzt wurden.
- Unter dem EU-Recht wird die Angemessenheit des Datenschutzes in einem Drittland von der Europäischen Kommission bewertet. Nach dem Recht des Europarates bleibt es dem innerstaatlichen Recht überlassen, die Bewertung der Angemessenheit zu regeln.

6.3.1. Freier Datenverkehr aufgrund angemessenen Schutzes

Im **Recht des Europarates** darf das innerstaatliche Recht den freien Datenverkehr mit Nichtvertragsstaaten erlauben, wenn der empfangende Staat oder die empfangende Organisation für die beabsichtigte Datenweitergabe ein angemessenes Schutzniveau gewährleistet.[222] Im innerstaatlichen Recht ist zu regeln, wer wie das Datenschutzniveau in einem anderen Land bewertet.

Im **EU-Recht** ist der freie Datenverkehr mit Drittländern mit einem angemessenen Datenschutzniveau in Artikel 25 Absatz 1 der Datenschutzrichtlinie geregelt. Das Erfordernis der Angemessenheit und weniger der Gleichwertigkeit ermöglicht es, mehrere Wege der Umsetzung des Datenschutzes anzuerkennen. Gemäß Artikel 25 Absatz 6 der Richtlinie ist es Aufgabe der Europäischen Kommission, das Datenschutzniveau in Drittländern mit Angemessenheitsbescheinigungen zu bewerten und zu ihren Ergebnissen die Artikel 29-Datenschutzgruppe anzuhören, die einen erheblichen Beitrag zur Auslegung von Artikel 25 und 26 geleistet hat.[223]

Eine Angemessenheitsfeststellung der Europäischen Kommission ist verbindlich. Veröffentlicht die Europäische Kommission eine Angemessenheitsfeststellung für ein bestimmtes Land im *Amtsblatt der Europäischen Union*, haben sich alle Mitglieder des EWR und ihre Organe an diese Entscheidung zu halten; d. h., in dieses Land können Daten ohne Kontroll- oder Lizenzverfahren vor den einzelstaatlichen Behörden weitergegeben werden.[224]

Die Europäische Kommission kann auch nur Teile des Rechtssystems eines Landes prüfen oder sich auf bestimmte Themen beschränken. So hat die Kommission beispielsweise eine Angemessenheitsfeststellung lediglich für das private

---

222 Übereinkommen Nr. 108, Zusatzprotokoll, Artikel 2 Absatz 1.

223 Siehe z. B. Artikel 29-Datenschutzgruppe (2003), *Arbeitsdokument: Übermittlungen personenbezogener Daten in Drittländer: Anwendung von Artikel 26 Absatz 2 der EU-Datenschutzrichtlinie auf verbindliche unternehmensinterne Vorschriften für den internationalen Datentransfer*, WP 74, Brüssel, 3. Juni 2003; und Artikel 29-Datenschutzgruppe (2005), *Arbeitspapier über eine gemeinsame Auslegung des Artikels 26 Absatz 1 der Richtlinie 95/46/EG vom 24. Oktober 1995*, WP 114, Brüssel, 25. November 2005.

224 Eine laufend aktualisierte Liste von Ländern, für die eine Angemessenheitsfeststellung vorliegt, findet sich auf der Website der Europäischen Kommission, Generaldirektion Justiz, unter folgender Adresse: http://ec.europa.eu/justice/data-protection/document/international-transfers/adequacy/index_en.htm.

Wirtschaftsrecht in Kanada getroffen.[225] Es gibt auch mehrere Angemessenheitsfeststellungen für Übermittlungen auf der Grundlage von Abkommen zwischen der EU und Drittländern. Diese Entscheidungen beziehen sich ausschließlich auf eine einzige Art von Datenübermittlungen wie die Übermittlung von Fluggastdatensätzen durch Fluggesellschaften an ausländische Grenzkontrollbehörden bei Flügen aus der EU in bestimmte Länder in Übersee (siehe Abschnitt 6.4.3). In der jüngeren Vergangenheit ist es üblich geworden, Datenübermittlungen auf der Grundlage spezieller Abkommen zwischen der EU und Drittländern vorzunehmen; damit erübrigen sich Angemessenheitsfeststellungen meist, weil davon ausgegangen wird, dass das Abkommen an sich ein angemessenes Datenschutzniveau gewährleistet.[226]

Eine der wichtigsten Angemessenheitsentscheidungen betrifft eigentlich gar keine Rechtsvorschriften.[227] Es geht vielmehr um ein Regelwerk, einem Verhaltenskodex ähnlich, das als „Grundsätze des sicheren Hafens" (Safe Harbour Privacy Principles) bekannt ist. Diese Grundsätze wurden von der EU und den Vereinigten Staaten für US-Unternehmen aufgestellt. Mitglied bei „Safe Harbour" wird man durch eine freiwillig beim US-Handelsministerium abgegebene Verpflichtungserklärung, die in einer von diesem Ministerium veröffentlichten Liste dokumentiert wird. Da zu den Kernelementen der Angemessenheit die Wirksamkeit der Umsetzung des Datenschutzes gehört, sieht die „Safe Harbour"-Regelung auch ein gewisses Maß an staatlicher Kontrolle vor: Bei der „Safe Harbour"-Regelung dürfen nur die Unternehmen mitmachen, die der Aufsicht durch die US-Kartellbehörde (Federal Trade Commission) unterliegen.

225 Europäische Kommission (2002), Entscheidung 2002/2/EG vom 20. Dezember 2001 gemäß der Richtlinie 95/46/EG des Europäischen Parlaments und des Rates über die Angemessenheit des Datenschutzes, den das kanadische Personal Information Protection and Electronic Documents Act bietet, ABl. L 2 vom 4.1.2002.

226 Beispielsweise das Abkommen zwischen den Vereinigten Staaten von Amerika und der Europäischen Union über die Verwendung von Fluggastdatensätzen und deren Übermittlung an das United States Department of Homeland Security (ABl. L 215 vom 11.8.2012, S. 5) oder das Abkommen zwischen der Europäischen Union und den Vereinigten Staaten von Amerika über die Verarbeitung von Zahlungsverkehrsdaten und deren Übermittlung aus der Europäischen Union an die Vereinigten Staaten für die Zwecke des Programms zum Aufspüren der Finanzierung des Terrorismus, ABl. L 8 vom 13.1.2010, S. 11).

227 Europäische Kommission (2000), Entscheidung 2000/520/EG der Kommission vom 26. Juli 2000 gemäß der Richtlinie 95/46/EG des Europäischen Parlaments und des Rates über die Angemessenheit des von den Grundsätzen des „sicheren Hafens" und der diesbezüglichen „Häufig gestellten Fragen" (FAQ) gewährleisteten Schutzes, vorgelegt vom Handelsministerium der USA, ABl. L 215 vom 25.8.2000.

6.3.2. Freier Datenverkehr in besonderen Fällen

Im Recht des Europarates gestattet Artikel 2 Absatz 2 des Zusatzprotokolls zum Übereinkommen Nr. 108 die Weitergabe personenbezogener Daten an Drittländer, die kein angemessenes Datenschutzniveau gewährleisten, wenn dies im internen Recht vorgesehen ist und notwendig ist

- wegen spezifischer Interessen der Betroffenen, oder
- wegen berechtigter übergeordneter Interessen, insbesondere wichtiger öffentlicher Interessen.

Im **EU-Recht** enthält Artikel 26 Absatz 1 der Datenschutzrichtlinie Bestimmungen, die denen des Zusatzprotokolls zum Übereinkommen Nr. 108 ähnlich sind.

Nach der Richtlinie können Interessen der betroffenen Person eine uneingeschränkte Weitergabe von Daten in eine Drittland rechtfertigen, wenn

- die betroffene Person ohne jeden Zweifel ihre Einwilligung in den Datenexport gegeben hat, oder
- die betroffene Person einen Vertrag abschließt oder erfüllt, für den die Übermittlung der Daten an einen Empfänger im Ausland klar erforderlich ist, oder
- im Interesse der betroffenen Person ein Vertrag zwischen einem für die Verarbeitung Verantwortlichen und einem Dritten abgeschlossen wurde, oder
- die Übermittlung für die Wahrung lebenswichtiger Interessen der betroffenen Person erforderlich ist, oder
- Daten aus einem öffentlichen Register übermittelt werden sollen; hierbei handelt es sich um ein übergeordnetes Interesse der gesamten Öffentlichkeit, die Einsicht in die in öffentlichen Registern gespeicherten Daten nehmen möchte.

Berechtigte Interessen anderer können die grenzüberschreitende Übermittlung von Daten rechtfertigen[228], nämlich

228 Datenschutzrichtlinie, Artikel 26 Absatz 1 Buchstabe d.

- für die Wahrung eines wichtigen öffentlichen Interesses, das nichts mit nationaler oder öffentlicher Sicherheit zu tun hat, weil dies nicht unter die Datenschutzrichtlinie fällt, oder
- zur Geltendmachung, Ausübung oder Verteidigung von Rechtsansprüchen vor Gericht.

Die vorstehend genannten Fälle sind als Ausnahmen von der Regel zu verstehen, dass für uneingeschränkte Datenübermittlungen in andere Länder im Empfängerland ein angemessenes Datenschutzniveau erforderlich ist. Ausnahmen sind stets restriktiv auszulegen. Darauf hat die Artikel 29-Datenschutzgruppe wiederholt im Zusammenhang mit Artikel 26 Absatz 1 der Datenschutzrichtlinie hingewiesen, insbesondere, wenn angeblich Einwilligung die Grundlage für die Datenübermittlung ist.[229] Die Artikel 29-Datenschutzgruppe stellte fest, dass die allgemeinen Vorschriften über die rechtliche Bedeutung der Einwilligung auch für Artikel 26 Absatz 1 der Richtlinie gelten. Ist z. B. im Beschäftigungsumfeld unklar, ob die Einwilligung von Beschäftigten tatsächlich ohne Zwang gegeben wurde, dürfen Datenübermittlungen nicht auf Artikel 26 Absatz 1 der Richtlinie gestützt erfolgen. In solchen Fällen ist Artikel 26 Absatz 2 anzuwenden, dem zufolge nationale Datenschutzbehörden für Datenübermittlungen Genehmigungen auszustellen haben.

6.4. Eingeschränkter Datenverkehr mit Drittländern

Kernpunkte

- Vor der Ausfuhr von Daten in Drittländer, die kein angemessenes Datenschutzniveau gewährleisten, kann es erforderlich sein, dass der für die Verarbeitung Verantwortliche die beabsichtigte Übermittlung der Kontrollstelle zur Prüfung vorlegt..
- Bei dieser Prüfung hat der für die Verarbeitung Verantwortliche zweierlei nachzuweisen:
    - dass für die Datenübermittlung an den Empfänger eine Rechtsgrundlage besteht, und

229 Siehe insbesondere Artikel 29-Datenschutzgruppe (2005), *Arbeitspapier über eine gemeinsame Auslegung des Artikels 26 Absatz 1 der Richtlinie 95/46/EG vom 24. Oktober 1995*, WP 114, Brüssel, 25. November 2005.

  - dass Maßnahmen ergriffen wurden, um beim Empfänger einen angemessenen Schutz der Daten zu gewährleisten.
- Zu den Maßnahmen, mit denen beim Empfänger ein angemessenes Datenschutzniveau hergestellt wird, können folgende gehören:
  - vertragliche Vereinbarungen zwischen dem die Daten ausführenden für die Verarbeitung Verantwortlichen und dem Datenempfänger im Ausland, oder
  - verbindliche unternehmensinterne Vorschriften, die üblicherweise bei Datenübermittlungen innerhalb eines multinationalen Konzerns Anwendung finden.
- Datenübermittlungen an ausländische Behörden können auch in einem entsprechenden internationalen Abkommen geregelt werden.

Die Datenschutzrichtlinie und das Zusatzprotokoll zum Übereinkommen Nr. 108 erlauben es, im innerstaatlichen Recht Regelungen für grenzüberschreitende Datenübermittlungen in Drittländer vorzusehen, die kein angemessenes Datenschutzniveau gewährleisten, sofern der für die Verarbeitung Verantwortliche besondere Vorkehrungen getroffen hat, um sicherzustellen, dass der Empfänger angemessene Datenschutzgarantien bietet, und sofern der für die Verarbeitung Verantwortliche dies einer zuständigen Behörde gegenüber nachweisen kann. Dieses Erfordernis wird im Zusatzprotokoll zum Übereinkommen Nr. 108 ausdrücklich erwähnt; es gilt allerdings auch unter der Datenschutzrichtlinie als Standardverfahren.

6.4.1. Vertragsklauseln

Sowohl im **Recht des Europarates** als auch im **EU-Recht** werden Vertragsklauseln zwischen dem Daten ausführenden für die Verarbeitung Verantwortlichen und dem Empfänger im Drittland als Möglichkeit angeführt, beim Empfänger ein ausreichendes Datenschutzniveau zu garantieren.

Auf **Ebene der EU** hat die Europäische Kommission mit Unterstützung der Artikel 29-Datenschutzgruppe Standardvertragsklauseln ausgearbeitet, die offiziell mit einem Beschluss der Kommission als Nachweis eines angemessenen Datenschutzes bestätigt wurden.[230] Da Beschlüsse der Kommission für die Mitgliedstaaten in allen ihren Teilen verbindlich sind, müssen die für die Überwachung des grenzüberschreitenden Datenverkehrs zuständigen einzelstaatlichen Behörden diese Standardvertragsklauseln in ihre Verfahren übernehmen.[231] Werden sich der Daten exportie-

230 Datenschutzrichtlinie, Artikel 26 Absatz 4.

231 AEUV, Artikel 288.

rende für die Verarbeitung Verantwortliche und der Empfänger im Drittland also einig und unterzeichnen sie diese Klauseln, sollte dies für die Kontrollstelle hinreichender Beweis dafür sein, dass angemessene Garantien bestehen.

Die Tatsache, dass es im EU-Rechtsrahmen Standardvertragsklauseln gibt, sollte für die Verarbeitung Verantwortliche jedoch nicht davon abhalten, für den Einzelfall andere Vertragsklauseln zu formulieren. Sie müssten jedoch das gleiche Datenschutzniveau erbringen wie die Standardvertragsklauseln. Zu den wichtigsten Merkmalen der Standardvertragsklauseln gehören

- eine Drittbegünstigtenklausel, die betroffenen Personen die Möglichkeit zur Ausübung von Vertragsrechten gibt, auch wenn sie nicht Vertragspartei sind;
- die Zustimmung des Datenempfängers oder -einführers, sich im Fall einer Streitigkeit dem Verfahren der nationalen Kontrollstelle und/oder des Gerichts des Daten ausführenden für die Verarbeitung Verantwortlichen zu unterwerfen.

Derzeit stehen zwei Sätze von Standardvertragsklauseln für Übermittlungen von für die Verarbeitung Verantwortlichem an für die Verarbeitung Verantwortlichen zur Verfügung, zwischen denen der die Daten ausführende für die Verarbeitung Verantwortliche wählen kann.[232] Für Übermittlungen von dem für die Verarbeitung Verantwortlichen an Auftragsverarbeiter gibt es nur einen Satz Standardvertragsklauseln.[233]

Im Rahmen des **Rechts des Europarates** hat der Beratende Ausschuss für das Übereinkommen Nr. 108 einen Leitfaden für die Formulierung von Vertragsklauseln erstellt.[234]

232 Satz I ist zu finden im Anhang zu Europäische Kommission (2001), Entscheidung 2001/497/EG der Kommission vom 15. Juni 2001 hinsichtlich Standardvertragsklauseln für die Übermittlung personenbezogener Daten in Drittländer nach der Richtlinie 95/46/EG, ABl. L 181 vom 4.7.2001; Satz II findet sich im Anhang zu Europäische Kommission (2004), Entscheidung 2004/915/EG der Kommission vom 27. Dezember 2004 zur Änderung der Entscheidung 2001/497/EG bezüglich der Einführung alternativer Standardvertragsklauseln für die Übermittlung personenbezogener Daten in Drittländer, ABl. L 385 vom 29.12.2004.

233 Europäische Kommission (2010), Beschluss 2010/87 der Kommission vom 5. Februar 2010 über Standardvertragsklauseln für die Übermittlung personenbezogener Daten an Auftragsverarbeiter in Drittländern nach der Richtlinie 95/46/EG des Europäischen Parlaments und des Rates, ABl. L 39 vom 12.2.2010.

234 Europarat, Beratender Ausschuss für das Übereinkommen Nr. 108 (2002), Leitfaden für die Formulierung von Vertragsklauseln über den Schutz personenbezogener Daten bei der Weitergabe personenbezogener Daten an Dritte, die keinen angemessenen Datenschutz gewährleisten.

6.4.2. Verbindliche unternehmensinterne Vorschriften

Bei multilateralen verbindlichen unternehmensinternen Vorschriften sind sehr häufig mehrere europäische Kontrollstellen gleichzeitig betroffen.[235] Zwecks Genehmigung der verbindlichen unternehmensinternen Vorschriften muss ihr Entwurf zusammen mit dem Standardantragsformular an die federführende Behörde gesandt werden.[236] Welches die federführende Behörde ist, ist dem Standardantragsformular zu entnehmen. Diese Behörde wiederum unterrichtet alle Kontrollstellen in EWR-Ländern, in denen Unternehmen des Konzerns niedergelassen sind, auch wenn deren Mitwirkung an dem Bewertungsprozess der verbindlichen unternehmensinternen Vorschriften freiwillig ist. Auch wenn es nicht verbindlich vorgeschrieben ist, sollten doch alle betroffenen Kontrollstellen die Ergebnisse der Bewertung in ihre formellen Genehmigungsverfahren einfließen lassen.

6.4.3. Besondere internationale Abkommen

Besondere Abkommen hat die EU für zwei Arten von Datenübermittlungen abgeschlossen:

Fluggastdatensätze (PNR-Daten)

Fluggastdatensätze (PNR) werden von Fluggesellschaften während des Buchungsvorgangs erhoben und umfassen Namen, Adressen, Angaben zur Kreditkarte und der Sitznummer von Fluggästen. Nach Recht der Vereinigten Staaten (US) sind Fluggesellschaften verpflichtet, diese Daten noch vor dem Abflug der Passagiere der Abteilung für Innere Sicherheit der Vereinigten Staaten (*US Department of Homeland Security*,DHS) zur Verfügung zu stellen. Dies gilt für Flüge in die oder aus den Vereinigten Staaten.

Um einen angemessenen Schutz für PNR-Daten in Übereinstimmung mit den Bestimmungen der Richtlinie 95/46/EG zu gewährleisten, wurde im Jahr 2004 ein

---

235 Inhalt und Struktur geeigneter verbindlicher unternehmensinterner Vorschriften werden erläutert in Artikel 29-Datenschutzgruppe (2008), *Arbeitsdokument „Rahmen für verbindliche unternehmensinterne Datenschutzregelungen (BCR)“*, WP 154, Brüssel, 24. Juni 2008; und in Artikel 29-Datenschutzgruppe (2008), *Arbeitsdokument mit einer Übersicht über die Bestandteile und Grundsätze verbindlicher unternehmensinterner Datenschutzregeln*, WP 153, Brüssel, 24. Juni 2008.

236 Artikel 29-Datenschutzgruppe (2007), *Empfehlung 1/2007 betreffend den Standardantrag auf Genehmigung verbindlicher unternehmensinterner Vorschriften für die Übermittlung personenbezogener Daten*, WP 133, Brüssel, 10. Januar 2007.

„PNR-Paket"[237] verabschiedet, das die Angemessenheit der Datenverarbeitung umfasst, die von der Abteilung für Innere Sicherheit der Vereinigten Staaten erfolgt.

Nach der Nichtigkeitserklärung des PNR-Pakets durch den Europäischen Gerichtshof[238] wurden zwei separate Abkommen mit folgendem Zweck unterzeichnet: erstens, eine Rechtsgrundlage für die Weitergabe der PNR-Daten an die Behörden der Vereinigten Staaten zu schaffen; und zweitens einen angemessenen Datenschutz im Empfängerland zu bestätigen.

Das erste, im Jahr 2007 unterzeichnete Abkommen über die Weitergabe und Verwaltung von Daten zwischen EU-Ländern und den Vereinigten Staaten wies mehrere Schwachstellen auf und wurde im Jahr 2012 durch ein neues Abkommen ersetzt, um größere Rechtssicherheit herzustellen.[239] Das neue Abkommen beinhaltet erhebliche Verbesserungen. Es klärt und schränkt die Zweckbestimmungen ein, für die die Daten verwendet werden dürfen, beispielsweise zur Bekämpfung von schwerer grenzüberschreitender Kriminalität und Terrorismus; Weiterhin legt das neue Abkommen den Zeitraum fest, über den PNR-Daten gespeichert werden dürfen: nach sechs Monaten müssen die Daten anonymisiert und maskiert werden. Bei Missbrauch von persönlichen Daten hat jeder und jede das Recht, gemäß den Rechtsvorschriften der Vereinigten Staaten bei Behörden oder vor Gericht Rechtsbehelf einzulegen. Ferner hat man das Recht auf Auskunft über seine eigenen PNR-Daten und kann beim *US Department of Homeland Security* einen Antrag auf Berichtigung oder sogar Löschung stellen, wenn die Daten unrichtig sind.

---

237 Beschluss 2004/496/EG vom 17. Mai 2004 über den Abschluss eines Abkommens zwischen der Europäischen Gemeinschaft und den Vereinigten Staaten von Amerika über die Verarbeitung von Fluggastdatensätzen und deren Übermittlung durch die Fluggesellschaften an das Bureau of Customs and Border Protection des United States Department of Homeland Security, ABl. L 183 vom 20.5.2004, S. 83; und Entscheidung 2004/535/EG der Kommission vom 14. Mai 2004 über die Angemessenheit des Schutzes der personenbezogenen Daten, die in den Passenger Name Records enthalten sind, welche dem United States Bureau of Customs and Border Protection übermittelt werden (Bekannt gegeben unter Aktenzeichen K(2004) 1914), ABl. L 235 vom 6.7.2004, S. 11-22.

238 EuGH, Verbundene Rechtssachen C-317/04 und C-318/04, *Europäisches Parlament / Rat der EU*, 30. Mai 2006, Rdnrn. 57, 58 und 59, in denen der Gerichtshof entschied, dass sowohl die Angemessenheitsentscheidung und die Vereinbarung über die Verarbeitung von Daten vom Anwendungsbereich der Richtlinie ausgeschlossen sind.

239 Beschluss 2012/472/EU des Rates vom 26. April 2012 über den Abschluss eines Abkommens zwischen den Vereinigten Staaten von Amerika und der Europäischen Union über die Verwendung von Fluggastdatensätzen und deren Übermittlung an das United States Department of Homeland Security, ABl. L 215 vom 11.8.2012, S. 4. Der Wortlaut des Abkommens ist diesem Beschluss beigefügt, ABl. L 215 vom 11.8.2012, S. 5.

Das Abkommen, das am 1. Juli 2012 in Kraft trat, hat eine Laufzeit von sieben Jahren, also bis 2019.

Im Dezember 2011 genehmigte der Rat der Europäischen Union den Abschluss eines aktualisierten Abkommens zwischen der EU und Australien über die Verarbeitung und Übermittlung von PNR-Daten.[240] Das Abkommen zwischen der EU und Australien über PNR-Daten ist ein weiterer Schritt bei der Umsetzung der EU-Agenda, die weltweite PNR-Leitlinien,[241] die Ausarbeitung eines PNR-Konzepts der EU[242] sowie die Aushandlung von Abkommen mit Drittländern vorsieht.[243]

Zahlungsverkehrsdaten

Das Unternehmen *Society for Worldwide Interbank Financial Telecommunication* (SWIFT) mit Sitz in Belgien, das der Auftragsverarbeiter für die meisten weltweiten Geldüberweisungen europäischer Banken ist, betreibt ein Spiegelzentrum in den Vereinigten Staaten und wurde aufgefordert, Daten an das US-Finanzministerium für Zwecke der Terrorismusbekämpfung weiterzugeben.[244]

---

240 Beschluss 2012/381/EU des Rates vom 13. Dezember 2011 über den Abschluss des Abkommens zwischen der Europäischen Union und Australien über die Verarbeitung von Fluggastdatensätzen (Passenger Name Record - PNR) und deren Übermittlung durch die Fluggesellschaften an den Australian Customs and Border Protection Service, ABl. L 186 vom 14.7.2012, S. 3. Der Wortlaut des Abkommens, das das vorherige Abkommen von 2008 ersetzt, ist diesem Beschluss beigefügt, ABl. L 186 vom 14.7.2012, S. 4.

241 Vgl. insbesondere die Mitteilung der Kommission vom 21. September 2010 über das sektorübergreifende Konzept für die Übermittlung von Fluggastdatensätzen (PNR) an Drittländer, KOM(2010) 492 endgültig, Brüssel, 21. September 2010. Vgl. auch Artikel 29-Datenschutzgruppe (2010), *Stellungnahme 7/2010 zur Mitteilung der Europäischen Kommission über das sektorübergreifende Konzept für die Übermittlung von Fluggastdatensätzen (PNR) an Drittländer*, WP 178, Brüssel, 12. November 2010.

242 Europäische Kommission *Vorschlag für eine Richtlinie des Europäischen Parlaments und des Rates über die Verwendung von Fluggastdatensätzen zu Zwecken der Verhütung, Aufdeckung, Aufklärung und strafrechtlichen Verfolgung von terroristischen Straftaten und schwerer Kriminalität*, KOM(2011) 32 endgültig, Brüssel, 2. Februar 2011. Im April 2011 ersuchte das Europäische Parlament die FRA um ein Gutachten zu diesem Vorschlag und seiner Vereinbarkeit mit der Charta der Grundrechte der Europäischen Union. Vgl.: FRA (2011), *Gutachten 1/2011 – Fluggastdatensätze*, Wien, 14. Juni 2011.

243 Derzeit steht die EU mit Kanada in Verhandlungen über ein neues PNR-Abkommen, das das derzeit gültige Abkommen von 2006 ersetzen wird.

244 Siehe in diesem Zusammenhang Artikel 29-Datenschutzgruppe (2011), *Stellungnahme 14/2011 zu Fragen des Datenschutzes im Zusammenhang mit der Verhinderung von Geldwäsche und Terrorismusfinanzierung*, WP 186, Brüssel, 13. Juni 2011; Artikel 29-Datenschutzgruppe (2006), *Stellungnahme 10/2006 zur Verarbeitung von personenbezogenen Daten durch die* Society for *Worldwide Interbank Financial Telecommunications (SWIFT)*, WP 128, Brüssel, 22. November 2006; belgische Datenschutzbehörde (Commission de la protection de la vie privée) (2008), „Kontroll-und Empfehlungsverfahren, eingeleitet gegen das Unternehmen SWIFT sarl", Beschluss, 9. Dezember 2008.

Aus Sicht der EU bestand keine ausreichende Rechtsgrundlage für die Weitergabe dieser im Wesentlichen europäischen Daten, auf die in den Vereinigten Staaten nur Zugriff bestand, weil eines der Datenverarbeitungszentren von SWIFT in den Vereinigten Staaten lag.

2010 wurde ein Abkommen zwischen der EU und den Vereinigten Staaten abgeschlossen, das auch als SWIFT-Abkommen bekannt ist, und das die erforderliche Rechtsgrundlage bieten und angemessenen Datenschutz gewährleisten soll.[245]

Nach diesem Abkommen werden von SWIFT gespeicherte Finanzdaten dem US-Finanzministerium für Zwecke der Verhütung, Ermittlung, Feststellung oder Verfolgung von Terrorismus oder Terrorismusfinanzierung weiterhin zur Verfügung gestellt. Das US-Finanzministerium kann Finanzdaten bei SWIFT anfordern, sofern das Ersuchen

- die Finanzdaten so klar wie möglich bezeichnet;
- den Bedarf an den Daten klar begründet;
- so restriktiv wie möglich formuliert ist, um die Menge der angeforderten Daten so klein wie möglich zu halten;
- keine Daten im Zusammenhang mit dem einheitlichen Euro-Zahlungsverkehrsraum (SEPA) anfordert.

Europol erhält von jedem Ersuchen des US-Finanzministeriums eine Kopie und überprüft, ob den Grundsätzen des SWIFT-Abkommens Genüge getan wird oder nicht.[246] Wenn die Grundsätze eingehalten werden, muss SWIFT die Finanzdaten unmittelbar an das US-Finanzministerium übermitteln. Das Ministerium muss die Finanzdaten in einem physisch sicheren Umfeld aufbewahren, wo nur Analysten des Terrorismus und seiner Finanzierung auf sie Zugriff haben, und die Finanzdaten dürfen nicht mit

245 Beschluss 2010/412/EU des Rates vom 13. Juli 2010 über den Abschluss des Abkommens zwischen der Europäischen Union und den Vereinigten Staaten von Amerika über die Verarbeitung von Zahlungsverkehrsdaten und deren Übermittlung aus der Europäischen Union an die Vereinigten Staaten für die Zwecke des Programms zum Aufspüren der Finanzierung des Terrorismus, ABl. L 195 vom 27.7.2010, S. 3. Der Wortlaut des Abkommens ist diesem Beschluss beigefügt, ABl. L 195 vom 27.7.2010, S. 5.

246 Die Gemeinsame Kontrollinstanz von Europol hat Prüfungen der von Europol in diesem Bereich durchgeführten Maßnahmen durchgeführt, deren Ergebnisse verfügbar sind unter: http://europoljsb.consilium.europa.eu/reports/inspection-report.aspx?lang=de.

irgendeiner anderen Datenbank verknüpft werden. Im Allgemeinen sind von SWIFT erhaltene Finanzdaten spätestens fünf Jahre nach ihrem Erhalt zu löschen. Finanzdaten, die von besonderer Bedeutung für bestimmte Ermittlungen oder Strafverfolgungsmaßnahmen sind, dürfen so lange gespeichert werden, wie sie für diese Ermittlungen oder Strafverfolgungsmaßnahmen erforderlich sind.

Das US-Finanzministerium darf Informationen aus den von SWIFT erhaltenen Daten an bestimmte Behörden in den Bereichen Strafverfolgung, öffentliche Sicherheit oder Terrorismusbekämpfung innerhalb oder außerhalb der Vereinigten Staaten ausschließlich für Zwecke der Verhütung, Ermittlung, Feststellung oder Verfolgung von Terrorismus oder Terrorismusfinanzierung weitergeben. Ist von der Weitergabe von Finanzdaten ein Bürger eines EU-Mitgliedstaats oder eine Person mit Wohnsitz in einem solchen Land betroffen, unterliegt die Weitergabe der Daten an die Behörden eines Drittlandes der vorherigen Zustimmung der zuständigen Behörden des betreffenden Mitgliedstaats. Ausnahmen sind möglich, wenn die Weitergabe der Daten für die Verhütung einer unmittelbaren und ernsthaften Bedrohung der öffentlichen Sicherheit wesentlich ist.

Eine unabhängige Aufsichtsstelle, der auch eine von der Europäischen Kommission ernannte Person angehört, überwacht die Einhaltung der Grundsätze des SWIFT-Abkommens.

Betroffene Personen haben das Recht auf eine Bestätigung seitens der zuständigen EU-Datenschutzbehörde, dass ihr Recht auf Schutz ihrer personenbezogenen Daten gewahrt wurde. Betroffene Personen haben ebenfalls das Recht auf Berichtigung, Löschung oder Sperrung aller ihrer durch das US-Finanzministerium im Rahmen des SWIFT-Abkommens erhobenen und gespeicherten Daten. Das Auskunftsrecht betroffener Personen kann allerdings gewissen gesetzlichen Einschränkungen unterliegen. Wird die Auskunft verweigert, muss die betroffene Person hierüber sowie über ihr Recht, bei Behörden und Gerichten in den Vereinigten Staaten Rechtsbehelf einzulegen, schriftlich unterrichtet werden.

Das SWIFT-Abkommen hat eine Laufzeit von fünf Jahren, bis August 2015. Danach verlängert es sich automatisch um jeweils ein Jahr, sofern nicht eine der Parteien der anderen mindestens sechs Monate im Voraus ihre Absicht mitteilt, das Abkommen nicht zu verlängern.

7

Datenschutz in den Bereichen Polizei und Strafjustiz

EU	Behandelte Themen	Europarat
	Allgemein	Übereinkommen Nr. 108
	Polizei	Polizei-Empfehlung
		EGMR, *B.B. gegen Frankreich*, Nr. 5335/06, 17. Dezember 2009 EGMR, *S. und Marper gegen Vereinigtes Königreich*, Nrn. 30562/04 und 30566/04, 4. Dezember 2008 EGMR, *Vetter gegen Frankreich*, Nr. 59842/00, 31. Mai 2005
	Internetkriminalität	Cybercrime-Übereinkommen
Datenschutz im Zusammenhang mit der grenzüberschreitenden Zusammenarbeit von Polizei- und Justizbehörden		
Rahmenbeschluss zum Datenschutz	**Allgemein**	Übereinkommen Nr. 108 Polizei-Empfehlung
Prümer Beschluss	**Für besondere Daten: Fingerabdrücke, DNA, Rowdytum usw.**	Übereinkommen Nr. 108 Polizei-Empfehlung
Europol-Beschluss Eurojust-Beschluss Frontex-Verordnung	**Durch spezielle Agenturen**	Übereinkommen Nr. 108 Polizei-Empfehlung
Beschluss Schengen II VIS-Verordnung Eurodac-Verordnung CIS-Beschluss	**Durch spezielle gemeinsame Informationssysteme**	Übereinkommen Nr. 108 Polizei-Empfehlung
		EGMR, *Dalea gegen Frankreich*, Nr. 964/07, 2. Februar 2010

Zur Abwägung der Interessen des Individuums am Datenschutz und den Interessen der Gesellschaft an der Datenerhebung für Zwecke der Kriminalitätsbekämpfung und zur Gewährleistung der nationalen und öffentlichen Sicherheit haben der Europarat und die EU spezifische Rechtsinstrumente geschaffen.

7.1. Datenschutzrecht des Europarates im Bereich Polizei und Strafjustiz

Kernpunkte

- Das Übereinkommen Nr. 108 und die Polizei-Empfehlung decken die Belange des Datenschutzes in allen Bereichen der Polizeiarbeit ab.
- Das Cybercrime-Übereinkommen (*Budapester Übereinkommen*) ist ein verbindliches internationales Rechtsinstrument, das sich mit Straftaten gegen elektronische Netzwerke und mit deren Hilfe begangenen Straftaten befasst.

Auf europäischer Ebene deckt das Übereinkommen Nr. 108 alle Bereiche der Verarbeitung personenbezogener Daten ab, und seine Bestimmungen dienen der allgemeinen Regulierung der Verarbeitung personenbezogener Daten. Folglich gilt das Übereinkommen Nr. 108 auch für den Datenschutz in den Bereichen Polizei und Strafjustiz, auch wenn die Vertragsparteien seine Anwendung beschränken können.

Die gesetzlichen Aufgaben von Polizei- und Strafjustizbehörden erfordern häufig eine Verarbeitung personenbezogener Daten, die für die betroffenen Personen schwer wiegende Konsequenzen haben kann. Die vom Europarat 1987 angenommene Polizei-Empfehlung bietet den Vertragsparteien Orientierungshilfe in der Frage, wie sie die Grundsätze des Übereinkommens Nr. 108 im Zusammenhang mit der Verarbeitung personenbezogener Daten durch Polizeibehörden umsetzen sollten.[247]

7.1.1. Die Polizei-Empfehlung

Der EGMR hat wiederholt festgestellt, dass die Speicherung und Aufbewahrung personenbezogener Daten durch Polizei- oder nationale Sicherheitsbehörden einen

247 Europarat, Ministerkomitee (1987), Empfehlung Rec(87)15 an die Mitgliedstaaten über die Nutzung personenbezogener Daten im Polizeibereich, 17. September 1987.

Eingriff in Artikel 8 Absatz 1 EMRK darstellen. In vielen Urteilen des EGMR geht es um die Rechtfertigung solcher Eingriffe.[248]

> Beispiel: In der Rechtssache *B.B. gegen Frankreich*[249] entschied der EGMR, dass die Eingabe eines verurteilten Sexualstraftäters in eine nationale Justizdatenbank unter Artikel 8 EMRK fällt. In Anbetracht der Tatsache allerdings, dass ausreichende Schutzgarantien angewandt worden waren, wie das Recht der betroffenen Person auf Löschung der Daten, die befristete Datenspeicherung und der eingeschränkte Zugriff auf diese Daten, sei in diesem Fall eine sorgfältige Abwägung der einander gegenüberstehenden privaten und öffentlichen Interessen vorgenommen worden. Der Gerichtshof befand, dass keine Verletzung von Artikel 8 EMRK vorlag.
>
> Beispiel: In der Rechtssache *S. und Marper gegen Vereinigtes Königreich*[250] waren beide Beschwerdeführer bestimmter Straftaten angeklagt, jedoch deswegen nicht verurteilt worden. Dessen ungeachtet bewahrte die Polizei ihre Fingerabdrücke, DNA-Profile und Zellproben weiter auf. Die unbefristete Speicherung biometrischer Daten sei gesetzlich zulässig, wenn eine Person einer Straftat verdächtigt werde, auch wenn der Beschuldigte später freigesprochen oder entlastet wurde. Der EGMR stellte fest, dass die pauschale und unterschiedslose Speicherung personenbezogener Daten, die nicht befristet war, und bei der freigesprochene Personen nur begrenzte Möglichkeiten hatten, eine Löschung zu beantragen, einen unverhältnismäßigen Eingriff in das Recht der Beschwerdeführer auf Achtung des Privatlebens darstellte. Der Gerichtshof befand, dass eine Verletzung von Artikel 8 EMRK vorlag.

In zahlreichen anderen Urteilen des EGMR geht es um die Rechtfertigung des Eingriffs in das Recht auf Datenschutz durch Überwachung.

> Beispiel: In der Rechtssache *Allan gegen Vereinigtes Königreich*[251] waren Privatgespräche eines Häftlings mit einem Freund im Besuchsbereich des Gefängnis-

248 Siehe beispielsweise EGMR, *Leander / Schweden*, Nr. 9248/81, 26. März 1987; EGMR, *M.M. / Vereinigtes Königreich*, Nr. 24029/07, 13. November 2012; EGMR, *M.K. / Frankreich*, Nr. 19522/09, 18. April 2013.

249 EGMR, *B.B. / Frankreich*, Nr. 5335/06, 17. Dezember 2009.

250 EGMR, *S. und Marper / Vereinigtes Königreich*, Nrn. 30562/04 und 30566/04, 4. Dezember 2008, Randnrn. 119 und 125.

251 EGMR, *Allan / Vereinigtes Königreich*, Nr. 48539/99, 5. November 2002.

ses und mit einem Mitangeklagten in einer Zelle von den Behörden heimlich aufgezeichnet worden. Der EGMR war der Auffassung, dass der Einsatz von Audio- und Videoüberwachungsgeräten in der Zelle des Beschwerdeführers, im Besuchsbereich des Gefängnisses und bei einem Mithäftling einen Eingriff in das Recht des Beschwerdeführers auf Achtung des Privatlebens darstellte. Da der Einsatz verdeckter Aufzeichnungsgeräte durch die Polizei seinerzeit gesetzlich nicht geregelt war, sei dieser Eingriff rechtswidrig gewesen. Der Gerichtshof befand, dass eine Verletzung von Artikel 8 EMRK vorlag.

Beispiel: In der Rechtssache *Klass und andere gegen Deutschland*[252] führten die Beschwerdeführer an, mehrere deutsche Gesetze, die die geheime Überwachung von E-Mails, Post und Telekommunikation erlauben, verletzten Artikel 8 EMRK, weil insbesondere die betroffene Person über die Überwachungsmaßnahmen nicht unterrichtet sei und nach Beendigung dieser Maßnahmen sich auch nicht an die Gerichte wenden könne. Nach Auffassung des EGMR stellt die Androhung einer Überwachung zwangsläufig einen Eingriff in die Freiheit der Kommunikation zwischen den Nutzern von Post- und Telekommunikationsdiensten dar. Er hielt aber fest, es habe ausreichende Garantien gegen Missbrauch gegeben. Der deutsche Gesetzgeber betrachte solche Maßnahmen durchaus zu Recht als in einer demokratischen Gesellschaft im Interesse der nationalen Sicherheit und zur Abwehr von Störungen der Ordnung oder von Kriminalität erforderlich. Der Gerichtshof befand, dass keine Verletzung von Artikel 8 EMRK vorlag.

Da Verarbeitungen von Daten durch Polizeibehörden erhebliche Auswirkungen auf die betroffenen Personen haben können, sind detaillierte Datenschutzvorschriften für den Einsatz von Datenbanken in diesem Bereich besonders notwendig. Die Polizei-Empfehlung des Europarates nahm sich des Themas an und formulierte Leitlinien zu folgenden Fragen: Wie sollen Daten für die polizeiliche Arbeit erhoben werden; wie sollen Dateien in diesem Bereich gespeichert werden; wer soll Zugriff auf diese Daten haben und unter welchen Bedingungen dürfen Daten an ausländische Polizeibehörden übermittelt werden; wie können betroffene Personen ihre Datenschutzrechte ausüben, und wie ist die Kontrolle durch unabhängige Behörden durchzuführen. Ferner geht es darin um die Verpflichtung, für eine angemessene Datensicherheit zu sorgen.

252 EGMR, *Klass und andere / Deutschland*, Nr. 5029/71, 6. September 1978.

Die Empfehlung sieht keine unbefristete, unterschiedslose Erhebung von Daten durch Polizeibehörden vor. Sie begrenzt die Erhebung personenbezogener Daten durch Polizeibehörden auf das für die Abwehr einer echten Gefahr oder die Verfolgung einer konkreten Straftat erforderliche Maß. Eine weiter gehende Erhebung von Daten muss sich auf entsprechende einzelstaatliche Rechtsvorschriften stützen. Die Verarbeitung sensibler Daten sollte auf das im Rahmen einer bestimmten Ermittlung unbedingt Erforderliche beschränkt sein.

Werden personenbezogene Daten ohne Wissen der betroffenen Person erhoben, sollte die betroffene Person über die Datenerhebung informiert werden, sobald eine solche Offenbarung die Ermittlungen nicht länger behindert. Für die Erhebung von Daten durch technische Überwachung oder andere automatische Mittel sollte es ebenfalls eine spezifische Rechtsgrundlage geben.

Beispiel: In der Rechtssache *Vetter gegen Frankreich*[253] hatten anonyme Zeugen den Beschwerdeführer des Totschlags bezichtigt. Da der Beschwerdeführer regelmäßig einen Freund besuchte, installierte die Polizei dort mit Genehmigung des Untersuchungsrichters Abhörgeräte. Aufgrund der aufgezeichneten Gespräche wurde der Beschwerdeführer festgenommen und wegen Totschlags strafrechtlich verfolgt. Er beantragte, die Aufnahmen als Beweismittel nicht zuzulassen, und führte als Argument insbesondere an, sie seien im Gesetz nicht vorgesehen. Für den EGMR war die entscheidende Frage, ob der Einsatz von Abhörvorrichtungen „im Gesetz vorgesehen" war oder nicht. Das Verwanzen von Privaträumen falle eindeutig nicht in den Anwendungsbereich von Artikel 100ff. der Strafprozessordnung, da es in diesen Bestimmungen um das Abhören von Telefonen gehe. Artikel 81 des Gesetzes sei nicht mit hinreichender Klarheit zu entnehmen, inwieweit oder auf welche Weise die Behörden bei der Genehmigung der Überwachung von Privatgesprächen einen Ermessensspielraum nutzen könnten. Folglich habe der Beschwerdeführer noch nicht einmal den Mindestschutz genossen, auf den Bürger in einem rechtsstaatlichen System in einer demokratischen Gesellschaft Anspruch hätten. Der Gerichtshof befand, dass eine Verletzung von Artikel 8 EMRK vorlag.

Der Empfehlung zufolge ist bei der Speicherung personenbezogener Daten klar zu unterscheiden zwischen administrativen und polizeilichen Daten; verschiedenen Arten betroffener Personen, wie Beschuldigten, verurteilten Personen, Opfern und

253 EGMR, *Vetter / Frankreich*, Nr.59842/00, 31. Mai 2005.

Zeugen; Daten, die auf harten Fakten beruhen, und Daten, die auf Verdachtsmomenten oder Spekulation beruhen.

Polizeiliche Daten sollten nur für eng begrenzte Zwecke verwendet werden. Dies hat Konsequenzen für die Weitergabe polizeilicher Daten an Dritte. Bei der Übermittlung oder Weitergabe solcher Daten innerhalb des Bereichs Polizei sollte entscheidend sein, ob ein berechtigtes Interesse an der Weitergabe der Daten besteht oder nicht. Eine Übermittlung oder Weitergabe solcher Daten an Empfänger außerhalb des polizeilichen Bereichs sollte nur erlaubt sein, wenn eine eindeutige gesetzliche Verpflichtung oder Genehmigung vorliegt. Internationale Übermittlungen oder Weitergaben sollten auf ausländische Polizeibehörden beschränkt sein und sich auf spezielle Rechtsvorschriften und möglicherweise internationale Abkommen stützen, sofern sie nicht für die Abwehr ernsthafter und unmittelbarer Gefahr erforderlich sind.

Damit die Datenverarbeitung durch die Polizei im Einklang mit dem innerstaatlichen Datenschutzrecht steht, ist sie einer unabhängigen Kontrolle zu unterziehen. Betroffene Personen müssen alle im Übereinkommen Nr. 108 aufgeführten Auskunftsrechte wahrnehmen können. Wurden die Auskunftsrechte der betroffenen Person gemäß Artikel 9 des Übereinkommens Nr. 108 im Interesse wirksamer polizeilicher Ermittlungen eingeschränkt, muss die betroffene Person nach innerstaatlichem Recht die Möglichkeit haben, bei der nationalen Datenschutzkontrollstelle oder einer anderen unabhängigen Stelle Rechtsbehelf einzulegen.

7.1.2. Das Budapester Übereinkommen über Computerkriminalität

Da kriminelle Aktivitäten zunehmend elektronische Datenverarbeitungssysteme nutzen und sie betreffen, waren neue strafrechtliche Bestimmungen erforderlich, um dieser Herausforderung begegnen zu können. Der Europarat hat daher ein internationales Rechtsinstrument angenommen, das Übereinkommen über Computerkriminalität – auch bekannt als das Budapester Übereinkommen –, das sich mit Straftaten gegen und mit Hilfe elektronischer Netze befasst.[254] Diesem Übereinkommen können auch Nicht-Mitglieder des Europarates beitreten. Mitte 2013 waren vier nicht dem Europarat angehörende Staaten – Australien, die Dominikanische Republik, Japan und die Vereinigten Staaten – Vertragsparteien des Übereinkommens, und

254 Europarat, Ministerkomitee (2001), Übereinkommen über Computerkriminalität, SEV Nr. 185, Budapest, 23. November 2001, in Kraft getreten am 1. Juli 2004.

12 weitere Nicht-Mitglieder hatten das Übereinkommen unterzeichnet oder waren zum Beitritt eingeladen worden.

Das Übereinkommen über Computerkriminalität ist nach wie vor der einflussreichste internationale Vertrag betreffend Rechtsverletzungen über das Internet oder andere Informationsnetzwerke. Es fordert die Vertragsparteien auf, ihre strafrechtlichen Vorschriften gegen Hacking und andere Verstöße gegen die Sicherheit einschließlich Verstöße gegen das Urheberrecht, computergestützten Betrug, Kinderpornografie und andere illegale Cyberaktivitäten zu aktualisieren und zu harmonisieren. Das Übereinkommen sieht auch die verfahrensrechtlichen Befugnisse für die Durchsuchung von Computernetzen und das Abfangen von Kommunikation bei der Bekämpfung von Internetkriminalität vor. Schließlich ermöglicht es eine wirksame internationale Zusammenarbeit. Ein Zusatzprotokoll zum Übereinkommen befasst sich mit der Kriminalisierung mittels Computersystemen begangener Handlungen rassistischer und fremdenfeindlicher Art.

Das Übereinkommen ist zwar kein Instrument zur Förderung des Datenschutzes, doch kriminalisiert es Tätigkeiten, die möglicherweise das Recht der betroffenen Person auf Schutz ihrer Daten verletzen. Weiter verpflichtet es die Vertragsparteien, bei der Umsetzung des Übereinkommens einen angemessenen Schutz der Menschenrechte und Freiheiten einschließlich der unter der EMRK garantierten Rechte, wie des Rechts auf Datenschutz, vorzusehen.[255]

7.2. EU-Datenschutzrecht im Bereich Polizei und Strafjustiz

Kernpunkte

- Auf EU-Ebene ist der Datenschutz in den Bereichen Polizei und Strafjustiz nur im Zusammenhang mit der grenzüberschreitenden Zusammenarbeit von Polizei- und Justizbehörden geregelt.
- Spezielle Datenschutzregelungen gibt es für das Europäische Polizeiamt (Europol) und die Europäische Stelle für justizielle Zusammenarbeit (Eurojust), also die beiden Einrichtungen der EU, die bei der grenzüberschreitenden Strafverfolgung unterstützen und sie fördern.

255 a.a.O., Artikel 15 Absatz 1.

- Spezielle Datenschutzregelungen gibt es auch für die gemeinsamen Informationssysteme, die auf EU-Ebene für den grenzüberschreitenden Informationsaustausch zwischen den zuständigen Polizei- und Justizbehörden eingerichtet wurden. Wichtige Beispiele hierfür sind Schengen II, das Visa-Informationssystem (VIS) und Eurodac, eine zentrale Datenbank, in der Fingerabdrücke von Drittstaatsangehörigen gespeichert sind, die in einem der EU-Mitgliedstaaten Asyl beantragt haben.

Die Datenschutzrichtlinie gilt für die Bereiche Polizei und Strafjustiz nicht. In Abschnitt 7.2.1 sind die wichtigsten Rechtsinstrumente in diesem Bereich dargestellt.

7.2.1. Der Rahmenbeschluss zum Datenschutz

Der Rahmenbeschluss 2008/977/JI des Rates über den Schutz personenbezogener Daten, die im Rahmen der polizeilichen und justiziellen Zusammenarbeit in Strafsachen verarbeitet werden (*Rahmenbeschluss zum Datenschutz*)[256] dient dem Schutz personenbezogener Daten natürlicher Personen, deren personenbezogene Daten zum Zweck der Verhütung, Ermittlung, Feststellung oder Verfolgung von Straftaten oder der Vollstreckung strafrechtlicher Sanktionen verarbeitet werden. Im Namen der Mitgliedstaaten oder der EU werden zuständige Behörden im Bereich Polizei und Strafjustiz tätig. Bei diesen Behörden handelt es sich um Agenturen oder Einrichtungen der EU sowie um Behörden der Mitgliedstaaten.[257] Die Anwendbarkeit des Rahmenbeschlusses ist auf die Gewährleitung des Datenschutzes in der grenzüberschreitenden Zusammenarbeit zwischen diesen Behörden begrenzt und erstreckt sich nicht auf die nationale Sicherheit.

Der Rahmenbeschluss zum Datenschutz stützt sich weitgehend auf die Grundsätze und Begriffsbestimmungen im Übereinkommen Nr. 108 und in der Datenschutzrichtlinie.

Die Daten dürfen nur von einer zuständigen Behörde und nur für den Zweck verwendet werden, für den sie übermittelt oder bereitgestellt wurden. Der empfangende Mitgliedstaat muss etwaige im Recht des übermittelnden Mitgliedstaats vorgesehene Einschränkungen beim Datenaustausch beachten. Unter gewissen Bedingungen ist jedoch die Verwendung von Daten durch den empfangenden Staat für einen anderen Zweck erlaubt. Die zuständigen Behörden sind verpflichtet, zwecks Klärung der Verantwortlichkeiten bei Beschwerden Übermittlungen zu

256 Rat der Europäischen Union (2008), Rahmenbeschluss 2008/977/JI des Rates vom 27. November 2008 über den Schutz personenbezogener Daten, die im Rahmen der polizeilichen und justiziellen Zusammenarbeit in Strafsachen verarbeitet werden, ABl. L 350 vom 30.12.2008.

257 a.a.O., Artikel 2 Buchstabe h.

protokollieren und zu dokumentieren. Für die Weitergabe von im Zuge der grenzüberschreitenden Zusammenarbeit erhaltenen Daten an Dritte bedarf es der Zustimmung des Mitgliedstaats, aus dem die Daten stammen; allerdings gibt es Ausnahmen für dringende Fälle.

Die zuständigen Behörden müssen zum Schutz personenbezogener Daten vor jeder Form rechtswidriger Verarbeitung die erforderlichen Sicherheitsvorkehrungen treffen.

Die Mitgliedstaaten müssen sicherstellen, dass eine oder mehrere unabhängige nationale Kontrollstellen dafür verantwortlich sind, bei der Anwendung der zur Umsetzung des Rahmenbeschlusses über Datenschutz erlassenen Bestimmungen zu beraten und die Anwendung dieser Vorschriften zu überwachen. Jede Person kann sich zum Schutz der die Person betreffenden Rechte und Freiheiten bei der Verarbeitung personenbezogener Daten durch zuständige Behörden mit einer Eingabe an jede Kontrollstelle wenden.

Die betroffene Person hat Recht auf Informationen über die Verarbeitung ihrer personenbezogenen Daten sowie das Recht auf Auskunft, Berichtigung, Löschung oder Sperrung. Wird die Ausübung dieser Rechte aus zwingenden Gründen verweigert, muss die betroffene Person das Recht haben, bei der zuständigen nationalen Kontrollstelle und/oder einem Gericht Rechtsbehelf einzulegen. Entsteht einer Person wegen Verletzungen des einzelstaatlichen Rechts zur Umsetzung des Rahmenbeschlusses über Datenschutz ein Schaden, hat sie Anspruch auf Schadenersatz gegenüber dem für die Verarbeitung Verantwortlichen.[258] . Generell hat die betroffene Person das Recht, im Falle der Verletzung der Rechte, die ihr nach den einzelstaatlichen Rechtsvorschriften zur Umsetzung des Rahmenbeschlusses über Datenschutz zustehen, bei Gericht Rechtsbehelfe einzulegen.[259]

258 a.a.O., Artikel 19.

259 a.a.O., Artikel 20.

Die Europäische Kommission hat ein Reformpaket vorgelegt, das aus einer Datenschutz-Grundverordnung,[260] und einer Datenschutzrichtlinie[261] besteht. Die neue Richtlinie tritt an die Stelle des derzeitigen Rahmenbeschlusses für Datenschutz und wendet allgemeine Grundsätze und Vorschriften auf die polizeiliche und justizielle Zusammenarbeit in Strafsachen an.

7.2.2. Spezifischere Rechtsinstrumente für den Datenschutz in der grenzüberschreitenden Zusammenarbeit zwischen Polizei- und Strafverfolgungsbehörden

Über den Rahmenbeschluss zum Datenschutz hinaus wird der Informationsaustausch zwischen Mitgliedstaaten in bestimmten Bereichen noch durch eine Reihe weiterer Rechtsinstrumente geregelt, so z. B. den Rahmenbeschluss 2009/315/JI des Rates über die Durchführung und den Inhalt des Austauschs von Informationen aus dem Strafregister zwischen den Mitgliedstaaten und den Beschluss des Rates über Vereinbarungen für eine Zusammenarbeit zwischen den zentralen Meldestellen der Mitgliedstaaten beim Austausch von Informationen.[262]

Wichtig ist auch, dass bei der grenzüberschreitenden Zusammenarbeit[263] zwischen den zuständigen Behörden zunehmend Daten über Immigration ausgetauscht werden. Dieser Rechtsbereich gehört zwar nicht zu den Bereichen Polizei und Strafjustiz, ist aber in vielerlei Hinsicht für die Arbeit von Polizei- und Justizbehörden relevant. Gleiches gilt für Daten über Waren, die in die EU eingeführt oder aus der EU

---

260 Europäische Kommission (2012), *Vorschlag für eine Verordnung des Europäischen Parlaments und des Rates zum Schutz natürlicher Personen bei der Verarbeitung personenbezogener Daten und zum freien Datenverkehr (Datenschutz-Grundverordnung)*, KOM(2012) 11 final, Brüssel, 25. Januar 2012.

261 Europäische Kommission (2012), *Vorschlag für Richtlinie des Europäischen Parlaments und des Rates zum Schutz natürlicher Personen bei der Verarbeitung personenbezogener Daten durch die zuständigen Behörden zum Zwecke der Verhütung, Aufdeckung, Untersuchung oder Verfolgung von Straftaten oder der Strafvollstreckung sowie zum freien Datenverkehr (Datenschutzrichtlinie)*, KOM(2012) 10 final, Brüssel, 25. Januar 2012.

262 Rat der Europäischen Union (2009), Rahmenbeschluss 2009/315/JI des Rates vom 26. Februar 2009 über die Durchführung und den Inhalt des Austauschs von Informationen aus dem Strafregister zwischen den Mitgliedstaaten, ABl. L 93 vom 7.4.2009; Rat der Europäischen Union (2000), Beschluss 2000/642/JI des Rates vom 17. Oktober 2000 über Vereinbarungen für eine Zusammenarbeit zwischen den zentralen Meldestellen der Mitgliedstaaten beim Austausch von Informationen, ABl. L 271 vom 24.10.2000.

263 Europäische Kommission (2012), *Mitteilung der Kommission an das Europäische Parlament und den Rat – Stärkung der Zusammenarbeit der Strafverfolgungsbehörden in der EU: Das Europäische Modell für den Informationsaustausch (EIXM)*, KOM(2012) 735 final, Brüssel, 7. Dezember 2012.

ausgeführt werden. Die Abschaffung der Kontrollen an den Binnengrenzen innerhalb der EU hat das Betrugsrisiko deutlich vergrößert und verlangte daher von den Mitgliedstaaten eine engere Zusammenarbeit, insbesondere durch einen Ausbau des grenzüberschreitenden Informationsaustauschs, um auf diese Weise wirksamer Verstöße gegen das Zollrecht der Mitgliedstaaten und der EU aufdecken und ahnden zu können.

Der Beschluss von Prüm

Ein wichtiges Beispiel für institutionalisierte grenzüberschreitende Zusammenarbeit durch Austausch von im Besitz einzelner Länder befindlicher Daten ist der Beschluss 2008/615/JI des Rates zur Vertiefung der grenzüberschreitenden Zusammenarbeit, insbesondere zur Bekämpfung des Terrorismus und der grenzüberschreitenden Kriminalität („*Beschluss von Prüm*"), mit dem der Vertrag von Prüm 2008 in das EU-Recht aufgenommen wurde.[264] Der Vertrag von Prüm war ein 2005 von Österreich, Belgien, Frankreich, Deutschland, Luxemburg, den Niederlanden und Spanien unterzeichnetes internationales Abkommen über die polizeiliche Zusammenarbeit.[265]

Ziel des Beschlusses von Prüm ist es, den Mitgliedstaaten bei der Verbesserung des Informationsaustauschs für Zwecke der Abwehr und Bekämpfung von Kriminalität in drei Bereichen zu helfen: Terrorismus, grenzüberschreitende Kriminalität und illegale Migration. Zu diesem Zweck enthält der Beschluss Bestimmungen über

- den automatisierten Zugriff auf DNA-Profile, Fingerabdruckdaten und bestimmte einzelstaatliche Fahrzeugregisterdaten;
- die Übermittlung von Daten im Zusammenhang mit Großveranstaltungen mit grenzüberschreitendem Bezug;
- die Übermittlung von Informationen zur Verhinderung terroristischer Straftaten;

264 Rat der Europäischen Union (2008), Beschluss 2008/615/JI des Rates vom 23. Juni 2008 zur Vertiefung der grenzüberschreitenden Zusammenarbeit, insbesondere zur Bekämpfung des Terrorismus und der grenzüberschreitenden Kriminalität, ABl. L 210 vom 6.8.2008.

265 Vertrag zwischen dem Königreich Belgien, der Bundesrepublik Deutschland, dem Königreich Spanien, der Französischen Republik, dem Großherzogtum Luxemburg, dem Königreich der Niederlande und der Republik Österreich über die Vertiefung der grenzüberschreitenden Zusammenarbeit, insbesondere zur Bekämpfung des Terrorismus, der grenzüberschreitenden Kriminalität und der illegalen Migration; abrufbar unter: http://register.consilium.europa.eu/pdf/en/05/st10/st10900.en05.pdf.

- sonstige Maßnahmen zur Intensivierung der grenzüberschreitenden polizeilichen Zusammenarbeit.

Die gemäß dem Beschluss von Prüm aufgebauten Datenbanken unterstehen in vollem Umfang einzelstaatlichem Recht, der Datenaustausch wird darüber hinaus jedoch auch im Beschluss und, seit einiger Zeit, im Rahmenbeschluss für Datenschutz geregelt. Zuständig für die Kontrolle dieses Datenverkehrs sind die nationalen Datenschutzkontrollstellen.

7.2.3. Datenschutz bei Europol und Eurojust

Europol

Europol, die Strafverfolgungsagentur der EU, hat ihren Sitz in Den Haag und verfügt in jedem Mitgliedstaat über eine nationale Stelle von Europol (ENU). Europol wurde 1998 errichtet; sein derzeitiger rechtlicher Status als Stelle der EU stützt sich auf den Beschluss des Rates zur Errichtung des Europäischen Polizeiamts (*Europol-Beschluss*).[266] Ziel von Europol ist es, bei der Abwehr und Untersuchung von organisierter Kriminalität, Terrorismus und anderen Formen schwerer Kriminalität, wie sie im Anhang des Europol-Beschlusses aufgeführt sind, wenn zwei oder mehr Mitgliedstaaten betroffen sind, zu helfen.

Um diese Ziele zu erreichen, hat Europol das Europol-Informationssystem aufgebaut, das den Mitgliedstaaten eine Datenbank für den Austausch kriminalpolizeilicher Erkenntnisse und Informationen über ihre ENU bietet. Das Europol-Informationssystem kann benutzt werden, um folgende Daten zur Verfügung zu stellen: Daten über Personen, die einer Straftat oder der Beteiligung an einer Straftat, für die Europol zuständig ist, verdächtigt werden, oder Personen, in deren Fall faktische Anhaltspunkte oder triftige Gründe dafür vorliegen, dass sie solche Straftaten begehen werden. Europol und die ENU dürfen Daten direkt in das Europol-Informationssystem eingeben und daraus abrufen. Nur die Stelle, die die Daten in das System eingegeben hat, darf sie ändern, berichtigen oder löschen.

266 Rat der Europäischen Union (2009), Beschluss des Rates vom 6. April 2009 zur Errichtung des Europäischen Polizeiamts (Europol), ABl. L 121 vom 15.5.2009. Siehe ferner den Vorschlag der Kommission für eine Verordnung mit einem Rechtsrahmen für ein neues Europol, der auf die beiden nachstehend genannten Texte folgt und sie ersetzt: Europol, wie errichtet durch den Beschluss 2009/371/JI des Rates vom 6. April 2009 über die Errichtung des Europäischen Polizeiamts (Europol), und CEPOL, wie errichtet durch den Beschluss 2005/681/JI des Rates über die Errichtung der Europäischen Polizeiakademie (CEPOL), KOM(2013) 173 final.

Soweit dies zur Wahrnehmung seiner Aufgaben erforderlich ist, kann Europol in Arbeitsdateien zu Analysezwecken Daten über Straftaten speichern, ändern und nutzen. Arbeitsdateien zu Analysezwecken werden zu Zwecken der Analyse, die als Zusammenstellung, Verarbeitung oder Nutzung von Daten zwecks Unterstützung der kriminalpolizeilichen Ermittlungen, die von Europol zusammen mit den Mitgliedstaaten durchgeführt werden, zu verstehen ist, errichtet.

Als Reaktion auf neuere Entwicklungen wurde am 1. Januar 2013 bei Europol das Europäische Zentrum zur Bekämpfung der Cyberkriminalität eingerichtet.[267] Das Zentrum dient als EU-Informationsdrehscheibe für die Bekämpfung der Cyberkriminalität, leistet einen Beitrag zu schnelleren Reaktionen bei Online-Straftaten, dient der Entwicklung und dem Einsatz digitaler forensischer Fähigkeiten und liefert bewährte Vorgehensweisen für Ermittlungen gegen Cyberstraftaten. Das Zentrum befasst sich schwerpunktmäßig mit Cyberstraftaten, die

- von organisierten Gruppen zwecks Erzielung großer krimineller Gewinne begangen werden, wie Online-Betrug;
- dem Opfer erheblichen Schaden zufügen, wie sexuelle Ausbeutung von Kindern im Internet;
- kritische Infrastruktur- und Informationssysteme in der EU berühren.

Die Datenschutzregelung für die Tätigkeiten von Europol wird verschärft. In Artikel 27 des Europol-Beschlusses heißt es, dass die Grundsätze des Übereinkommens Nr. 108 und der Polizeidatenempfehlung bezüglich der Verarbeitung automatisierter und nicht automatisierter Daten angewandt werden. Die Datenübermittlung zwischen Europol und den Mitgliedstaaten muss ferner den Vorschriften des Rahmenbeschlusses für den Datenschutz Genüge tun.

Um die Einhaltung des anzuwendenden Datenschutzrechts zu gewährleisten, und um insbesondere sicherzustellen, dass die Rechte des Einzelnen nicht durch die Verarbeitung personenbezogener Daten verletzt werden, überprüft und kontrolliert die gemeinsame Kontrollinstanz die Tätigkeiten von Europol.[268] Jede Person hat das Recht, Auskunft über personenbezogene Daten zu erhalten, die Europol

267 Siehe ferner EDSB (2012), *Stellungnahme des Datenschutzbeauftragten zur Mitteilung der Europäischen Kommission an den Rat und das Europäische Parlament zur Errichtung eines Europäischen Zentrums zur Bekämpfung der Cyberkriminalität*, Brüssel, 29. Juni 2012.

268 Europol-Beschluss, Artikel 34.

möglicherweise über sie besitzt, und sie hat außerdem das Recht, die Überprüfung, Berichtigung oder Löschung dieser personenbezogenen Daten zu beantragen. Ist eine Person mit der Entscheidung von Europol bezüglich der Ausübung dieser Rechte nicht zufrieden, kann sie sich an den Beschwerdeausschuss der gemeinsamen Kontrollinstanz wenden.

Ist durch in rechtlicher oder sachlicher Hinsicht fehlerhafte Daten, die von Europol gespeichert oder verarbeitet wurden, ein Schaden entstanden, kann der Geschädigte eine Schadenersatzklage nur vor dem zuständigen Gericht des Mitgliedstaats erheben, in dem der Schadensfall eingetreten ist.[269] Europol leistet dem Mitgliedstaat Erstattung, wenn der Schaden auf eine Verletzung der gesetzlich vorgesehenen Pflichten durch Europol zurückzuführen ist.

Eurojust

Eurojust wurde 2002 errichtet und ist eine Einrichtung der EU mit Sitz in Den Haag, die die justizielle Zusammenarbeit bei Ermittlungen und Strafverfolgungsmaßnahmen im Zusammenhang mit schweren Straftaten fördert, von denen mindestens zwei Mitgliedstaaten betroffen sind.[270] Eurojust verfolgt folgende Ziele:

- Förderung und Verbesserung der Koordinierung von Ermittlungen und Strafverfolgungsmaßnahmen zwischen den zuständigen Behörden der Mitgliedstaaten;

- Erleichterung der Erledigung von Ersuchen und Entscheidungen im Bereich der justiziellen Zusammenarbeit.

Die Aufgaben von Eurojust werden von nationalen Mitgliedern wahrgenommen. Jeder Mitgliedstaat entsendet einen Richter oder Staatsanwalt zu Eurojust, die hinsichtlich ihres Status dem nationalen Recht ihres Mitgliedstaats unterliegen und mit den erforderlichen Kompetenzen ausgestattet sind, um die Aufgaben wahrzunehmen, die für die Förderung und Verbesserung der justiziellen Zusammenarbeit

269 a.a.O., Artikel 52.

270 Rat der Europäischen Union (2002), Beschluss 2002/187/JI des Rates vom 28. Februar 2002 über die Errichtung von Eurojust zur Verstärkung der Bekämpfung der schweren Kriminalität, ABl. L 63 vom 6.3.2002; Rat der Europäischen Union (2003), Beschluss 2003/659/JI des Rates vom 18. Juni 2003 zur Änderung des Beschlusses 2002/187/JI über die Errichtung von Eurojust zur Bekämpfung der schweren Kriminalität, ABl. L 245 vom 29.9.2003; Rat der Europäischen Union (2009), Beschluss 2009/426/JI des Rates vom 16. Dezember 2008 zur Stärkung von Eurojust und zur Änderung des Beschlusses 2002/187/JI über die Errichtung von Eurojust zur Verstärkung der Bekämpfung der schweren Kriminalität, ABl. L 138 vom 4.6.2009 (*Eurojust-Beschlüsse*).

erforderlich sind. Darüber hinaus werden die nationalen Mitglieder bei der Durchführung spezieller Aufgaben von Eurojust als Kollegium tätig.

Eurojust darf personenbezogene Daten verarbeiten, sofern dies für das Erreichen seiner Ziele erforderlich ist. Dies ist allerdings auf spezifische Informationen über Personen beschränkt, die im Verdacht stehen, eine Straftat begangen zu haben oder an einer Straftat beteiligt gewesen zu sein, oder die wegen einer Straftat verurteilt wurden, für die Eurojust zuständig ist. Eurojust darf auch bestimmte Daten über Zeugen oder Opfer von Straftaten verarbeiten, die in die Zuständigkeit von Eurojust fallen.[271] In Ausnahmefällen darf Eurojust für begrenzte Zeit umfangreichere personenbezogene Daten über Tatumstände verarbeiten, wenn sie für die laufenden Ermittlungen unmittelbar von Belang sind. Innerhalb seines Zuständigkeitsbereichs darf Eurojust mit anderen Organen, Einrichtungen und Agenturen der EU zusammenarbeiten und mit ihnen personenbezogene Daten austauschen. Eurojust darf auch mit Drittländern und Organisationen zusammenarbeiten und mit ihnen personenbezogene Daten austauschen.

Bezüglich des Datenschutzes muss Eurojust ein Datenschutzniveau gewährleisten, dass zumindest den Grundsätzen des Übereinkommens Nr. 108 des Europarates und dessen späteren Änderungen gleichwertig ist. Beim Datenaustausch sind besondere Vorschriften und Einschränkungen einzuhalten, die entweder in Vereinbarungen über die Zusammenarbeit oder in Arbeitsvereinbarungen gemäß den Eurojust-Beschlüssen und den Eurojust-Datenschutzvorschriften niedergelegt sind.[272]

Bei Eurojust wurde eine unabhängige gemeinsame Kontrollstelle eingerichtet, deren Aufgabe die Überwachung der von Eurojust vorgenommenen Verarbeitungen personenbezogener Daten ist. Sind Personen mit der Antwort von Eurojust auf ein Ersuchen um Auskunft, Berichtigung, Sperrung oder Löschung personenbezogener Daten nicht zufrieden, können sie bei der gemeinsamen Kontrollstelle Beschwerde einlegen. Wenn Eurojust personenbezogene Daten rechtswidrig verarbeitet, haftet Eurojust nach dem innerstaatlichen Recht des Mitgliedstaats, in dem es seinen Sitz hat, also der Niederlande, für den der betroffenen Person entstandenen Schaden.

271 Konsolidierte Fassung des Beschlusses 2002/187/JI des Rates, geändert durch den Beschluss 2003/659/JI des Rates und den Beschluss 2009/426/JI des Rates, Artikel 15 Absatz 2.

272 Bestimmungen der Geschäftsordnung betreffend die Verarbeitung und den Schutz personenbezogener Daten bei Eurojust, ABl. C 68 vom 19.3 2005, S. 1.

7.2.4. Datenschutz in den gemeinsamen Informationssystemen auf EU-Ebene

Über den Datenaustausch zwischen Mitgliedstaaten und die Errichtung von Fachbehörden der EU für die Bekämpfung der grenzüberschreitenden Kriminalität hinaus wurden auf EU-Ebene mehrere gemeinsame Informationssysteme eingerichtet, die als Plattform für den Informationsaustausch zwischen den zuständigen Behörden der Mitgliedstaaten und der EU für spezifische Zwecke der Strafverfolgung einschließlich Einwanderungsrecht und Zollrecht dienen. Einige dieser Systeme entwickelten sich aus multilateralen Abkommen heraus, die in der Folge durch Rechtsinstrumente und Systeme der EU ersetzt wurden, wie das Schengener Informationssystem, das Visa-Informationssystem, Eurodac, Eurosur oder das Zollinformationssystem.

Die 2012 eingerichtete Europäische Agentur für das Betriebsmanagement von IT-Großsystemen (eu-LISA)[273] ist für das langfristige Betriebsmanagement des Schengener Informationssystems der zweiten Generation (SIS II), des Visa-Informationssystems (VIS) und von Eurodac zuständig. Hauptaufgabe von eu-LISA ist es, den effektiven, sicheren und kontinuierlichen Betrieb der Informationstechnologiesysteme zu gewährleisten. Weiter ist die Agentur dafür verantwortlich, mit den erforderlichen Maßnahmen für die Sicherheit der Systeme und die Sicherheit von Daten zu sorgen.

Schengener Informationssystem

1985 traten mehrere Mitgliedstaaten der damaligen Europäischen Gemeinschaften dem Übereinkommen zwischen den Staaten der Benelux-Wirtschaftsunion, Deutschland und Frankreich über den schrittweisen Abbau der Kontrollen an den gemeinsamen Grenzen (*Schengener Übereinkommen*) bei, mit dem ein Raum der Freizügigkeit geschaffen werden sollte, ohne behindernde Grenzkontrollen innerhalb des Schengen-Hoheitsgebiets.[274] Als Gegengewicht zur Bedrohung der öffentlichen Sicherheit, die nach der Öffnung der Grenzen entstehen konnte, wurden schärfere

273 Verordnung (EU) Nr. 1077/2011 des Europäischen Parlaments und des Rates vom 25. Oktober 2011 zur Errichtung einer Europäischen Agentur für das Betriebsmanagement von IT-Großsystemen im Raum der Freiheit, der Sicherheit und des Rechts, ABl. L 2011 vom 1.11.2011.

274 Übereinkommen zwischen den Regierungen der Staaten der Benelux-Wirtschaftsunion, der Bundesrepublik Deutschland und der Französischen Republik betreffend den schrittweisen Abbau der Kontrollen an den gemeinsamen Grenzen, ABl. L 239 vom 22.9.2000.

Grenzkontrollen an den Außengrenzen des Schengen-Gebiets sowie eine enge Zusammenarbeit zwischen nationalen Polizei- und Justizbehörden eingerichtet.

Als Folge des Beitritts weiterer Staaten zum Schengener Übereinkommen wurde das Schengen-System schließlich mit dem Vertrag von Amsterdam vollständig in den EU-Rechtsrahmen überführt.[275] Die Umsetzung dieser Entscheidung erfolgte 1999. Die neueste Version des Schengener Informationssystems, das so genannte SIS II, ging am 9. April 2013 in Betrieb. Es dient nunmehr allen EU-Mitgliedstaaten sowie Island, Liechtenstein, Norwegen und der Schweiz.[276] Auch Europol und Eurojust haben Zugriff auf SIS II.

SIS II besteht aus einem zentralen System (C-SIS), einem nationalen System (N-SIS) in jedem Mitgliedstaat sowie einer Kommunikationsinfrastruktur zwischen zentralem System und nationalen Systemen. Das C-SIS enthält bestimmte Daten zu Personen und Gegenständen, die von den Mitgliedstaaten eingegeben werden. C-SIS wird von nationalen Grenzschutzbehörden, Polizei, Zoll, Visa- und Justizbehörden im gesamten Schengen-Raum benutzt. In jedem Mitgliedstaat ist eine nationale Kopie des C-SIS in Betrieb, auch bezeichnet als nationale Schengen-Informationssysteme (N-SIS), die laufend aktualisiert werden und damit auch das C-SIS auf den neuesten Stand bringen. Das N-SIS wird abgefragt und gibt Alarm, wenn

- die Person nicht befugt ist, in das Schengen-Hoheitsgebiet einzureisen oder sich dort aufzuhalten, oder
- die Person oder der Gegenstand von Justiz- oder Strafverfolgungsbehörden gesucht werden, oder
- die Person als vermisst gemeldet wurde, oder
- Waren wie Banknoten, Autos, Lieferwagen, Feuerwaffen und Identitätsdokumente als gestohlen oder verloren gemeldet wurden.

275 Europäische Gemeinschaften (1997), Vertrag von Amsterdam zur Änderung des Vertrags über die Europäische Union, die Verträge zur Gründung der Europäischen Gemeinschaften sowie einiger damit zusammenhängender Rechtsakte, ABl. C 340 vom 10.22.1997.

276 Verordnung (EG) Nr. 1987/2006 des Europäischen Parlaments und des Rates vom 20. Dezember 2006 über die Einrichtung, den Betrieb und die Nutzung des Schengener Informationssystems der zweiten Generation (SIS II), ABl. L 381 vom 28.12.2006, und Rat der Europäischen Union (2007), Beschluss 2007/533/JI des Rates vom 12. Juni 2007 über die Errichtung, den Betrieb und die Nutzung des Schengener Informationssystems der zweiten Generation (SIS II), ABl. L 205 vom 7.8.2007.

Bei einem Alarm müssen vom nationalen Schengener Informationssystem Folgemaßnahmen veranlasst werden.

SIS II weist neue Funktionalitäten auf: Es können jetzt beispielsweise biometrische Daten wie Fingerabdrücke und Fotos eingegeben werden; es gibt neue Alarmkategorien wie gestohlene Boote, Flugzeuge, Container oder Zahlungsmittel; es gibt verschärften Alarm für Personen und Gegenstände und Kopien Europäischer Haftbefehle von Personen, die zur Festnahme, Übergabe oder Auslieferung gesucht werden.

Der Beschluss 2007/533/JI des Rates über die Einrichtung, den Betrieb und die Nutzung des Schengener Informationssystems der zweiten Generation (SIS II) hat das Übereinkommen Nr. 108 integriert. „Personenbezogene Daten, die gemäß diesem Beschluss verarbeitet werden, werden gemäß dem Übereinkommen des Europarates Nr. 108 geschützt".[277] Werden personenbezogene Daten von nationalen Polizeibehörden in Anwendung des Schengen II-Beschlusses verwendet, müssen die Bestimmungen des Übereinkommens Nr. 108 sowie der Polizei-Empfehlung in einzelstaatliches Recht umgesetzt werden.

Kontrolliert wird die nationale N-SIS durch die jeweilige zuständige Kontrollstelle in den Mitgliedstaaten. Sie muss vor allem die Qualität der von den Mitgliedstaaten über das N-SIS in das C-SIS eingegebenen Daten kontrollieren. Die Kontrollstelle hat sicherzustellen, dass mindestens alle vier Jahre bei den nationalen N-SIS ein Audit der Datenverarbeitungen durchgeführt wird. Die nationalen Kontrollstellen und der EDSB arbeiten zusammen und gewährleisten eine koordinierte Kontrolle des SIS, während der EDSB zuständig für die Kontrolle des C-SIS ist. Im Sinne der Transparenz wird alle zwei Jahre ein gemeinsamer Bericht über alle Tätigkeiten an Europäisches Parlament, Rat und eu-LISA übermittelt.

Zugriffsrechte einzelner Personen auf das SIS II können in jedem beliebigen Mitgliedstaat wahrgenommen werden, da jedes N-SIS eine genaue Kopie des C-SIS ist.

Beispiel: In der Rechtssache *Dalea gegen Frankreich*[278] wurde dem Beschwerdeführer ein Visum für Frankreich verweigert, weil die französischen Behörden

277 Rat der Europäischen Union (2007), Beschluss 2007/533/JI des Rates vom 12. Juni 2007 über die Einrichtung, den Betrieb und die Nutzung des Schengener Informationssystems der zweiten Generation (SIS II), ABl. L 205 vom 7.8.2007, Artikel 57.

278 EGMR, *Dalea / Frankreich* (Entscheidung), Nr. 964/07, 2. Februar 2010.

dem Schengener Informationssystem gemeldet hatten, es solle ihm die Einreise verweigert werden. Der Beschwerdeführer beantragte ohne Erfolg zunächst bei der französischen Datenschutzkommission und dann beim Staatsrat Auskunft über die Daten sowie deren Berichtigung oder Löschung. Nach Auffassung des EGMR war die Meldung des Beschwerdeführers an das Schengener Informationssystem rechtens und diente dem rechtmäßigen Ziel des Schutzes der nationalen Sicherheit. Da der Beschwerdeführer nicht nachgewiesen hatte, wie er tatsächlich unter der verweigerten Einreise in den Schengen-Raum gelitten hatte, und da ausreichende Vorkehrungen zu seinem Schutz vor willkürlichen Entscheidungen bestanden, war der Eingriff in sein Recht auf Achtung des Privatlebens verhältnismäßig gewesen. Die Beschwerde des Beschwerdeführers unter Artikel 8 wurde daher für unzulässig erklärt.

Das Visa-Informationssystem

Das Visa-Informationssystem (VIS), das ebenfalls von eu-LISA betrieben wird, wurde zur Unterstützung der Durchführung einer gemeinsamen Visa-Politik der EU entwickelt.[279] Mit Hilfe des VIS können Schengen-Staaten Visadaten über ein System austauschen, das die Konsulate der Schengen-Staaten in Drittländern mit den Grenzübergangsstellen an den Außengrenzen aller Schengen-Staaten verbindet. Das VIS verarbeitet Daten über Anträge auf Visa für einen kurzfristigen Aufenthalt beim Besuch im oder der Durchreise durch den Schengen-Raum. Das VIS gibt den Grenzbehörden die Möglichkeit, anhand biometrischer Daten zu überprüfen, ob die Person, die das Visum vorlegt, dessen rechtmäßiger Inhaber ist, und Personen ohne Dokumente oder mit gefälschten Dokumenten zu identifizieren.

Gemäß der Verordnung (EG) Nr. 767/2008 des Europäischen Parlaments und des Rates über das Visa-Informationssystem (VIS) und den Datenaustausch zwischen Mitgliedstaaten über Visa für einen kurzfristigen Aufenthalt (*VIS-Verordnung*) dürfen im VIS nur Daten über den Antragsteller, seine Visa, Lichtbilder, Fingerabdrücke, Verknüpfungen zu früheren Anträgen und Antragsdatensätze ihn begleitender

279 Rat der Europäischen Union (2004), Beschluss des Rates vom 8. Juni 2004 zur Einrichtung des Visa-Informationssystems (VIS), ABl. L 213 vom 15.6.2004; Verordnung (EG) Nr. 767/2008 des Europäischen Parlaments und des Rates vom 9. Juli 2008 Über das Visa-Informationssystem (VIS) und den Datenaustausch zwischen den Mitgliedstaaten über Visa für einen kurzfristigen Aufenthalt, ABl. L 218 vom 13.8.2008 (*VIS-Verordnung*); Rat der Europäischen Union (2008), Beschluss 2008/633/JI des Rates vom 23. Juni 2008 über den Zugang der benannten Behörden der Mitgliedstaaten und von Europol zum Visa-Informationssystem (VIS) für Datenabfragen zum Zwecke der Verhütung, Aufdeckung und Ermittlung terroristischer und sonstiger schwerwiegender Straftaten, ABl. L 218 vom 13.8.2008.

Personen gespeichert werden.[280] Der Zugriff auf das VIS für Zwecke der Eingabe, Änderung oder Löschung von Daten ist ausschließlich auf die Visabehörden der Mitgliedstaaten beschränkt, während ein Zugriff zum Zweck der Datenabfrage für Visabehörden und Behörden, die für Kontrollen an den Grenzübergangsstellen an den Außengrenzen, Einwanderungskontrolle und Asyl zuständig sind, vorgesehen ist. Unter bestimmten Voraussetzungen können die zuständigen nationalen Polizeibehörden sowie Europol zum Zwecke der Verhütung, Aufdeckung und Ermittlung terroristischer und sonstiger schwerwiegender Straftaten Daten aus dem VIS abfragen.[281]

Eurodac

Schon der Name „Eurodac" nimmt Bezug auf Daktylogramme oder Fingerabdrücke. Es handelt sich um ein zentralisiertes System mit Fingerabdruckdaten von Drittstaatsangehörigen, die in einem der EU-Mitgliedstaaten Asyl beantragen.[282] Das System ist seit Januar 2003 in Betrieb und hat den Zweck, bei der Bestimmung des Mitgliedstaats zu helfen, der gemäß der Verordnung (EG) Nr. 343/2003 des Rates zur Festlegung der Kriterien und Verfahren zur Bestimmung des Mitgliedstaats, der für die Prüfung eines von einem Drittstaatsangehörigen in einem Mitgliedstaat gestellten Asylantrags zuständig ist (*Dublin II-Verordnung*).[283] Personenbezogene Daten in Eurodac dürfen nur zur Erleichterung der Anwendung des Dubliner Übereinkommens verwendet werden; bei jeder anderen Verwendung werden Sanktionen verhängt.

---

280 Artikel 5 der Verordnung (EG) Nr. 767/2008 des Europäischen Parlaments und des Rates vom 9. Juli 2008 über das Visa-Informationssystem (VIS) und den Datenaustausch zwischen den Mitgliedstaaten über Visa für einen kurzfristigen Aufenthalt (*VIS-Verordnung*), ABl. L 218 vom 13.8.2008.

281 Rat der Europäischen Union (2008), Beschluss 2008/633/JI des Rates vom 23. Juni 2008 über den Zugang der benannten Behörden der Mitgliedstaaten und von Europol zum Visa-Informationssystem (VIS) für Datenabfragen zum Zwecke der Verhütung, Aufdeckung und Ermittlung terroristischer und sonstiger schwerwiegender Straftaten, ABl. L 218 vom 13.8.2008.

282 Verordnung (EG) Nr. 2725/2000 des Rates vom 11. Dezember 2000 über die Einrichtung von Eurodac für den Vergleich von Fingerabdrücken zum Zwecke der effektiven Anwendung des Dubliner Übereinkommens, ABl. L 316 vom15.12.2000; Verordnung (EG) Nr. 407/2002 des Rates vom 28. Februar 2002 zur Festlegung von Durchführungsbestimmungen zur Verordnung (EG) Nr. 2725/2000 über die Einrichtung von Eurodac für den Vergleich von Fingerabdrücken zum Zwecke der effektiven Anwendung des Dubliner Übereinkommens, ABl. L 62 vom 5.3.2002 (*Eurodac-Verordnungen*).

283 Verordnung (EG) Nr. 343/2003 des Rates vom 18. Februar 2003 zur Festlegung der Kriterien und Verfahren zur Bestimmung des Mitgliedstaats, der für die Prüfung eines von einem Drittstaatsangehörigen in einem Mitgliedstaat gestellten Asylantrags zuständig ist, ABl. L 50 vom 25.2.2003, („*Dublin II-Verordnung*").

Eurodac umfasst eine von eu-LISA betriebene Zentraleinheit für die Speicherung und den Vergleich von Fingerabdrücken und ein System für die elektronische Datenübermittlung zwischen den Mitgliedstaaten und der zentralen Datenbank. Die Mitgliedstaaten nehmen von jedem Drittstaatsangehörigen oder Staatenlosen über 14 Jahren, der in ihrem Hoheitsgebiet Asyl beantragt oder bei einem illegalen Übertritt ihrer Außengrenze aufgegriffen wird, Fingerabdrücke ab und übermitteln sie. Die Mitgliedstaaten dürfen auch Fingerabdrücke von Drittstaatsangehörigen oder Staatenlosen nehmen und übermitteln, die sich ohne Genehmigung in ihrem Hoheitsgebiet aufhalten.

Die Fingerabdruckdaten werden in der Eurodac-Datenbank nur in pseudonymisierter Form gespeichert. Im Falle einer Übereinstimmung wird das Pseudonym zusammen mit dem Namen des ersten Mitgliedstaats, der die Fingerabdruckdaten übermittelt hat, an den zweiten Mitgliedstaat weitergegeben. Dieser zweite Mitgliedstaat wendet sich dann an den ersten Mitgliedstaat, weil gemäß der Dublin II-Verordnung der erste Mitgliedstaat für die Bearbeitung des Asylantrags zuständig ist.

In Eurodac gespeicherte personenbezogene Daten über Asylbewerber werden ab dem Datum der Abnahme der Fingerabdrücke zehn Jahre aufbewahrt, sofern nicht die betroffene Person die Staatsbürgerschaft eines EU-Mitgliedstaats erwirbt. In diesem Fall sind die Daten unverzüglich zu löschen. Daten über Ausländer, die beim unerlaubten Übertritt über die Außengrenze aufgegriffen werden, werden zwei Jahre gespeichert. Diese Daten sind unverzüglich zu löschen, wenn die betroffene Person eine Aufenthaltsgenehmigung erhält, das EU-Hoheitsgebiet verlässt oder die Staatsangehörigkeit eines Mitgliedstaats erwirbt.

Neben allen EU-Mitgliedstaaten setzen auch Island, Norwegen, Liechtenstein und die Schweiz Eurodac auf der Grundlage internationaler Abkommen ein.

Eurosur

Mit dem Europäischen Grenzüberwachungssystem (*Eurosur*)[284] soll die Kontrolle an den Außengrenzen des Schengen-Raums durch die Aufdeckung, Prävention und Bekämpfung von illegaler Einwanderung und grenzüberschreitender Kriminalität verstärkt werden. Es dient der Verstärkung des Informationsaustauschs und der operativen Zusammenarbeit zwischen nationalen Koordinierungszentren und

284 Verordnung (EG) Nr. 1052/2013 des Europäischen Parlaments und des Rates vom 22. Oktober 2013 zur Errichtung eines Europäischen Grenzüberwachungssystems (Eurosur), ABl. L 295 vom 6.11.2013.

Frontex, der EU-Agentur, die für die Entwicklung und Anwendung des neuen Konzepts der integrierten Grenzverwaltung zuständig ist.[285] Zu seinen allgemeinen Zielsetzungen gehört

- die Verringerung der Zahl illegaler Migranten, die unentdeckt in die EU kommen;
- die Verringerung der Zahl der Todesfälle bei illegalen Migranten durch verstärkte Rettung des Lebens auf See;
- Verbesserung der inneren Sicherheit der EU insgesamt durch einen Beitrag zur Prävention grenzüberschreitender Kriminalität.[286]

Eurosur nahm seine Tätigkeit in allen Mitgliedstaaten mit Außengrenzen am 2. Dezember 2013 auf; in den anderen ist dies für den 1. Dezember 2014 vorgesehen. Die Verordnung gilt für die Überwachung von Landgrenzen, Seeaußengrenzen und Luftgrenzen der Mitgliedstaaten.

Zollinformationssystem

Ein weiteres wichtiges gemeinsames Informationssystem auf EU-Ebene ist das Zollinformationssystem (CIS).[287] Im Zuge der Errichtung des Binnenmarktes wurden alle Kontrollen und Förmlichkeiten im Zusammenhang mit dem Warenverkehr im EU-Hoheitsgebiet abgeschafft, woraus sich ein gesteigertes Betrugsrisiko ergab. Als Gegengewicht zu diesem Risiko wurde die Zusammenarbeit zwischen den

285 Verordnung (EU) Nr. 1168/2011 des Europäischen Parlaments und des Rates vom 25. Oktober 2011 zur Änderung der Verordnung (EG) Nr. 2007/2004 des Rates zur Errichtung einer Europäischen Agentur für die operative Zusammenarbeit an den Außengrenzen der Mitgliedstaaten der Europäischen Union, ABl. L 304 vom 22.11.2011 (*Frontex-Verordnung*).

286 Siehe ferner: Europäische Kommission (2008), *Mitteilung der Kommission an das Europäische Parlament, den Rat, den Europäischen Wirtschafts- und Sozialausschuss und den Ausschuss der Regionen: Prüfung der Schaffung eines Europäischen Grenzkontrollsystems (Eurosur)*, KOM(2008) 68 endgültig, Brüssel, 13. Februar 2008; Europäische Kommission (2011), *Folgenabschätzung zum Vorschlag für eine Verordnung des Europäischen Parlaments und des Rates zur Errichtung eines Europäischen Grenzüberwachungssystems (Eurosur), Arbeitsunterlage der Kommissionsdienststellen*, SEC(2011) 1536 final, Brüssel,12. Dezember 2011, S. 18.

287 Rat der Europäischen Union (1995), Rechtsakt des Rates vom 26. Juli 1995 über die Fertigstellung des Übereinkommens über den Einsatz der Informationstechnologie im Zollbereich, ABl. 316 vom 27.11.1995, geändert durch Rat der Europäischen Union (2009), Verordnung (EG) Nr. 515/97 des Rates vom 13. März 1997 über die gegenseitige Amtshilfe zwischen Verwaltungsbehörden der Mitgliedstaaten und die Zusammenarbeit dieser Behörden mit der Kommission im Hinblick auf die ordnungsgemäße Anwendung der Zoll- und der Agrarregelung,Beschluss 2009/917/JI des Rates vom 30. November 2009 über den Einsatz der Informationstechnologie im Zollbereich, ABl. L 323 vom 10.12.2009 (*CIS-Beschluss*).

Zollverwaltungen der Mitgliedstaaten intensiviert. Zweck des CIS ist es, die Mitgliedstaaten bei der Verhinderung, Ermittlung oder Verfolgung von schweren Zuwiderhandlungen gegen die innerstaatlichen und die EU-Rechtsvorschriften in den Bereichen Zoll und Landwirtschaft zu unterstützen.

Die im CIS gespeicherten Informationen enthalten personenbezogene Daten mit Bezug auf Waren, Transportmittel, Unternehmen, Personen, zurückgehaltene, beschlagnahmte oder eingezogene Waren und Barmittel. Diese Daten dürfen nur zum Zwecke der Feststellung und Unterrichtung oder zur Durchführung besonderer Kontrollen oder für strategische oder operative Analysen von Personen verwendet werden, die des Verstoßes gegen Zollbestimmungen verdächtigt werden.

Zugriff auf das CIS haben die nationalen Zoll-, Steuer-, Landwirtschafts-, öffentliche Gesundheits- und Polizeibehörden sowie Europol und Eurojust.

Bei der Verarbeitung personenbezogener Daten sind die entsprechenden Bestimmungen in der Verordnung Nr. 515/97 und im CIS-Übereinkommen[288] sowie die Bestimmungen der Datenschutzrichtlinie, der Datenschutzverordnung für die EU-Organe, des Übereinkommens Nr. 108 und der Polizei-Empfehlung einzuhalten. Mit der Verordnung (EG) Nr. 45/2001 ist der EDSB zuständig für die Kontrolle der Einhaltung des CIS und beruft mindestens einmal pro Jahr ein Treffen mit allen Datenschutzaufsichtsbehörden zuständig für CIS-bezogene Aufsichtsfragen ein.

288 a.a.O.

8

Sonstige spezifische europäische Datenschutzgesetze

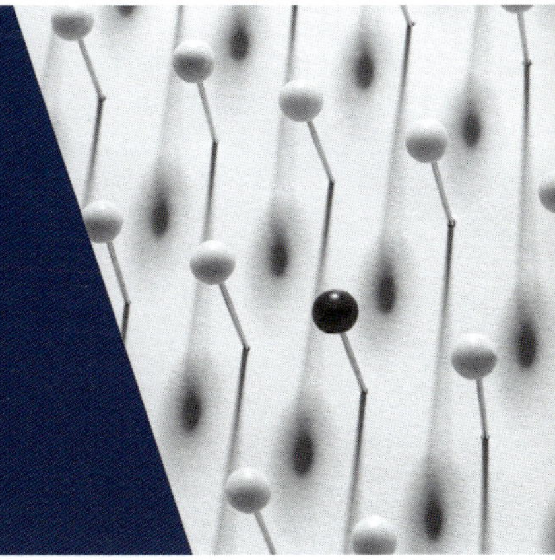

EU	Behandelte Themen	Europarat
Datenschutzrichtlinie Datenschutzrichtlinie für elektronische Kommunikation	**Elektronische Kommunikation**	Übereinkommen Nr. 108 Empfehlung betreffend Telekommunikationsdienste
Datenschutzrichtlinie, Artikel 8 Absatz 2 Buchstabe b	**Beschäftigungskontext**	Übereinkommen Nr. 108 Empfehlung für den Beschäftigungskontext EGMR, *Copland gegen Vereinigtes Königreich*, Nr. 62617/00, 3. April 2007
Datenschutzrichtlinie, Artikel 8 Absatz 3	**Medizinische Daten**	Übereinkommen Nr. 108 Empfehlung betreffend Medizinische Daten EGMR, *Z. gegen Finnland*, Nr. 22009/93, 25. Februar 1997
Richtlinie über klinische Prüfungen	**Klinische Prüfungen**	
Datenschutzrichtlinie, Artikel 6 Absatz 1 Buchstabe b und e, Artikel 13 Absatz 2	**Statistiken**	Übereinkommen Nr. 108 Empfehlung betreffend statistische Daten
Verordnung (EG) Nr. 223/2009 über europäische Statistiken EuGH, C-524/06, *Huber gegen Bundesrepublik Deutschland*, 16. Dezember 2008	**Amtliche Statistiken**	Übereinkommen Nr. 108 Empfehlung betreffend statistische Daten

Richtlinie 2004/39/EG über Märkte für Finanzinstrumente Verordnung (EU) Nr. 648/2012 über OTC-Derivate, zentrale Gegenparteien und Transaktionsregister Verordnung (EG) Nr. 1060/2009 über Ratingagenturen Richtlinie 2007/64/EG über Zahlungsdienste im Binnenmarkt	**Finanzdaten**	Übereinkommen Nr. 108 Empfehlung 90(19) für Zahlungszwecke und andere verwandte Operationen EGMR, *Michaud gegen Frankreich*, Nr. 12323/11, 6. Dezember 2012

Mehrfach wurden auf europäischer Ebene spezifische Rechtsakte angenommen, mit denen die allgemeinen Vorschriften des Übereinkommens Nr. 108 oder der Datenschutzrichtlinie in detaillierterer Form auf spezifische Situationen angewandt werden.

8.1. Elektronische Kommunikation

Kernpunkte

- Spezifische Vorschriften für den Datenschutz im Bereich Telekommunikation unter besonderer Berücksichtigung von Telefondiensten finden sich in der Empfehlung des Europarates aus dem Jahr 1995.
- Die Verarbeitung personenbezogener Daten im Zusammenhang mit der Erbringung von Kommunikationsdiensten auf EU-Ebene ist in der Datenschutzrichtlinie für elektronische Kommunikation geregelt.
- Die Vertraulichkeit der elektronischen Kommunikation bezieht sich nicht nur auf den Inhalt einer Kommunikation, sondern auch auf Verkehrsdaten, also Informationen darüber, wer mit wem, wann und wie lange kommuniziert hat, und auf Ortungsdaten, also Informationen darüber, von wo aus Daten kommuniziert wurden.

Kommunikationsnetzwerke verfügen über ein größeres Potenzial für unberechtigte Eingriffe in die persönliche Sphäre der Nutzer, da sie verstärkt technische Möglichkeiten für das Hineinhören in die über solche Netze abgewickelte Kommunikation und deren Überwachung bieten. Folglich wurden zur Bewältigung der besonderen Risiken für Nutzer von Kommunikationsdiensten besondere Datenschutzvorschriften für notwendig erachtet.

1995 gab der Europarat eine Empfehlung zum Schutz personenbezogener Daten im Bereich der Fernmeldedienste, namentlich im Hinblick auf die Telefondienste, heraus.[289] Nach dieser Empfehlung sollten die Zwecke der Erhebung und Verarbeitung personenbezogener Daten im Bereich der Fernmeldedienste beschränkt sein auf: den Anschluss eines Nutzers an das Netz, die Bereitstellung des betreffenden Fernmeldedienstes, die Abrechnung, die Überprüfung, die Gewährleistung eines optimalen technischen Betriebs und den Ausbau von Netz und Diensten.

Besondere Aufmerksamkeit galt ferner der Nutzung von Kommunikationsnetzen für die Versendung von Direktwerbenachrichten. Generell dürfen Direktwerbenachrichten nicht an einen Teilnehmer gesandt werden, der ausdrücklich den Empfang von Werbenachrichten abgelehnt hat. Anrufautomaten für die Übermittlung zuvor aufgezeichneter Werbenachrichten dürfen nur zum Einsatz kommen, wenn ein Teilnehmer dem ausdrücklich zugestimmt hat. Spezifischere Regeln für diesen Bereich sind im innerstaatlichen Recht festzulegen.

Im **EU-Rechtsrahmen** wurde nach einem ersten Versuch im Jahr 1997 die Richtlinie über die Verarbeitung personenbezogener Daten und den Schutz der Privatsphäre in der elektronischen Kommunikation (*Datenschutzrichtlinie für elektronische Kommunikation*) 2002 angenommen und 2009 mit den Ziel geändert, die Bestimmungen der Datenschutzrichtlinie für den Telekommunikationssektor zu ergänzen und zu präzisieren.[290] Die Anwendung der Datenschutzrichtlinie für elektronische Kommunikation ist auf Kommunikationsdienste in öffentlichen elektronischen Netzen beschränkt.

In der Datenschutzrichtlinie für elektronische Kommunikation wird zwischen drei Hauptkategorien von Daten unterschieden, die im Verlauf einer Kommunikation generiert werden:

---

289 Europarat, Ministerkomitee (1995), Empfehlung Rec(95)4 an die Mitgliedstaaten zum Schutz personenbezogener Daten im Bereich der Fernmeldedienste, namentlich im Hinblick auf die Telefondienste; 7. Februar 1995.

290 Richtlinie 2002/58/EG des Europäischen Parlaments und des Rates vom 12. Juli 2002 über die Verarbeitung personenbezogener Daten und den Schutz der Privatsphäre in der elektronischen Kommunikation (*Datenschutzrichtlinie für elektronische Kommunikation*), ABl. L 201 vom 31.7.2002, geändert durch die Richtlinie 2009/136/EG des Europäischen Parlaments und des Rates vom 25. November 2009 zur Änderung der Richtlinie 2002/22/EG über den Universaldienst und Nutzerrechte bei elektronischen Kommunikationsnetzen und -diensten; Richtlinie 2002/58/EG über die Verarbeitung personenbezogener Daten und den Schutz der Privatsphäre in der elektronischen Kommunikation und die Verordnung (EG) Nr. 2006/2004 über die Zusammenarbeit zwischen den für die Durchsetzung der Verbraucherschutzgesetze zuständigen nationalen Behörden, ABl. L 337 vom 9.12.2004.

- Die Daten, die den Inhalt der während der Kommunikation übermittelten Nachrichten ausmachen; diese Daten unterliegen absoluter Vertraulichkeit;

- die Daten, die für die Herstellung und Aufrechterhaltung der Kommunikation erforderlich sind, so genannte Verkehrsdaten, wie Informationen über die Kommunikationspartner, Zeitpunkt und Dauer der Kommunikation;

- in der Kategorie der Verkehrsdaten gibt es Daten, die sich spezifisch auf den Standort des Kommunikationsgeräts beziehen, so genannte Ortungsdaten; diese Daten sind gleichzeitig auch Daten über den Standort *der Nutzer* der Kommunikationsgeräte und vor allem für Nutzer mobiler Kommunikationsgeräte von Belang.

Verkehrsdaten dürfen vom Diensteanbieter nur für Abrechnungszwecke und für die technische Bereitstellung des Dienstes verarbeitet werden. Mit Einwilligung der betroffenen Person dürfen diese Daten jedoch an andere für die Verarbeitung Verantwortliche weitergegeben werden, die Mehrwertdienste anbieten, wie z. B. Angabe der dem Standort des Nutzers nächsten U-Bahnstation oder Apotheke oder auch die Wettervorhersage für diesen Standort.

Anderer Zugriff auf Daten über Kommunikation in elektronischen Netzwerken wie der Zugriff für Zwecke strafrechtlicher Ermittlungen muss gemäß Artikel 15 der Datenschutzrichtlinie für elektronische Kommunikation die Anforderungen an einen rechtmäßigen Eingriff in das Recht auf Datenschutz erfüllen, wie sie in Artikel 8 Absatz 2 EMRK verankert sind und in Artikel 8 und 52 der Charta bekräftigt wurden.

Mit den Änderungen der Datenschutzrichtlinie für elektronische Kommunikation von 2009[291] wurde Folgendes eingeführt:

- Die für den Versand von E-Mails zu Direktwerbezwecken geltenden Einschränkungen wurden auf SMS- und MMS-Dienste und ähnliche Anwendungen ausgedehnt; Werbe-E-Mails sind nur nach vorheriger Einwilligung zulässig. Ohne eine solche Einwilligung dürfen Werbe-E-Mails nur an Altkunden gesandt werden,

291 Richtlinie 2009/136/EG des Europäischen Parlaments und des Rates vom 25. November 2009 zur Änderung der Richtlinie 2002/22/EG über den Universaldienst und Nutzerrechte bei elektronischen Kommunikationsnetzen und -diensten, der Richtlinie 2002/58/EG über die Verarbeitung personenbezogener Daten und den Schutz der Privatsphäre in der elektronischen Kommunikation und der Verordnung (EG) Nr. 2006/2004 über die Zusammenarbeit im Verbraucherschutz, ABl. L 241 vom 18.12.2009.

wenn diese ihre E-Mail-Adresse angegeben haben und keinen Widerspruch erheben.

- Die Mitgliedstaaten wurden dazu verpflichtet, Rechtsbehelfe bei Verstößen gegen das Verbot unerbetener Nachrichten vorzusehen.[292]

- Das Setzen von Cookies, einer Software, die Handlungen eines Computernutzers überwacht und aufzeichnet, ist ohne Einwilligung des Computernutzers nicht länger erlaubt. Im einzelstaatlichen Recht sollte im Detail geregelt werden, wie eine Einwilligung zum Ausdruck gebracht und eingeholt werden sollte, um ausreichenden Schutz zu bieten.[293]

Kommt es aufgrund eines unbefugten Zugriffs, des Verlusts oder der Zerstörung von Daten zu einem Verstoß gegen die Datenschutzvorschriften, ist die zuständige Kontrollstelle unverzüglich zu benachrichtigen. Die Teilnehmer müssen darüber informiert werden, wenn ein möglicher Schaden für sie auf einen Verstoß gegen die Datenschutzvorschriften zurückgeht.[294]

Nach der Richtlinie über die Vorratsdatenspeicherung[295], die der EuGH am8. April 2014 für ungültig erklärt hat, waren Anbieter von Kommunikationsdiensten verpflichtet, insbesondere für Zwecke der Bekämpfung schwerer Kriminalität für einen Zeitraum von mindestens sechs und höchstens 24 Monaten Verkehrsdaten bereitzuhalten, unabhängig davon, ob der Anbieter diese Daten noch für die Gebührenabrechnung oder die technische Bereitstellung des Dienstes benötigte oder nicht.

Die EU-Mitgliedstaaten benennen unabhängige Behörden, die für die Überwachung der Sicherheit der gespeicherten Daten zuständig sind.

---

292 Siehe geänderte Richtlinie, Artikel 13.

293 Siehe a.a.O., Artikel 5; siehe ferner Artikel 29-Datenschutzgruppe (2012), *Stellungnahme 04/2012 zur Ausnahme von Cookies von der Einwilligungspflicht*, WP 194, Brüssel, 7. Juni 2012.

294 Siehe auch Artikel 29-Datenschutzgruppe (2011), *Arbeitsdokument 1/2011 über die EU-Regeln für Verstöße gegen die Datenschutzvorschriften mit Empfehlungen für zukünftige Politikentwicklungen*, WP 184, Brüssel, 5. April 2011.

295 Richtlinie 2006/24/EG des Europäischen Parlaments und des Rates vom 15. März 2006 über die Vorratsspeicherung von Daten, die bei der Bereitstellung öffentlich zugänglicher elektronischer Kommunikationsdienste oder öffentlicher Kommunikationsnetze verarbeitet werden, und zur Änderung der Richtlinie 2002/58/EG, ABl. L 105 vom 13.4.2006, am 8. April 2014 für ungültig erklärt.

Die Vorratsspeicherung von Telekommunikationsdaten ist eindeutig ein Eingriff in das Recht auf Datenschutz.[296] Ob dieser Eingriff gerechtfertigt ist oder nicht, war Gegenstand mehrerer Verfahren vor Gerichten in EU-Mitgliedstaaten.[297]

Beispiel: In den verbundenen Rechtssachen *Digital Rights Ireland und Seitlinger u.a.* [298] erklärte der EuGH die Richtlinie fur Vorratsdatenspeicherung für ungültig. Der Gerichtshof stellte fest, dass die Richtlinie einen Eingriff in die in Art. 7 und Art. 8 der Charta verankerten Grundrechte darstellte, „der in der Rechtsordnung der Union von großem Ausmaß und von besonderer Schwere ist, ohne dass sie Bestimmungen enthielte, die zu gewährleisten vermögen, dass sich der Eingriff tatsächlich auf das absolut Notwendige beschränkt."

Ein kritischer Aspekt im Zusammenhang mit elektronischer Kommunikation sind Eingriffe durch Behörden. Mittel zur Überwachung oder zum Abfangen von Kommunikation wie beispielsweise Abhörgeräte sind nur zulässig, wenn sie gesetzlich vorgesehen sind und wenn sie einer demokratischen Gesellschaft notwendig sind für: den Schutz der Sicherheit des Staates, der öffentlichen Ordnung, des wirtschaftlichen Wohls des Landes oder für die Verhütung von Straftaten oder den Schutz der betroffenen Person oder der Rechte und Freiheiten anderer.

Beispiel: In der Rechtssache *Malone gegen Vereinigtes Königreich*[299] war der Beschwerdeführer einer Reihe von Straftaten im Zusammenhang mit Hehlerei angeklagt. Im Verlauf seines Prozesses wurde deutlich, dass ein Telefongespräch des Beschwerdeführers aufgrund einer vom Staatssekretär im Innenministerium ausgestellten Anordnung abgehört worden war. Auch wenn die Art des Abhörens des Gesprächs des Beschwerdeführers im Einklang mit dem innerstaatlichen Recht gestanden hatte, stellte der EGMR doch fest, dass es keine gesetzlichen Vorschriften über den Umfang und die Art der Nutzung des Ermessensspielraums der Behörden in diesem Bereich gegeben hatte und dass der Eingriff aufgrund der fraglichen

296 EDSB (2011), *Stellungnahme vom 31. Mai 2011 zum Bewertungsbericht der Kommission an den Rat und das Europäische Parlament zur Richtlinie über die Vorratsdatenspeicherung (Richtlinie 2006/24/EG)*, 31. Mai 2011.

297 Deutschland, Bundesverfassungsgericht, 1 BvR 256/08, 2. März 2010; Rumänien, Verfassungsgerichtshof (*Curtea Constituțională a României*), Nr. 1258, 8. Oktober 2009; Tschechische Republik, Verfassungsgerichtshof (*Ústavní soud České republiky*), 94/2011 Coll., 22. März 2011.

298 EuGH, Verbundene Rechtssachen C-293/12 und C-594/12, *Digital Rights Ireland und Seitlinger u.a.*, 8. April 2014, Randnr. 65

299 EGMR, *Malone / Vereinigtes Königreich*, Nr. 8691/79,2. August 1984 .

Praxis daher nicht „im Gesetz vorgesehen" war. Der Gerichtshof befand, dass eine Verletzung von Artikel 8 EMRK vorlag.

8.2. Beschäftigungsdaten

Kernpunkte

- Spezifische Vorschriften für den Datenschutz im Beschäftigungskontext finden sich in der Empfehlung des Europarates für den Beschäftigungskontext.
- In der Datenschutzrichtlinie werden Beschäftigungsdaten konkret nur im Zusammenhang mit der Verarbeitung sensibler Daten erwähnt.
- In Anbetracht des wirtschaftlichen Ungleichgewichts zwischen Arbeitgeber und Arbeitnehmern mag die Gültigkeit der Einwilligung, die ohne Zwang gegeben worden sein muss, als Rechtsgrundlage der Verarbeitung von Daten über Beschäftigte fraglich sein. Es sind sorgfältig die Umstände zu prüfen, unter denen die Einwilligung gegeben wurde.

Es gibt in der EU kein spezielles Regelwerk für die Verarbeitung von Daten im Beschäftigungskontext. In der Datenschutzrichtlinie werden Beschäftigungsbeziehungen konkret nur in Artikel 8 Absatz 2 erwähnt, wo es um die Verarbeitung sensibler Daten geht. Beim Europarat wurde 1989 eine Empfehlung zu Beschäftigungsdaten herausgegeben, die derzeit überarbeitet wird.[300]

Ein Überblick über die im Beschäftigungskontext am häufigsten auftretenden Datenschutzprobleme findet sich in einer Stellungnahme der Artikel 29-Datenschutzgruppe.[301] Die Datenschutzgruppe untersuchte die Bedeutung der Einwilligung als Rechtsgrundlage für die Verarbeitung von Daten von Beschäftigten.[302] Die Datenschutzgruppe stellte fest, dass das wirtschaftliche Ungleichgewicht zwischen dem Arbeitgeber, der die Einwilligung verlangt, und dem Beschäftigten, der die Einwilli-

300 Europarat, Ministerkomitee (1989), Empfehlung Rec(89)2 an die Mitgliedstaaten betreffend den Schutz personenbezogener Daten, die zu Beschäftigungszwecken verwendet werden, 18. Januar 1989. Siehe ferner Beratender Ausschuss für das Übereinkommen Nr. 108, Studie über die Empfehlung Nr. R (89) 2 betreffend den Schutz personenbezogener Daten, die zu Beschäftigungszwecken verwendet werden, und Vorschläge für die Überarbeitung der genannten Empfehlung, 9. September 2011.

301 Artikel 29-Datenschutzgruppe (2001), *Stellungnahme 8/2001 zur Verarbeitung personenbezogener Daten von Beschäftigten*, WP 48, Brüssel, 13. September 2001.

302 Artikel 29-Datenschutzgruppe (2005), *Arbeitspapier über eine gemeinsame Auslegung des Artikels 26 Absatz 1 der Richtlinie 95/46/EG vom 24. Oktober 1995*, WP 114, Brüssel, 25. November 2005.

gung gibt, oft Anlass zu Zweifeln gibt, ob die Einwilligung tatsächlich ohne Zwang gegeben wurde. Es sind daher bei der Beurteilung der Gültigkeit einer Einwilligung im Beschäftigungskontext genau die Umstände zu betrachten, unter denen die Einwilligung gefordert wird.

Ein in einem heutigen Arbeitsumfeld typisches und weit verbreitetes Datenschutzproblem ist das Ausmaß der rechtmäßigen Überwachung der elektronischen Kommunikation eines Beschäftigten an seinem Arbeitsplatz. Es wird häufig behauptet, dieses Problem ließe sich leicht durch ein Verbot der privaten Nutzung von Kommunikationseinrichtungen bei der Arbeit lösen. Ein solches Verbot könnte sich jedoch als unverhältnismäßig und unrealistisch erweisen. Das folgende Urteil des EGMR ist in diesem Zusammenhang besonders interessant:

> Beispiel: In der Rechtssache *Copland gegen Vereinigtes Königreich*[303] war die Nutzung von Telefon, E-Mail und Internet durch eine College-Angestellte heimlich überwacht worden, um festzustellen, ob sie die Einrichtungen des College übermäßig für private Zwecke nutzte. Nach Auffassung des EGMR sind Telefongespräche aus dem Büro durch die Begriffe Privatleben und Korrespondenz abgedeckt. Solche Anrufe und E-Mails, die vom Arbeitsplatz aus getätigt bzw. versendet werden, sowie Informationen aus der Überwachung der Internetnutzung für private Zwecke seien daher durch Artikel 8 EMRK geschützt. Im Falle der Beschwerdeführerin gab es keine Vorschriften, die besagten, unter welchen Umständen Arbeitgeber die Nutzung von Telefon, E-Mail und Internet durch Angestellte überwachen dürfen. Daher war der Eingriff nicht im Gesetz vorgesehen. Der Gerichtshof befand, dass eine Verletzung von Artikel 8 EMRK vorlag.

Gemäß der Empfehlung für den Beschäftigungskontext des Europarates sollten personenbezogene Daten, die für Beschäftigungszwecke erhoben werden, beim betreffenden Beschäftigten direkt erhoben werden.

Personenbezogene Daten, die bei der Einstellung erhoben werden, müssen sich auf die Informationen beschränken, die für die Bewertung der Eignung von Bewerbern und ihres Karrierepotenzials erforderlich sind.

In der Empfehlung werden ausdrücklich Daten im Zusammenhang mit einer Beurteilung der Leistung oder des Potenzials eines bestimmten Beschäftigten erwähnt. Solche wertenden Daten müssen auf einer fairen und ehrlichen Bewertung gründen

303 EGMR, *Copland / Vereinigtes Königreich*, Nr. 62617/00, 3. April 2007.

und dürfen nicht beleidigend formuliert sein. Dies erfordern die Grundsätze der Datenverarbeitung nach Treu und Glauben und der Richtigkeit der Daten.

Ein Sonderaspekt des Datenschutzes in der Beziehung zwischen Arbeitgeber und Arbeitnehmer ist die Funktion des Arbeitnehmervertreters. Solche Vertreter dürfen personenbezogene Daten von Beschäftigten nur insofern erhalten, als sie sie benötigen, um die Interessen der Beschäftigten zu vertreten.

Für Beschäftigungszwecke erhobene sensible personenbezogene Daten dürfen nur in besonderen Fällen und gemäß den im innerstaatlichen Recht niedergelegten Garantien verarbeitet werden. Arbeitgeber dürfen Beschäftigte oder Bewerber nach ihrem Gesundheitszustand nur dann befragen und sie ärztlich nur dann untersuchen lassen, wenn dies erforderlich ist, um ihre Eignung für den Arbeitsplatz festzustellen, Anforderungen der Präventivmedizin gerecht zu werden oder Sozialleistungen zu gewähren. Gesundheitsdaten dürfen nur bei dem betreffenden Beschäftigten selbst erhoben werden, nicht bei anderen Quellen, es sei denn, es wurde eine Einwilligung in voller Sachkenntnis erteilt oder es ist im innerstaatlichen Recht so vorgesehen.

Die Empfehlung für den Beschäftigungskontext besagt, dass Beschäftigte über den Zweck der Verarbeitung ihrer personenbezogenen Daten, die Art der gespeicherten personenbezogenen Daten, die Stellen, an die die Daten regelmäßig weitergegeben werden, und den Zweck und die Rechtsgrundlage einer solchen Weitergabe zu unterrichten sind. Arbeitgeber sollten ferner ihre Beschäftigten vorab über die Einführung oder Anpassung automatisierter Systeme für die Verarbeitung personenbezogener Daten von Beschäftigten oder für die Überwachung des Kommens und Gehens oder der Produktivität von Beschäftigten informieren.

Beschäftigten ist das Recht auf Auskunft über ihre Beschäftigungsdaten sowie das Recht auf deren Berichtigung oder Löschung einzuräumen. Werden wertende Daten verarbeitet, müssen Beschäftigte außerdem das Recht auf Anfechtung der Bewertung haben. Diese Rechte können jedoch für Zwecke interner Untersuchungen vorübergehend eingeschränkt werden. Wird einem Beschäftigten die Auskunft über personenbezogene Beschäftigungsdaten, deren Berichtigung oder Löschung verweigert, muss das innerstaatliche Recht angemessene Maßnahmen für eine Anfechtung dieser Ablehnung vorsehen.

8.3. Medizinische Daten

Kernpunkt

- Medizinische Daten sind sensible Daten und genießen daher besonderen Schutz.

Personenbezogene Daten über den Gesundheitszustand der betroffenen Person werden in Artikel 8 Absatz 1 der Datenschutzrichtlinie und in Artikel 6 des Übereinkommens Nr. 108 als sensible Daten eingestuft. Medizinische Daten unterliegen bei der Datenverarbeitung strengeren Vorschriften als nicht-sensible Daten.

Beispiel: In der Rechtssache *Z. gegen Finnland*[304] hatte der frühere Ehemann der Beschwerdeführerin, der HIV-positiv war, eine Reihe von Sexualstraftaten begangen. Er wurde später wegen Totschlags verurteilt, weil er seine Opfer wissentlich dem Risiko einer HIV-Infektion ausgesetzt hatte. Das innerstaatliche Gericht ordnete an, dass das vollständige Urteil und alle Unterlagen zum Fall zehn Jahre der Geheimhaltung unterliegen sollten, obwohl die Beschwerdeführerin einen längeren Geheimhaltungszeitraum beantragt hatte. Diese Anträge wurden vom Berufungsgericht zurückgewiesen, und dessen Urteil enthielt die vollen Namen sowohl der Beschwerdeführerin als auch ihres ehemaligen Ehemanns. Der EGMR stellte fest, dass der Eingriff nicht als in einer demokratischen Gesellschaft notwendig betrachtet wurde, weil der Schutz medizinischer Daten von grundlegender Bedeutung für die Wahrnehmung des Rechts auf Achtung des Privat- und Familienlebens ist, insbesondere, wenn es um Informationen über HIV-Infektionen geht, da diese Erkrankung in vielen Gesellschaften stigmatisiert ist. Der Gerichtshof befand daher, dass ein im Urteil des Berufungsgerichts beschriebener Zugang zu Informationen über die Identität und den Gesundheitszustand der Beschwerdeführerin nur zehn Jahre nach Ergehen des Urteils eine Verletzung von Artikel 8 EMRK wäre.

Artikel 8 Absatz 3 der Datenschutzrichtlinie lässt eine Verarbeitung medizinischer Daten zu, wenn dies zum Zweck der Gesundheitsvorsorge, der medizinischen Diagnostik, der Gesundheitsversorgung oder Behandlung oder für die Verwaltung von

304 EGMR, *Z. / Finnland*, Nr. 22009/93, 25. Februar 1997, Randnrn. 94 und 112; siehe ferner EGMR, *M.S. / Schweden*, Nr. 20837/92, 27. August 1997; EGMR, *L.L. / Frankreich*, Nr. 7508/02, 10. Oktober 2006; EGMR, *I. / Finnland*, Nr. 20511/03, 17. Juli 2008; EGMR, *K.H. und andere / Slowakei*, Nr. 32881/04, 28. April 2009; EGMR, *Szuluk / Vereinigtes Königreich*, Nr. 36936/05, 2. Juni 2009.

Gesundheitsdiensten erforderlich ist. Eine Verarbeitung ist jedoch nur dann zulässig, wenn sie durch ärztliches Personal, das dem Berufsgeheimnis unterliegt, oder durch eine andere Person, die einer gleichwertigen Pflicht unterliegt, vorgenommen wird.[305]

Die Empfehlung des Europarates betreffend den Schutz medizinischer Daten aus dem Jahr 1997 wendet die Grundsätze des Übereinkommens Nr. 108 im Detail auf die Datenverarbeitung im medizinischen Bereich an.[306] Im Hinblick auf die rechtmäßigen Zwecke der Verarbeitung medizinischer Daten, das Erfordernis der Geheimhaltungspflicht für Personen, die medizinische Daten verwenden, und das Recht betroffener Personen auf Transparenz und Auskunft, Berichtigung und Löschung lehnen sich die vorgeschlagenen Vorschriften an die der Datenschutzrichtlinie an. Medizinische Daten, die rechtmäßig von Angehörigen der Gesundheitsberufe verarbeitet werden, dürfen außerdem nicht an Strafverfolgungsbehörden weitergegeben werden, es sei denn, „es liegen ausreichende Garantien gegen eine Weitergabe vor, die nicht mit der Achtung des [...] Privatlebens in Einklang steht, wie sie in Artikel 8 EMRK garantiert wird".[307]

Die Empfehlung betreffend den Schutz medizinischer Daten enthält besondere Bestimmungen bezüglich der medizinischen Daten ungeborener Kinder und Behinderter sowie der Verarbeitung genetischer Daten. Die wissenschaftliche Forschung wird ausdrücklich als Grund dafür anerkannt, dass Daten länger aufbewahrt werden, als sie eigentlich benötigt werden, auch wenn hierfür in der Regel eine Anonymisierung verlangt wird. Artikel 12 der Empfehlung betreffend den Schutz medizinischer Daten enthält detaillierte Vorschriften für den Fall, dass Forscher personenbezogene Daten benötigen und anonymisierte Daten nicht ausreichen.

Ein geeignetes Mittel, um den Bedürfnissen der Wissenschaft entgegenzukommen und gleichzeitig die Interessen der betroffenen Patienten zu schützen, wäre die Pseudonymisierung. Nähere Erläuterungen zum Konzept der Pseudonymisierung im Zusammenhang mit dem Datenschutz finden sich in Abschnitt 2.1.3.

Intensive Diskussionen hat es auf nationaler und europäischer Ebene über Initiativen gegeben, Daten über die medizinische Behandlung eines Patienten in einer

305 Siehe ferner EGMR, *Biriuk / Litauen*, Nr. 23373/03, 25. November 2008 .

306 Europarat, Ministerkomitee (1997), Empfehlung Rec(97)5 an die Mitgliedstaaten betreffend den Schutz medizinischer Daten, 13. Februar 1997.

307 EGMR, Nr. 1585/09, *Avilkina und andere / Russland*, 6. Juni 2013, Randnr. 53 (nicht rechtskräftig).

elektronischen Patientenakte zu speichern.[308] Ein besonderer Aspekt landesweiter Systeme elektronischer Patientenakten liegt darin, dass sie auch grenzüberschreitend zur Verfügung stehen: ein Thema, das in der EU vor allem im Zusammenhang mit der grenzüberschreitenden Gesundheitsversorgung interessiert.[309]

Ein weiteres derzeit diskutiertes Thema sind die neuen Vorschriften für klinische Prüfungen, also das Erproben neuer Arzneimittel an Patienten in einem dokumentierten Forschungsumfeld; auch dieses Thema hat erhebliche datenschutzrechtliche Implikationen. Klinische Prüfungen von Humanarzneimitteln sind in der Richtlinie 2001/20/EG des Europäischen Parlaments und des Rates vom 4. April 2001 zur Annäherung der Rechts- und Verwaltungsvorschriften der Mitgliedstaaten über die Anwendung der guten klinischen Praxis bei der Durchführung von klinischen Prüfungen mit Humanarzneimitteln (*Richtlinie über klinische Prüfungen*) geregelt.[310] Im Dezember 2012 legte die Europäische Kommission den Entwurf einer Verordnung als Ersatz für die Richtlinie über klinische Prüfungen mit dem Ziel vor, die Prüfungsverfahren einheitlicher und effizienter zu gestalten.[311]

Bezüglich der Verarbeitung personenbezogener Daten im Gesundheitssektor stehen auf EU-Ebene noch viele weitere Gesetzesvorschläge und andere Initiativen an.[312]

308 Artikel 29-Datenschutzgruppe (2007), *Arbeitspapier Verarbeitung von Patientendaten in elektronischen Patientenakten (EPA)*, WP 131, Brüssel, 15. Februar 2007.

309 Richtlinie 2011/24/EU des Europäischen Parlaments und des Rates vom 9. März 2011 über die Ausübung der Patientenrechte in der grenzüberschreitenden Gesundheitsversorgung, ABl. L 2011 vom 4.4.2011.

310 Richtlinie 2001/20/EG des Europäischen Parlaments und des Rates vom 4. April 2001 zur Annäherung der Rechts- und Verwaltungsvorschriften der Mitgliedstaaten über die Anwendung der guten klinischen Praxis bei der Durchführung von klinischen Prüfungen mit Humanarzneimitteln, ABl. L 121 vom 1.5.2001.

311 Europäische Kommission (2012), *Vorschlag für eine Verordnung des Europäischen Parlaments und des Rates über klinische Prüfungen mit Humanarzneimitteln und zur Aufhebung der Richtlinie 2001/20/EG*, KOM(2012) 369 final, Brüssel, 17. Juli 2012.

312 EDSB (2013), Stellungnahme des Europäischen Datenschutzbeauftragten zur Mitteilung der Kommission über den „eGesundheit Aktionsplan 2012-2020 – Innovative Gesundheitsfürsorge für das 21. Jahrhundert", Brüssel, 27. März 2013.

8.4. Datenverarbeitung für statistische Zwecke

Kernpunkte

- Für statistische Zwecke erhobene Daten dürfen nicht für andere Zwecke verwendet werden.
- Daten, die rechtmäßig für einen anderen Zweck erhoben wurden, dürfen für statistische Zwecke weiterverwendet werden, sofern das innerstaatliche Recht angemessene Garantien vorschreibt, die von den Nutzern eingehalten werden. Zu diesem Zweck sollten vor einer Übermittlung an Dritte insbesondere Anonymisierung oder Pseudonymisierung erwogen werden.

In der Datenschutzrichtlinie wird die Verarbeitung von Daten zu statistischen Zwecken im Zusammenhang mit möglichen Ausnahmen von den Datenschutzgrundsätzen erwähnt. Gemäß Artikel 6 Absatz 1 Buchstabe b der Richtlinie kann im innerstaatlichen Recht vom Grundsatz der Zweckbindung zugunsten der Weiterverwendung von Daten zu statistischen Zwecken abgewichen werden, sofern das innerstaatliche Recht auch alle erforderlichen Garantien vorsieht. Artikel 13 Absatz 2 der Richtlinie erlaubt Einschränkungen des Auskunftsrechts durch nationale Behörden, wenn Daten ausschließlich zu statistischen Zwecken verarbeitet werden; auch hier müssen im innerstaatlichen Recht angemessene Garantien vorgesehen sein. In diesem Zusammenhang stellt die Datenschutzrichtlinie eine spezifische Anforderung auf, dass nämlich keine der im Verlauf statistischer Forschung erworbenen oder generierten Daten für konkrete Entscheidungen gegenüber betroffenen Personen verwendet werden dürfen.

Auch wenn Daten, die rechtmäßig von einem für die Verarbeitung Verantwortlichen für einen bestimmten Zweck erhoben wurden, von diesem für die Verarbeitung Verantwortlichen für eigene statistische Zwecke (so genannte Sekundärstatistiken) wieder verwendet werden dürfen, müssten die Daten vor einer Übermittlung an Dritte für statistische Zwecke, je nach Kontext, anonymisiert oder pseudonymisiert werden, sofern nicht die betroffene Person eingewilligt hat oder dies in einem nationalen Gesetz ausdrücklich vorgesehen ist. Dies folgt aus dem Erfordernis angemessener Garantien unter Artikel 8 Absatz 1 Buchstabe b der Datenschutzrichtlinie.

Am häufigsten werden Daten zu statistischen Zwecken in amtlichen Statistiken verwendet, die von den statistischen Ämtern der Mitgliedstaaten und der EU auf der Grundlage innerstaatlicher und europäischer Rechtsvorschriften über amtliche Statistiken erstellt werden. Diese Rechtsvorschriften besagen, dass Bürger und Unternehmen in der Regel verpflichtet sind, Daten an die Statistikbehörden weiterzugeben. In den statistischen Ämtern tätige Bedienstete unterliegen besonderen Anforderungen an die berufliche Schweigepflicht, die sorgfältig überwacht werden, da sie für ein hohes Maß an Vertrauen der Bürger wesentlich sind, das vorhanden sein muss, wenn Daten Statistikbehörden zur Verfügung gestellt werden sollen.

Die Verordnung (EG) Nr. 223/2009 über europäische Statistiken (*Europäische Statistikverordnung*) enthält grundlegende Vorschriften über den Datenschutz in amtlichen Statistiken und kann daher auch als relevant für Vorschriften über amtliche Statistiken auf nationaler Ebene angesehen werden.[313] Die Verordnung erhält den Grundsatz aufrecht, dass amtliche statistische Vorgänge eine ausreichend präzise Rechtsgrundlage benötigen.[314]

Beispiel: In der Rechtssache *Huber gegen Bundesrepublik Deutschland*[315] stellte der EuGH fest, dass die Erhebung und Speicherung personenbezogener Daten durch eine Behörde zu statistischen Zwecken an sich noch kein Hinweis darauf ist, dass die Verarbeitung rechtmäßig ist. Auch das Gesetz, das die Verarbeitung personenbezogener Daten vorsieht, muss dem Erfordernisgebot entsprechen, was im vorliegenden Fall nicht gegeben war.

Beim Europarat wurde 1997 die Empfehlung betreffend statistische Daten herausgegeben, die die Leistung von Statistiken im öffentlichen und im privaten Sektor abdeckt.[316] Diese Empfehlung enthielt Grundsätze, die mit den vorstehend

313 Verordnung (EG) Nr. 223/2009 des Europäischen Parlaments und des Rates vom 11. März 2009 über europäische Statistiken und zur Aufhebung der Verordnung (EG, Euratom) Nr. 1101/2008 des Europäischen Parlaments und des Rates über die Übermittlung von unter die Geheimhaltungspflicht fallenden Informationen an das Statistische Amt der Europäischen Gemeinschaften, der Verordnung (EG) Nr. 322/97 des Rates über die Gemeinschaftsstatistiken und des Beschlusses 89/382/EWG, Euratom des Rates zur Einsetzung eines Ausschusses für das Statistische Programm der Europäischen Gemeinschaften, Abl. L 87 vom 31.3.2009.

314 Dieser Grundsatz wird im Verhaltenskodex von Eurostat näher ausgeführt, der gemäß Artikel 11 der Europäischen Statistikverordnung ethische Orientierung für die Erstellung amtlicher Statistiken einschließlich der besonnenen Verwendung personenbezogener Daten bieten soll; er ist abrufbar unter: http://epp.eurostat.ec.europa.eu/portal/page/portal/about_eurostat/introduction.

315 EuGH, C-524/06, *Huber / Bundesrepublik Deutschland*, 16. Dezember 2008, siehe insbesondere Randnr. 68.

316 Europarat, Ministerkomitee (1997), Empfehlung Rec(97)18 an die Mitgliedstaaten betreffend den Schutz personenbezogener Daten, die zu statistischen Zwecken erhoben und verarbeitet werden, 30. September 1997.

beschriebenen wichtigsten Vorschriften der Datenschutzrichtlinie übereinstimmen. Detailliertere Vorschriften enthält sie zu folgenden Punkten.

Während Daten, die von einem für die Verarbeitung Verantwortlichen zu statistischen Zwecken erhoben wurden, nicht für andere Zwecke verwendet werden dürfen, stehen Daten, die nicht für statistische Zwecke erhoben wurden, für eine weitere Verwendung in Statistiken zur Verfügung. Die Empfehlung betreffend statistische Daten erlaubt sogar die Weitergabe von Daten an Dritte, allerdings nur zu statistischen Zwecken. In derartigen Fällen sollten die Beteiligten den genauen Umfang der rechtmäßigen Weiterverwendung für Statistiken vereinbaren und schriftlich festlegen. Da dies jedoch nicht an die Stelle der Einwilligung der betroffenen Person treten kann, ist davon auszugehen, dass im innerstaatlichen Recht angemessene Garantien vorgesehen werden müssen, um das Risiko des Missbrauchs personenbezogener Daten möglichst klein zu halten, beispielsweise die Verpflichtung zur Anonymisierung oder Pseudonymisierung der Daten vor der Übermittlung.

Für Personen, die von Berufs wegen statistische Forschung betreiben, sollte – wie es in der Regel auch bei statistischen Ämtern der Fall ist – unter innerstaatlichem Recht eine besondere berufliche Schweigepflicht gelten. Dies sollte auch für Interviewer gelten, wenn sie Daten bei betroffenen oder anderen Personen erheben.

Ist eine statistische Erhebung unter Verwendung personenbezogener Daten nicht im Gesetz vorgesehen, müssten die betroffenen Personen in die Verwendung ihrer Daten einwilligen, damit sie rechtmäßig ist, oder sie müssten zumindest die Möglichkeit haben, ihr zu widersprechen. Werden personenbezogene Daten für statistische Zwecke im Wege einer Befragung erhoben, sind die Befragten klar darüber aufzuklären, ob die Weitergabe von Daten im innerstaatlichen Recht vorgeschrieben ist. Sensible Daten sollten nie auf eine Weise erhoben werden, die eine Bestimmung einer Person zulässt, sofern dies im innerstaatlichen Recht nicht ausdrücklich gestattet ist.

Kann eine statistische Erhebung nicht mit Daten anonymer Personen durchgeführt werden und werden tatsächlich personenbezogene Daten benötigt, sollten die zu diesem Zweck erhobenen Daten anonymisiert werden, sobald dies machbar ist. Die Ergebnisse der statistischen Erhebung dürfen zumindest keine Bestimmung von betroffenen Personen ermöglichen, es sei denn, dies würde eindeutig kein Risiko bedeuten.

Nach Abschluss der Auswertung der Statistiken sollten die verwendeten personenbezogenen Daten entweder gelöscht oder anonymisiert werden. Für diesen Fall wird in der Empfehlung betreffend statistische Daten vorgeschlagen, Identifizierungsdaten getrennt von anderen personenbezogenen Daten zu speichern. Das bedeutet beispielsweise, dass die Daten pseudonymisiert werden sollten und dass entweder der Entschlüsselungscode oder die Liste mit den identifizierenden Synonymen getrennt von den preudonymisierten Daten aufbewahrt werden sollte.

8.5. Finanzdaten

Kernpunkte

- Finanzdaten sind zwar keine sensiblen Daten im Sinne des Übereinkommens Nr. 108 oder der Datenschutzrichtlinie, doch sind bei ihrer Verarbeitung besondere Garantien für Richtigkeit und Datensicherheit erforderlich.
- Elektronische Zahlungssysteme benötigen eingebauten Datenschutz, auch „privacy by design" (Datenschutz durch Technik) genannt.
- Besondere Datenschutzprobleme resultieren in diesem Bereich aus der Notwendigkeit, über geeignete Mechanismen für die Authentifizierung zu verfügen.

Beispiel: In der Rechtssache *Michaud gegen Frankreich*[317] stellte der Beschwerdeführer, ein französischer Anwalt, seine nach französischem Recht bestehende Verpflichtung zur Meldung von Verdachtsfällen möglicher Geldwäscheaktivitäten seiner Mandanten in Frage. Nach Auffassung des EGMR stellte die Forderung an Anwälte, den Verwaltungsbehörden Informationen über eine Person zu geben, in deren Besitz sie in Gesprächen mit dieser Person gelangt sind, einen Eingriff in das Recht des Anwalts auf Achtung seines Privatlebens und seiner Korrespondenz unter Artikel 8 EMRK dar, da dieses Konzept auch Tätigkeiten beruflicher Art abdecke. Der Eingriff sei jedoch im Gesetz vorgesehen gewesen und habe ein rechtmäßiges Ziel verfolgt, nämlich die Aufrechterhaltung der Ordnung und die Verhütung von Straftaten. Da Anwälte nur unter sehr begrenzten Umständen zur Meldung von Verdachtsmomenten verpflichtet seien, hielt

317 EGMR, *Michaud / Frankreich*, Nr. 12323/11, 6. Dezember 2012; siehe ferner EGMR, *Niemietz / Deutschland*, Nr. 13710/88, 16. Dezember 1992, Randnr. 29, und EGMR, *Halford / Vereinigtes Königreich*, Nr. 20605/92, 25. Juni 1997, Randnr. 42.

der EGMR diese Verpflichtung für verhältnismäßig und befand daher, dass keine Verletzung von Artikel 8 vorlag.

In seiner Empfehlung Rec(90)19 stellte der Europarat die Anwendung des allgemeinen Datenschutzregelwerks, wie es im Übereinkommen Nr. 108 enthalten ist, auf den Zahlungsverkehr dar.[318] In dieser Empfehlung wird der Anwendungsbereich der rechtmäßigen Erhebung und Verwendung von Daten im Bereich des Zahlungsverkehrs, insbesondere durch Zahlungskarten, erläutert. Weiter werden den Gesetzgebern in den Mitgliedstaaten detaillierte Vorschriften zur Begrenzung der Weitergabe von Zahlungsverkehrsdaten an Dritte, zu Fristen für die Datenspeicherung, Transparenz, Datensicherheit und grenzüberschreitendem Datenverkehr und schließlich zu Kontrolle und Rechtsbehelfen vorgeschlagen. Die dort vorgeschlagenen Lösungen entsprechen dem, was später im allgemeinen Datenschutzregelwerk der EU in der Datenschutzrichtlinie festgeschrieben wurde.

Derzeit wird an einer Reihe von Rechtsakten zur Regulierung der Märkte für Finanzinstrumente und die Tätigkeiten von Kreditinstituten und Wertpapierfirmen gearbeitet.[319] Weitere Rechtsinstrumente sollen bei der Bekämpfung von Insider-Geschäften und Marktmanipulation helfen.[320] Nachstehend die kritischsten Punkte in diesen Bereichen, die sich auf den Datenschutz auswirken:

- Aufbewahrung von Aufzeichnungen über finanzielle Transaktionen;
- Weitergabe personenbezogener Daten in Drittländer;

318 Europarat, Ministerkomitee (1990), Empfehlung Nr. R (90) 19 über den Schutz personenbezogener Daten, die für Zahlungen und damit zusammenhängende Vorgänge verwendet werden, 13. September 1990.

319 Europäische Kommission (2011), *Vorschlag für eine Richtlinie des Europäischen Parlaments und des Rates über Märkte fr Finanzinstrumente zur Aufhebung der Richtlinie 2004/39/EG des Europäischen Parlaments und des Rates*, KOM(2011) 656 endgültig, Brüssel, 20. Oktober 2011; Europäische Kommission (2011), *Vorschlag für eine Richtlinie des Europäischen Parlaments und des Rates über Märkte für Finanzinstrumente und zur Änderung der Verordnung [EMIR] über OTC-Derivate, zentrale Gegenparteien und Transaktionsregister*, KOM(2011) 652 endgültig, Brüssel, 20. Oktober 2011; Europäische Kommission (2011), *Vorschlag für eine Richtlinie des Europäischen Parlaments und des Rates über den Zugang zur Tätigkeit von Kreditinstituten und die Beaufsichtigung von Kreditinstituten und Wertpapierfirmen und zur Änderung der Richtlinie 2002/87/EG des Europäischen Parlaments und des Rates über die zusätzliche Beaufsichtigung der Kreditinstitute, Versicherungsunternehmen und Wertpapierfirmen eines Finanzkonglomerats*, KOM(2011) 453 endgültig, Brüssel, 20. Juli 2011.

320 Europäische Kommission (2011), *Vorschlag für eine Richtlinie des Europäischen Parlaments und des Rates über Insider-Geschäfte und Marktmanipulation (Marktmissbrauch)*, KOM(2011) 651 endgültig, Brüssel, 20. Oktober 2011; Europäische Kommission (2011), *Vorschlag für eine Richtlinie des Europäische Parlaments und des Rates über strafrechtliche Sanktionen für Insider-Geschäfte und Marktmanipulation*, KOM(2011) 654 endgültig, Brüssel, 20. Oktober 2011.

- Aufzeichnung von Telefongesprächen oder elektronischer Kommunikation einschließlich der Befugnis der zuständigen Behörden, die Vorlage von Aufzeichnungen über Telefon- und Datenverkehr zu verlangen;

- Weitergabe personenbezogener Informationen einschließlich der Veröffentlichung von Sanktionen;

- Aufsichts- und Untersuchungsbefugnisse der zuständigen Behörden einschließlich Vor-Ort-Kontrollen und Betreten von Privaträumen zwecks Beschlagnahme von Unterlagen;

- Regelungen für die Meldung von Verstößen, also für Whistle-Blowing; und

- Zusammenarbeit zwischen zuständigen Behörden der Mitgliedstaaten und der Europäischen Wertpapier- und Marktaufsichtsbehörde (ESMA).

In diesen Bereichen gibt es noch andere Themen, an denen gearbeitet wird; dazu gehören die Erhebung von Daten über die finanzielle Situation betroffener Personen[321] oder grenzüberschreitende Zahlungen per Banküberweisung, bei denen unausweichlich personenbezogene Daten übertragen werden.[322]

321 Verordnung (EG) Nr. 1060/2009 des Europäischen Parlaments und des Rates vom 16. September 2009 über Ratingagenturen, ABl. L 302 vom 17.11.2009; Europäische Kommission, Vorschlag für eine Verordnung des Europäischen Parlaments und des Rates zur Änderung der Verordnung (EG) Nr. 1060/2009 über Ratingagenturen, KOM(2010) 289 endgültig, Brüssel, 2. Juni 2010.

322 Richtlinie 2007/64/EG des Europäischen Parlaments und des Rates vom 13. November 2007 über Zahlungsdienste im Binnenmarkt, zur Änderung der Richtlinien 97/7/EG, 2002/65/EG, 2005/60/EG und 2006/48/EG und zur Aufhebung der Richtlinie 97/5/EG, ABl. L 319 vom 5.12.2007.

Weiterführende Literatur

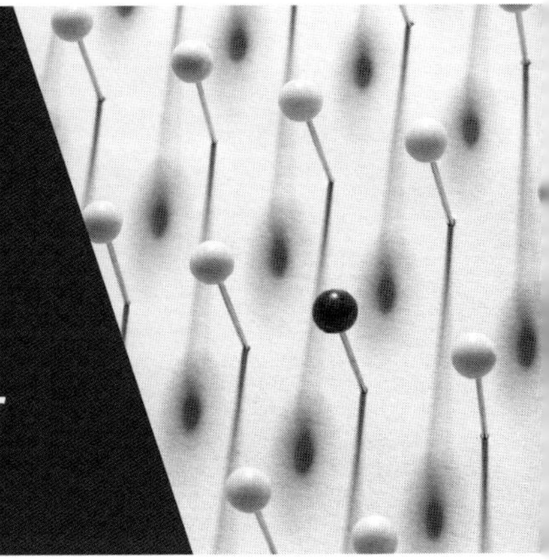

Kapitel 1

Araceli Mangas, M. (ed.) (2008), *Carta de los derechos fundamentales de la Unión Europea*, Bilbao, Fundación BBVA.

Berka, W. (2012), *Das Grundrecht auf Datenschutz im Spannungsfeld zwischen Freiheit und Sicherheit*, Wien, Manzsche Verlags- und Universitätsbuchhandlung.

EDRi, *An introduction to data protection*, Brüssel, abrufbar unter: www.edri.org/files/paper06_datap.pdf.

Frowein, J. and Peukert, W. (2009), *Europäische Menschenrechtskonvention*, Berlin, N. P. Engel Verlag.

Grabenwarter, C. and Pabel, K. (2012), *Europäische Menschenrechtskonvention*, München, C. H. Beck.

Harris, D., O'Boyle, M., Warbrick, C. and Bates, E. (2009), *Law of the European Convention on Human Rights*, Oxford, Oxford University Press.

Jarass, H. (2010), *Charta der Grundrechte der Europäischen Union*, München, C. H. Beck.

Maier, J. (2011), *Charta der Grundrechte der Europäischen Union*, Baden-Baden, Nomos.

Mowbray, A. (2012), *Cases, materials, and commentary on the European Convention on Human Rights*, Oxford, Oxford University Press.

Nowak, M., Januszewski, K. and Hofstätter, T. (2012), *All human rights for all – Vienna manual on human rights*, Antwerp, intersentia N. V., Neuer Wissenschaftlicher Verlag.

Picharel, C. and Coutron, L. (2010), *Charte des droits fondamentaux de l'Union européenne et convention européenne des droits de l'homme*, Brüssel, Emile Bruylant.

Simitis, S. (1997), „Die EU-Datenschutz-Richtlinie – Stillstand oder Anreiz?", *Neue Juristische Wochenschrift*, Nr. 5, S. 281–288.

Warren, S. and Brandeis, L. (1890), 'The right to privacy', *Harvard Law Review*, Vol. 4, Nr. 5, S. 193–220, abrufbar unter: http://www.english.illinois.edu/-people-/faculty/debaron/582/582%20readings/right%20to%20privacy.pdf.

White, R. and Ovey, C. (2010), *The European Convention on Human Rights*, Oxford, Oxford University Press.

Kapitel 2

Carey, P. (2009), *Data protection: A practical guide to UK and EU law*, Oxford, Oxford University Press.

Delgado, L. (2008), *Vida privada y protección de datos en la Unión Europea*, Madrid, Dykinson S. L.

Desgens-Pasanau, G. (2012), *La protection des données à caractère personnel*, Paris, LexisNexis.

Di Martino, A. (2005), *Datenschutz im europäischen Recht*, Baden-Baden, Nomos.

Morgan, R. and Boardman, R. (2012), *Data protection strategy: Implementing data protection compliance*, London, Sweet & Maxwell.

Ohm, P. (2010), 'Broken promises of privacy: Responding to the surprising failure of anonymization', *UCLA Law Review*, Vol. 57, Nr. 6, S. 1701–1777.

Tinnefeld, M., Buchner, B. und Petri, T. (2012), *Einführung in das Datenschutzrecht: Datenschutz und Informationsfreiheit in europäischer Sicht*, München, Oldenburg Wissenschaftsverlag.

United Kingdom Information Commissioner's Office (2012), *Anonymisation: managing data protection risk. Code of practice*, abrufbar unter: www.ico.org.uk/for_organisations/data_protection/topic_guides/anonymisation.

Kapitel 3 bis 5

Brühann, U. (2012), „Richtlinie 95/46/EG zum Schutz natürlicher Personen bei der Verarbeitung personenbezogener Daten und zum freien Datenverkehr" in: Grabitz, E., Hilf, M. und Nettesheim, M. (Hrsg.), *Das Recht der Europäischen Union*, Band IV, A. 30, München, C. H. Beck.

Conde Ortiz, C. (2008), *La protección de datos personales*, Cadiz, Dykinson.

Coudray, L. (2010), *La protection des données personnelles dans l'Union européenne*, Saarbrücken, Éditions universitaires européennes.

Dammann, U. and Simitis, S. (1997), *EG-Datenschutzrichtlinie*, Baden-Baden, Nomos.

FRA (Agentur der Europäischen Union für Grundrechte) (2010), *Datenschutz in der Europäischen Union: die Rolle der nationalen Datenschutzbehörden (Stärkung der Grundrechtearchitektur in der EU II)*, Luxemburg, Amt für Veröffentlichungen der Europäischen Union (Amt für Veröffentlichungen).

FRA (2010), *Developing indicators for the protection, respect and promotion of the rights of the child in the European Union* (Konferenzausgabe), Wien, FRA.

FRA (2011), *Zugang zur Justiz in Europa: Ein Überblick über Herausforderungen und Chancen*, Luxemburg, Amt für Veröffentlichungen.

Simitis, S. (2011), *Bundesdatenschutzgesetz*, Baden-Baden, Nomos.

United Kingdom Information Commissioner's Office, *Privacy Impact Assessment*, abrufbar unter: www.ico.org.uk/for_organisations/data_protection/topic_guides/privacy_impact_assessment.

Kapitel 6

Gutwirth, S., Poullet, Y., De Hert, P., De Terwangne, C. and Nouwt, S. (2009), *Reinventing data protection?*, Berlin, Springer.

Kuner, C. (2007), *European data protection law,* Oxford, Oxford University Press.

Kuner, C. (2013), *Transborder data flow regulation and data privacy law,* Oxford, Oxford University Press.

Kapitel 7

Drewer, D., Ellermann, J. (2012), *Europol's data protection framework as an asset in the fight against cybercrime,* ERA Forum, Vol. 13, Nr. 3, S. 381–395.

Eurojust, *Data protection at Eurojust: A robust, effective and tailor-made regime*, Den Haag, Eurojust.

Europol (2012), *Data Protection at Europol*, Luxemburg, Amt für Veröffentlichungen, abrufbar unter: www.europol.europa.eu/sites/default/files/publications/europol_dpo_booklet_0.pdf.

Gutwirth, S., Poullet, Y. and De Hert, P. (2010), *Data protection in a profiled world,* Dordrecht, Springer.

Gutwirth, S., Poullet, Y., De Hert, P. and Leenes, R. (2011), *Computers, privacy and data protection: An element of choice*, Dordrecht, Springer.

Konstadinides, T. (2011), *Destroying democracy on the ground of defending it? The Data Retention Directive, the surveillance state and our constitutional ecosystem, European Law Review*, Vol. 36, Nr. 5, S. 722–776.

Santos Vara, J. (2013), *The role of the European Parliament in the conclusion of the Transatlantic Agreements on the transfer of personal data after Lisbon*, Centre for the Law of External Relations, CLEER Working Papers 2013/2, abrufbar unter: www.asser.nl/upload/documents/20130226T013310-cleer_13-2_web.pdf.

Kapitel 8

Büllesbach, A., Gijrath, S., Poullet, Y. and Hacon, R. (2010), *Concise European IT law*, Amsterdam, Kluwer Law International.

Gutwirth, S., Leenes, R., De Hert, P. and Poullet, Y. (2012), *European data protection: In good health?*, Dordrecht, Springer.

Gutwirth, S., Poullet, Y. and De Hert, P. (2010), *Data protection in a profiled world*, Dordrecht, Springer.

Gutwirth, S., Poullet, Y., De Hert, P. and Leenes, R. (2011), *Computers, privacy and data protection: An element of choice*, Dordrecht, Springer.

Konstadinides, T. (2011), Destroying democracy on the ground of defending it? The Data Retention Directive, the surveillance state and our constitutional ecosystem, *European Law Review*, Vol. 36, Nr. 5, S. 722–776.

Rosemary, J. and Hamilton, A. (2012), *Data protection law and practice*, London, Sweet & Maxwell.

Verzeichnis der Rechtssachen

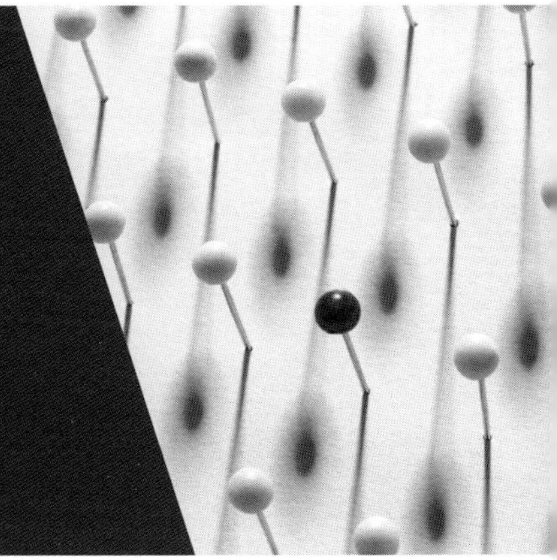

Ausgewählte Rechtsprechung des Europäischen Gerichtshofs für Menschenrechte

Zugang zu personenbezogenen Daten

Gaskin / Vereinigtes Königreich, Nr. 10454/83, 7. Juli 1989
Godelli / Italien, Nr. 33783/09, 25. September 2012
K.H. und andere / Slowakei, Nr. 32881/04, 28. April 2009
Leander / Schweden, Nr. 9248/81, 26. März 1987
Odièvre / Frankreich [GK], Nr. 42326/98, 13. Februar 2003

Abwägung von Datenschutz und Freiheit der Meinungsäußerung

Axel Springer AG / Deutschland [GK], Nr. 39954/08, 7. Februar 2012
Von Hannover / Deutschland, Nr. 59320/00, 24. Juni 2004
Von Hannover / Deutschland (Nr. 2) [GK], Nrn. 40660/08 und 60641/08, 7. Februar 2012

Herausforderungen beim Online-Datenschutz

K.U. / Finland, Nr. 2872/02, 2. Dezember 2008

Korrespondenz

Amann / Schweiz [GK], Nr. 27798/95, 16. Februar 2000
Bernh Larsen Holding AS und andere / Norwegen, Nr. 24117/08, 14. März 2013

Cemalettin Canli / Türkei, Nr. 22427/04, 18. November 2008
Dalea / Frankreich, Nr. 964/07, 2. Februar 2010
Gaskin / Vereinigtes Königreich, Nr. 10454/83, 7. Juli 1989
Haralambie / Rumänien, Nr. 21737/03, 27. Oktober 2009
Khelili / Schweiz, Nr. 16188/07, 18. Oktober 2011
Leander / Schweden, Nr. 9248/81, 26. März 1987
Malone / Vereinigtes Königreich, Nr. 8691/79, 2. August 1984
McMichael / Vereinigtes Königreich, Nr. 16424/90, 24. Februar 1995
M.G. / Vereinigtes Königreich, Nr. 39393/98, 24. September 2002
Rotaru / Rumänien [GK], Nr. 28341/95, 4. Mai 2000
S. und Marper / Vereinigtes Königreich, Nrn. 30562/04 und 30566/04, 4. Dezember 2008
Shimovolos / Russland, Nr. 30194/09, 21. Juni 2011
Turek / Slowakei, Nr. 57986/00, 14. Februar 2006

Strafregisterdatenbanken

B.B. / Frankreich, Nr. 5335/06, 17. Dezember 2009
M.M. / Vereinigtes Königreich, Nr. 24029/07, 13. November 2012

DNA-Datenbanken

S. und Marper / Vereinigtes Königreich, Nrn. 30562/04 und 30566/04, 4. Dezember 2008.

GPS-Daten

Uzun / Deutschland, Nr. 35623/05, 2. September 2010

Gesundheitsdaten

Biriuk / Litauen, Nr. 23373/03, 25. November 2008
I. / Finnland, Nr. 20511/03, 17. Juli 2008
L.L. / Frankreich, Nr. 7508/02, 10. Oktober 2006
M.S. / Schweden, Nr. 20837/92, 27. August 1997
Szuluk / Vereinigtes Königreich, Nr. 36936/05, 2. Juni 2009
Z. / Finnland, Nr. 22009/93, 25. Februar 1997

Identität

Ciubotaru / Republik Moldau, Nr. 27138/04, 27. April 2010

Godelli / Italien, Nr. 33783/09, 25. September 2012
Odièvre / Frankreich [GK], Nr. 42326/98, 13. Februar 2003

Informationen über berufliche Tätigkeiten

Michaud / Frankreich, Nr. 12323/11, 6. Dezember 2012
Niemietz / Deutschland, Nr. 13710/88, 16. Dezember 1992

Überwachung des Kommunikationsverkehrs

Amann / Schweiz [GK], Nr. 27798/95, 16. Februar 2000
Copland / Vereinigtes Königreich, Nr. 62617/00, 3. April 2007
Cotlet / Rumänien, Nr. 38565/97, 3. Juni 2003
Halford / Vereinigtes Königreich, Nr. 20605/92, 25. Juni 1997
Kruslin / Frankreich, Nr. 11801/85, 24. April 1990
Lambert / Frankreich, Nr. 23618/94, 24. August 1998
Liberty und andere / Vereinigtes Königreich, Nr. 58243/00, 1. Juli 2008
Malone / Vereinigtes Königreich, Nr. 8691/79, 2. August 1984
Szuluk / Vereinigtes Königreich, Nr. 36936/05, 2. Juni 2009

Pflichten von Personen, die Verpflichtungen haben

B.B. / Frankreich, Nr. 5335/06, 17. Dezember 2009
I. / Finnland, Nr. 20511/03, 17. Juli 2008
Mosley / Vereinigtes Königreich, Nr. 48009/08, 10. Mai 2011

Lichtbilder

Sciacca / Italien, Nr. 50774/99, 11. Januar 2005
Von Hannover / Deutschland, Nr. 59320/00, 24. Juni 2004

Recht auf Vergessenwerden

Segerstedt-Wiberg und andere / Schweden, Nr. 62332/00, 6. Juni 2006

Widerspruchsrecht

Leander / Schweden, Nr. 9248/81, 26. März 1987
Mosley / Vereinigtes Königreich, Nr. 48009/08, 10. Mai 2011
M.S. / Schweden, Nr. 20837/92, 27. August 1997
Rotaru / Rumänien [GK], Nr. 28341/95, 4. Mai 2000

Sensible Datenkategorien

I. / Finnland, Nr. 20511/03, 17. Juli 2008
Michaud / Frankreich, Nr. 12323/11, 6. Dezember 2012
S. und Marper / Vereinigtes Königreich, Nrn. 30562/04 und 30566/04, 4. Dezember 2008

Aufsicht und Durchsetzung (Rolle der verschiedenen Akteure einschließlich der Datenschutzbehörden)

I. / Finnland, Nr. 20511/03, 17. Juli 2008
K.U. / Finnland, Nr. 2872/02, 2. Dezember 2008
Von Hannover / Deutschland, Nr. 59320/00, 24. Juni 2004
Von Hannover / Deutschland (Nr. 2) [GK], Nrn. 40660/08 und 60641/08, 7. Februar 2012

Überwachungsmethoden

Allan / Vereinigtes Königreich, Nr. 48539/99, 5. November 2002
Association „21 Décembre 1989" und andere / Rumänien, Nrn. 33810/07 und 18817/08, 24. Mai 2011
Bykov / Russland [GK], Nr. 4378/02, 10. März 2009
Kennedy / Vereinigtes Königreich, Nr. 26839/05, 18. Mai 2010
Klass und andere / Deutschland, Nr. 5029/71, 6. September 1978
Rotaru / Rumänien [GK], Nr. 28341/95, 4. Mai 2000
Taylor-Sabori / Vereinigtes Königreich, Nr. 47114/99, 22. Oktober 2002
Uzun / Deutschland, Nr. 35623/05, 2. September 2010
Vetter / Frankreich, Nr. 59842/00, 31. Mai 2005

Video-Überwachung

Köpke / Deutschland, Nr. 420/07, 5. Oktober 2010
Peck / Vereinigtes Königreich, Nr. 44647/98, 28. Januar 2003

Stimmproben

P.G. und J.H. / Vereinigtes Königreich, Nr. 44787/98, 25. September 2001
Wisse / Frankreich, Nr. 71611/01, 20. Dezember 2005

Ausgewählte Rechtsprechung des Gerichtshofs der Europäischen Union

Rechtsprechung zur Datenschutzrichtlinie

Verbundene Rechtssachen C-293/12 und C-594/12, *Digital Rights Ireland und Seitlinger u.a.*, 8. April 2014
[Verletzung des EU-Primärrechtes durch die Richtlinie über die Vorratsdatenspeicherung]

Verbundene Rechtssachen C-317/04 und C-318/04, *Europäisches Parlament / Rat der Europäischen Union*, 30. Mai 2006
[Nichtigkeitserklärung des PNR-Pakets]

C-73/07, *Tietosuojavaltuutettu / Satakunnan Markkinapörssi Oy und Satamedia Oy*, 16. Dezember 2008
[Konzept der „journalistischen Tätigkeiten" im Sinne von Artikel 9 Datenschutzrichtlinie]

Verbundene Rechtssachen C-92/09 und C-93/09, *Volker und Markus Schecke GbR und Hartmut Eifert / Land Hessen*, 9. November 2010
[Verhältnismäßigkeit der gesetzlichen Verpflichtung zur Veröffentlichung personenbezogener Daten von Empfängern von Mitteln aus bestimmten EU-Agrarfonds]

C-101/01, *Bodil Lindqvist*, 6. November 2003
[Rechtmäßigkeit der Veröffentlichung von Daten durch eine Privatperson über das Privatleben anderer Personen im Internet]

C-131/12, *Google Spain, S.L., Google Inc. / Agencia Española de Protección de Datos, Mario Costeja González*, Vorlage zur Vorabentscheidung durch die *Audiencia Nacional* (Spanien), eingereicht am 9. März 2012, 25 Mai 2012, anhängig
[Verpflichtung für Suchmaschinenbetreiber, auf Antrag der betroffenen Person auf das Anzeigen personenbezogener Daten in den Suchergebnissen zu verzichten]

C-270/11, *Europäische Kommission / Königreich Schweden*, 30. Mai 2013
[Geldbuße wegen nicht erfolgter Umsetzung einer Richtlinie]

C-275/06, *Productores de Música de España (Promusicae) / Telefónica de España SAU*, 29. Januar 2008
[Verpflichtung für Internetzugangsanbieter, die Identität von Nutzern von KaZaA Dateienaustauschprogrammen Organisationenen für den Schutz des geistigen Eigentums zu offenbaren]

C-288/12, *Europäische Kommission / Ungarn*, 8. April 2014
[Rechtmäßigkeit der Entfernung des nationalen Datenschutzbeauftragten aus dem Amt]

C-291/12, *Michael Schwarz / Stadt Bochum*, Schlussanträge des Generalanwalts, 13. Juni 2013
[Verletzung des EU-Primärrechts durch die Verordnung (EG) Nr. 2252/2004, der zufolge in Reisepässen Fingerabdrücke gespeichert werden müssen]

C-360/10, *SABAM / Netlog N.V.*, 16. Februar 2012
[Verpflichtung von Betreibern sozialer Netzwerke, die rechtswidrige Nutzung musikalischer und audio-visueller Werke durch Netzwerknutzer zu verhindern]

Verbundene Rechtssachen C-465/00, C-138/01 und C-139/01, *Rechnungshof / Österreichischer Rundfunk und andere und Neukomm und Lauermann / Österreichischer Rundfunk*, 20. Mai 2003
[Verhältnismäßigkeit der gesetzlichen Verpflichtung zur Veröffentlichung personenbezogener Daten über die Gehälter von Beschäftigten bestimmter Kategorien von Einrichtungen des öffentlichen Sektors]

Verbundene Rechtssachen C-468/10 und C-469/10, *Asociación Nacional de Establecimientos Financieros de Crédito (ASNEF) und Federación de Comercio Electrónico y Marketing Directo (FECEMD) / Administración del Estado*, 24. November 2011
[Korrekte Umsetzung von Artikel 7 Buchstabe f der Datenschutzrichtlinie – „berechtigte Interessen anderer" – in einzelstaatliches Recht]

C-518/07, *Europäische Kommission / Bundesrepublik Deutschland*, 9. März 2010
[Unabhängigkeit einer nationalen Kontrollstelle]

C-524/06, *Huber / Bundesrepublik Deutschland*, 16. Dezember 2008
[Rechtmäßigkeit der Speicherung von Daten über Ausländer in einem statistischen Register]

C-543/09, *Deutsche Telekom AG / Bundesrepublik Deutschland*, 5 Mai 2011
[Notwendigkeit einer Erneuerung der Einwilligung]

C-553/07, *College van burgemeester en wethouders van Rotterdam / M.E.E. Rijkeboer*, 7. Mai 2009
[Auskunftsrecht der betroffenen Person]

C-614/10, *Europäische Kommission / Republik Österreich*, 16. Oktober 2012
[Unabhängigkeit einer nationalen Kontrollstelle]

Rechtsprechung zur Datenschutzverordnung für EU-Organe

C-28/08 P, *Europäische Kommission / The Bavarian Lager Co. Ltd.*, 29. Juni 2010
[Zugang zu Dokumenten]

C-41/00 P, *Interporc Im- und Export GmbH / Kommission der Europäischen Gemeinschaften*, 6. März 2003
[Zugang zu Dokumenten]

F-35/08, *Dimitrios Pachtitis / Europäische Kommission*, 15. Juni 2010
[Verwendung personenbezogener Daten im Beschäftigungskontext in EU-Organen]

F-46/09, *V / Europäisches Parlament*, 5. Juli 2011
[Verwendung personenbezogener Daten im Beschäftigungskontext in EU-Organen]

Index

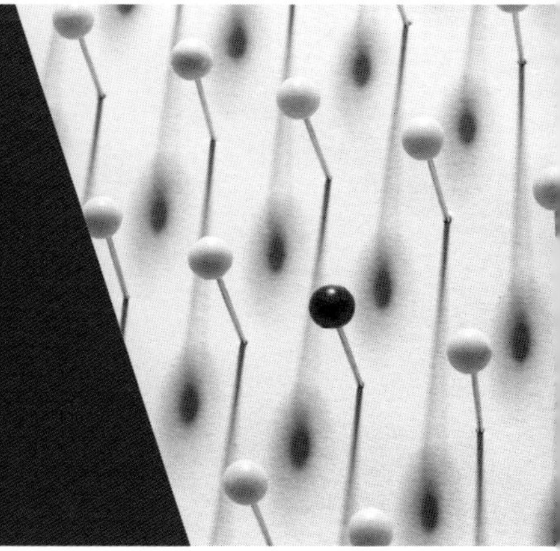

Rechtsprechung des Gerichtshofs der Europäischen Union

Asociación Nacional de Establecimientos Financieros de Crédito (ASNEF) und Federación de Comercio Electrónico y Marketing Directo (FECEMD) / Administración del Estado, Verbundene Rechtssachen C-468/10 and C-469/10, 24. November 2011 ... 18, 23, 89, 92, 96, 97, 214

Bodil Lindqvist, C-101/01, 6. November 2003 ... 37, 38, 47, 50, 54, 106, 145, 147, 213

College van burgemeester en wethouders van Rotterdam / M. E. E. Rijkeboer, C-553/07, 7. Mai 2009 ... 117, 123, 215

Deutsche Telekom AG / Bundesrepublik Deutschland, C-543/09, 5. Mai 2011 ... 38, 65, 66, 215
Digital Rights Ireland und Seitlinger u.a., Verbundene Rechtssachen C-293/12 und C-594/12, 8. April 2014 ... 141, 190, 213
Dimitrios Pachtitis / Europäische Kommission, F-35/08, 15. Juni 2010 ... 215

Europäische Kommission / Bundesrepublik Deutschland, C-518/07, 9. März 2010 ... 118, 132, 214
Europäische Kommission / Königreich Schweden, C-270/11, 30. Mai 2013 ... 213
Europäische Kommission / Republik Österreich, C-614/10, 16. October 2012 ... 118, 133, 215
Europäische Kommission / The Bavarian Lager Co. Ltd., C-28/08 P, 29. Juni 2010 ... 13, 28, 31, 119, 142, 215

Europäische Kommission / Ungarn, C-288/12, 8. April 2014 .... 118, 133, 214
Europäisches Parlament / Rat der Europäischen Union, Verbundene Rechtssachen C-317/04 und C-318/04, 30. Mai 2006 .... 157, 213

Google Spain, S.L., Google Inc. Gegen / Agencia Española de Protección de Datos, Mario Costeja González, C-131/12, Vorlage zur Vorabentscheidung durch die *Audiencia Nacional* (Spanien), eingereicht am 9. März 2012, 25 Mai 2012, anhängig 213

Huber / Bundesrepublik Deutschland, C-524/06, 16. December 2008 .... 69, 89, 92, 94, 185, 198, 214

Interporc Im- und Export GmbH / Kommission der Europäischen Gemeinschaften, C-41/00, 6. März 2003 .... 31, 215

M.H. Marshall / Southampton and South-West Hampshire Area Health Authority, C-152/84, 26. Februar 1986 119
Michael Schwarz / Stadt Bochum, C-291/12, Schlussanträge des Generalanwalts, 13. Juni 2013 214

Productores de Música de España (Promusicae) / Telefónica de España SAU, C-275/06, 29. Januar 2008 .... 13, 23, 34, 37, 42, 214

Rechnungshof / Österreichischer Rundfunk und andere und Neukomm und Lauermann gegen Österreichischer Rundfunk, Verbundene Rechtssachen C-465/00, C-138/01 und C-139/01, 20. Mai 2003 .... 92, 214

SABAM / Netlog N.V., C-360/10, 16. Februar 2012 .... 35, 214
Sabine von Colson und Elisabeth Kamann / Land Nordrhein-Westfalen, C-14/83, 10. April 1984 .... 118, 144

Tietosuojavaltuutettu / Satakunnan Markkinapörssi Oy und Satamedia Oy, C-73/07, 16. Dezember 2008 .... 13, 24, 213

V / Europäisches Parlament, F-46/09, 5. Juli 2011 215
Volker und Markus Schecke GbR und Hartmut Eifert / Land Hessen, Verbundene Rechtssachen C-92/09 und C-93/09, 9. November 2010 .... 13, 22, 31, 37, 41, 45, 69, 75, 213

Rechtsprechung des Europäischen Gerichtshofs für Menschenrechte

Allan / Vereinigtes Königreich, Nr. 48539/99, 5. November 2002 .... 163, 212
Amann / Schweiz [GK], Nr. 27798/95,
16. Februar 2000 .... 39, 42, 45, 72, 209, 211
Ashby Donald und andere / Frankreich, Nr. 36769/08, 10. Januar 2013 34
Association „21 Décembre 1989" und andere / Rumänien, Nrn.
33810/07 und 18817/08, 24. Mai 2011 212
Association for European Integration and Human Rights und
Ekimdzhiev / Bulgarien, Nr. 62540/00, 28. Juni 2007 72
Avilkina und andere / Russland, Nr. 1585/09, 6. Juni 2013 (nicht rechtskräftig) 195
Axel Springer AG / Deutschland [GK], Nr. 39954/08,
7. Februar 2012 .... 13, 25, 209

B.B. / Frankreich, Nr. 5335/06, 17. Dezember 2009 .... 161, 163, 210, 211
Bernh Larsen Holding AS und andere / Norwegen, Nr. 24117/08,
14. März 2013 .... 37, 40, 209
Biriuk / Litauen, Nr. 23373/03, 25. November 2008 .... 27, 119, 195, 210
Bykov / Russland [GK], Nr. 4378/02, 10. März 2009 212

Cemalettin Canli / Türkei, Nr. 22427/04, 18. November 2008 .... 117, 124, 210
Ciubotaru / Republik Moldau, Nr. 27138/04, 27. April 2010 .... 117, 126, 210
Copland / Vereinigtes Königreich, Nr. 62617/00,
3. April 2007 .... 15, 185, 192, 211
Cotlet / Rumänien, Nr. 38565/97, 3. Juni 2003 211

Dalea / Frankreich, Nr. 964/07, 2. Februar 2010 .... 124, 161, 178, 210

Gaskin / Vereinigtes Königreich, Nr. 10454/83, 7. Juli 1989 .... 121, 209, 210
Godelli / Italien, Nr. 33783/09, 25. September 2012 .... 42, 121, 209, 211

Halford / Vereinigtes Königreich, Nr. 20605/92, 25. Juni 1997 .... 200, 211
Haralambie / Rumänien, Nr. 21737/03, 27. Oktober 2009 .... 70, 84, 210

I. / Finnland, Nr. 20511/03,
17. Juli 2008 .... 15, 90, 104, 143, 194, 210, 211, 212
Iordachi und andere / Moldawien, Nr. 25198/02, 10. Februar 2009 72

K.H. und andere / Slowakei, Nr. 32881/04,
28. April 2009 ....70, 85, 121, 194, 209
K.U. / Finnland, Nr. 2872/02,
2. Dezember 2008 ....15, 118, 139, 143, 209, 212
Kennedy / Vereinigtes Königreich, Nr. 26839/05, 18. Mai 2010 212
Khelili / Schweiz, Nr. 16188/07, 18. Oktober 2011 ....69, 74, 210
Klass und andere / Deutschland, Nr. 5029/71, 6. September 1978 ....15, 164, 212
Köpke / Deutschland, Nr. 420/07, 5. Oktober 2010 ....46, 139, 212
Kopp / Schweiz, Nr. 23224/94, 25. März 1998 72
Kruslin / Frankreich, Nr. 11801/85, 24. April 1990 211

L.L. / Frankreich, Nr. 7508/02, 10. Oktober 2006 ....194, 210
Lambert / Frankreich, Nr. 23618/94, 24. August 1998 211
Leander / Schweden, Nr. 9248/81,
26. März 1987 ....15, 69, 74, 121, 129, 163, 209, 210, 211
Liberty und andere / Vereinigtes Königreich, Nr. 58243/00, 1. Juli 2008 ....40, 211

M.G. / Vereinigtes Königreich, Nr. 39393/98, 24. September 2002 210
M.K. / Frankreich, Nr. 19522/09, 18. April 2013 ....125, 163
M.M. / Vereinigtes Königreich, Nr. 24029/07, 13. November 2012 ....83, 163, 210
M.S. / Schweden, Nr. 20837/92, 27. August 1997 ....129, 194, 210, 211
Malone / Vereinigtes Königreich, Nr. 8691/79,
2. August 1984 ....15, 72, 190, 210, 211
McMichael / Vereinigtes Königreich, Nr. 16424/90, 24. Februar 1995 210
Michaud / Frankreich, Nr. 12323/11, 6. Dezember 2012 ....186, 200, 211, 212
Mosley / Vereinigtes Königreich, Nr. 48009/08,
10. Mai 2011 ....13, 26, 129, 211
Müller und andere / Schweiz, Nr. 10737/84, 24. Mai 1988 32

Niemietz / Deutschland, Nr. 13710/88, 16. Dezember 1992 ....39, 200, 211

Odièvre / Frankreich [GK], Nr. 42326/98, 13. Februar 2003 ....42, 121, 209, 211

P.G. und J.H. / Vereinigtes Königreich, Nr. 44787/98, 25. September 2001 ....46, 212
Peck / Vereinigtes Königreich, Nr. 44647/98,
28. Januar 2003 ....46, 69, 73, 212

Rotaru / Rumänien [GK], Nr. 28341/95,
4. Mai 2000 ....39, 69, 72, 125, 210, 211, 212

S. und Marper / Vereinigtes Königreich, Nrn. 30562/04 und 30566/04, 4. Dezember 2008 .... 15, 83, 161, 163, 210, 212
Sciacca / Italien, Nr. 50774/99, 11. Januar 2005 .... 46, 211
Segerstedt-Wiberg und andere / Schweden, Nr. 62332/00, 6. Juni 2006 .... 117, 125, 211
Shimovolos / Russland, Nr. 30194/09, 21. Juni 2011 .... 72, 210
Silver und andere / Vereinigtes Königreich, Nrn. 5947/72, 6205/73, 7052/75, 7061/75, 7107/75, 7113/75, 25. März 1983 72
Szuluk / Vereinigtes Königreich, Nr. 36936/05, 2. Juni 2009 .... 194, 210, 211

Társaság a Szabadságjogokért / Ungarn, Nr. 37374/05, 14. April 2009 .... 13, 30
Taylor-Sabori / Vereinigtes Königreich, Nr. 47114/99, 22. Oktober 2002 .... 69, 73, 212
The Sunday Times / Vereinigtes Königreich, Nr. 6538/74, 26. April 1979 72
Turek / Slowakei, Nr. 57986/00, 14. Februar 2006 210

Uzun / Deutschland, Nr. 35623/05, 2. September 2010 .... 15, 45, 210, 212

Vereinigung bildender Künstler / Österreich, Nr. 68345/01, 25. Januar 2007 .... 13, 32
Vetter / Frankreich, Nr. 59842/00, 31. Mai 2005 .... 72, 161, 165, 212
Von Hannover / Deutschland (Nr. 2) [GK], Nrn. 40660/08 und 60641/08, 7. Februar 2012 .... 23, 26, 209, 212
Von Hannover / Deutschland, Nr. 59320/00, 24. Juni 2004 .... 46, 209, 211, 212

Wisse / Frankreich, Nr. 71611/01, 20. Dezember 2005 .... 46, 212

Z. / Finnland, Nr. 22009/93, 25. Februar 1997 .... 185, 194, 210

Rechtsprechung nationaler Gerichte

Deutschland, Bundesverfassungsgericht, *1 BvR 256/08*, 2. März 2010 190

Rumänien, Verfassungsgerichtshof (*Curtea Constituțională a României*), Nr. 1258, 8. Oktober 2009 190

Tschechische Republik, Verfassungsgerichtshof (*Ústavní soud České republiky*), *94/2011 Coll.*, 22. März 2011 190